DATE DUE

PRINTED IN U.S.A.

CARSON CITY LIBRARY
900 North Roop Street
Carson City, NV 89701
775-887-2244   DEC 1 0 2018

RASGAR EL VELO DE LA DUALIDAD

Una guía para vivir sin juzgarse
y ver con claridad

Andreas Moritz

RASGAR EL VELO DE LA DUALIDAD

Una guía para vivir sin juzgarse
y ver con claridad

EDICIONES OBELISCO

Si este libro le ha interesado y desea que le mantengamos informado
de nuestras publicaciones, escríbanos indicándonos qué temas son de su interés
(Astrología, Autoayuda, Ciencias Ocultas, Artes Marciales, Naturismo,
Espiritualidad, Tradición...) y gustosamente le complaceremos.

Los editores no han comprobado la eficacia ni el resultado de las recetas, productos, fórmulas técnicas, ejercicios o similares contenidos en este libro. No asumen, por lo tanto, responsabilidad alguna en cuanto a su utilización ni realizan asesoramiento al respecto.

Puede consultar nuestro catálogo en www.edicionesobelisco.com

Colección Nueva conciencia
RASGAR EL VELO DE LA DUALIDAD
Andreas Moritz

1.ª edición: septiembre de 2010

Título original: *Lifting the Veil of Duality*

Traducción: *Ainhoa Pawlowsky*
Corrección: *Ángeles Olivera*
Maquetación: *Mariana Muñoz Oviedo*
Diseño de cubierta: *Enrique Iborra*

© 2002-2009, *Andreas Moritz*
(Reservados todos los derechos)
© 2010, Ediciones Obelisco, S. L.
(Reservados los derechos para la presente edición)

Edita: Ediciones Obelisco, S. L.
Pere IV, 78 (Edif. Pedro IV) 3.ª planta, 5.ª puerta
08005 Barcelona - España
Tel. 93 309 85 25 - Fax 93 309 85 23
E-mail: info@edicionesobelisco.com

Paracas, 59 C1275AFA Buenos Aires - Argentina
Tel. (541-14) 305 06 33 - Fax: (541-14) 304 78 20

ISBN: 978-84-9777-670-7
Depósito Legal: B-26.281-2010

Printed in Spain

Impreso en España en los talleres gráficos de Romanyà/Valls, S.A.
Verdaguer, 1 - 08786 Capellades (Barcelona)

Reservados todos los derechos. Ninguna parte de esta publicación, incluido el diseño de la cubierta, puede ser reproducida, almacenada, transmitida o utilizada en manera alguna por ningún medio, ya sea electrónico, químico, mecánico, óptico, de grabación o electrográfico, sin el previo consentimiento por escrito del editor. Diríjase a CEDRO (Centro Español de Derechos Reprográficos, www.cedro.org) si necesita fotocopiar o escanear algún fragmento de esta obra.

AGRADECIMIENTOS

Me gustaría expresar mi profundo afecto y gratitud a las siguientes personas:

La primera y la más importante, a mi pareja, la mejor amiga, compañera y guía, la doctora en filosofía Lillian Maresch, por su continuo e interminable amor y apoyo y por canalizar las reflexiones (al principio y al final de cada capítulo) de seres que han vivido bajo la forma humana sobre esta Tierra y que ahora residen en reinos de dimensiones más elevadas.

A mi maravilloso amigo y pilar de fuerza y sabiduría sin límites, John Hornecker, por brindarme su continuo apoyo y amor incondicional.

A mi familia en constante crecimiento, y a todos aquellos que tienen el valor de reconocer y aceptar su naturaleza divina.

INTRODUCCIÓN

El lector ha decidido abrir este libro, quizás porque esté ansioso por empezar a leer o tal vez un poco intrigado por el motivo que le llevó a hacer esta elección. Quizás incluso notara una profunda angustia en su interior, una sensación de que la vida es algo más que esto, una sensación de «ojalá...» Quizás haya estado buscando ese algo desde hace mucho tiempo, o simplemente acabe de empezar. Sin embargo está aquí, leyendo estas palabras.

¿Qué le trajo aquí, ahora, a leer este libro? Quizás fuese que el título le intrigó. Tal vez el símbolo de la doble espiral en la contraportada del libro. Puede que el índice despertara su interés. Tal vez esta angustia interna de que necesita encontrar algo más, algo que le dé un significado más profundo a esta vida. O puede que fuera todo esto. O nada de esto.

Yo sólo puedo decir lo siguiente: *en la vida no hay coincidencias*. Llegó aquí, a este libro, en este momento y en este lugar por un propósito: aprender, crecer, ser. Está aquí porque está preparado, preparado para «rasgar el velo de la dualidad» y emprender su viaje hacia la Libertad.

¿Es consciente de que hay un lugar en su interior –oculto bajo la apariencia de pensamientos, sentimientos y emociones– que no conoce la diferencia entre el bien y el mal, lo correcto y lo erróneo, lo claro y lo oscuro? Desde ese lugar, uno asume los valores opuestos de la vida como Uno y sabe que son igualmente válidos y significativos para su evolución personal, la de la humanidad y la del planeta Tierra. Rumi, uno de los poetas más intuitivos que ha vivido en la Tierra, creía firmemente que todos teníamos acceso a este lugar. Dijo: «existe un campo más allá de las ideas sobre las buenas y las malas acciones. Nos encontraremos allí».

Aunque en realidad nunca hemos estado separados de este lugar de Unidad, este mundo de situaciones, condiciones y circunstancias nos ha impedido la unión con los aspectos más elevados de nuestro ser, a menudo denominados «Yo Superior» u «Observador Silencioso» (a fin de simplificar, cada vez que utilice el término «Yo Superior», éste incluirá los distintos niveles del Yo Superior, como el Over-soul y Origen del Yo). Tenemos un «pie» o parte de nuestra conciencia anclada en las *Dimensiones Inferiores* (primera, segunda y tercera) de la existencia. El otro «pie» o parte de nuestra consciencia reside en las *Dimensiones Superiores* (cuarta, quinta y demás). Estas dos partes de nuestra consciencia coexisten *a la vez*. Sin embargo, debido a su extrañeza, la mayoría de nosotros sólo somos conscientes de existir en la realidad material de la Tercera Dimensión. Nuestro objetivo supremo en la Tierra es ser plenamente conscientes y funcionales en todas nuestras realidades dimensionales sin dificultades ni conflictos.

La existencia en esta Tierra tridimensional nos brinda la oportunidad de explorar todos los detalles de la dualidad: lo bueno y lo malo, lo correcto y lo erróneo, lo claro y lo oscuro, la riqueza y la pobreza, el amor y el odio. Experimentar estos contrastes duales nos permite ver quién somos realmente y descubrir que el Origen común de todos los opuestos se halla dentro de nosotros. A medida que nos acercamos a la comprensión de quiénes somos realmente, encontramos que los juicios de valor (considerar que una cosa, una situación o una persona es mejor que otra) nos impiden descubrir y darnos cuenta de nuestra verdadera esencia. Al identificarnos con el Origen de la dualidad en lugar de identificarnos con su expresión, empezamos de manera activa a crear un nuevo mundo, basado en *ser* Amor, y no solamente en sentirlo. Por fin estamos encontrando nuestro camino de regreso a Casa.

Antes de poder mudarnos a nuestro nuevo hogar, debemos liberarnos de todas las limitaciones que nos hemos impuesto durante nuestra vida dual, lo que podemos conseguir cuando aceptamos quiénes somos. Esto es lo que se conoce como el *Despertar*. Este proceso nos permite empezar a vernos a nosotros mismos y cada aspecto de la vida a través de una nueva óptica: la óptica de la claridad, el discernimiento y la ausencia de cualquier condena. Con el fin de realizar nuestro propósito en la Tierra, sólo necesitamos sintonizar con otro canal de la percepción, uno con el que todos estamos equipados, pero que hemos temido utilizar. Si estamos abiertos a ello, tanto al material contenido en estas páginas como al símbolo de la doble espiral[1] de la contraportada del libro, empezaremos a crear una referencia de Unidad Universal dentro de la profundidad de nuestro ser, una Unidad que nos llevará a la perfecta aceptación de nosotros mismos y de todo.

Todos estamos en el mismo viaje de descubrimiento, en busca de este lugar especial, el momento divino (denominado *estado de gracia*) donde juzgar no tiene valor ni significado, donde todos somos libres del miedo y de la resistencia y vivimos más allá del deseo y de su cumplimiento. Es un lugar tranquilo: un estado unificado de silencio donde los opuestos se encuentran y unen sus diferencias. Intactos por la turbulencia de los pensamientos y las acciones, es aquí donde podemos ser verdaderamente quienes somos, y ser Amor. El momento divino, que es un campo de todas las posibilidades, no está retenido en el pasado ni trazado hacia el futuro. Es libre y siempre presente, en cada uno de los segmentos del tiempo. En este lugar sagrado estamos en paz con nosotros mismos y con el mundo. En el mismo momento en el que entramos en el estado de gracia (un estado de no separación) nos completamos. Dado que comprendemos nuestra totalidad, nos sentimos realizados. No hay nada más que descubrir, entender o experimentar. Estamos tranquilos, somos Amor y estamos completos. Estamos en casa.

Este libro llevará al lector a muchos lugares, y pondrá a prueba y tal vez desarraigará muchas de sus creencias. Explicaré por qué todo lo que creemos introduce sus raíces en alguna forma de juicio, que es la consciencia de la dualidad. Nuestros puntos de vista personales y nuestra visión general del mundo se hallan hoy en día en entredicho debido a una crisis de identidad. Hay ideas que se desmoronan. El colapso del orden mundial actual nos obliga a ocuparnos de las cuestiones más básicas de nuestra existencia. No podemos seguir eludiendo la responsabilidad sobre las cosas que nos suceden; cuando asumamos esa responsabilidad, también nos veremos fortalecidos.

Las siguientes páginas muestran al lector cómo crear o controlar su capacidad de realizar sus deseos y cómo dominar el curso de su destino personal y planetario. Además, descubrirá explicaciones ciertamente emocionantes sobre el misterio del tiempo. He dedicado muchas

---
1. Hay una explicación más detallada del símbolo de la doble espiral al final del libro.

páginas a revelar la verdad y la ilusión de la reencarnación, el poder engañoso de la oración, y a explicar por qué en ocasiones las relaciones personales funcionan y por qué tan a menudo no lo hacen. Es muy importante que sepamos por qué la injusticia es una ilusión que nos ha perseguido a lo largo de todas las épocas. He dedicado un capítulo entero a este tema. A lo largo del libro, el lector encontrará las maneras de acceder y utilizar su Esencia Espiritual. Conocerá el distanciamiento original que de las fuentes de la naturaleza tenemos los seres humanos y lo que ello significa respecto a las crisis de inestabilidad y de miedo que actualmente experimentamos muchos de nosotros. Aprenderá a identificar a los ángeles que viven entre nosotros, lo que realmente significa tener vidas pasadas y futuras y por qué todos tenemos cuerpos etéreos. Tendrá la oportunidad de identificar a Dios en su interior y descubrirá por qué un Dios ajeno a uno mismo impide estar en el interior de su Divino Poder. Además, descubrirá cómo curarse a sí mismo en un momento determinado y aprenderá todo sobre la «Nueva Medicina» y el destino de la antigua medicina, la antigua economía, la antigua religión y el antiguo mundo. Y mucho más...

En este libro todo está relacionado con la cuestión de juzgar, pero no se infravalora nada ni a nadie, ni se le tacha de inepto o de perjudicial. Estamos a punto de descubrir que los errores, los accidentes, las coincidencias, las actitudes negativas, los engaños, la injusticia, las guerras, los crímenes y los actos terroristas tienen una finalidad y un significado más profundo en el orden más amplio de las cosas. Es posible, pues, que buena parte de lo que se lea en este libro entre en conflicto con las creencias que tenga el lector en la actualidad. Pero no le pido que las cambie, sino que *mantenga su mente abierta mientras lee el libro,* aunque halle explicaciones con las que no esté de acuerdo. Una mente abierta no tiene ningún sistema de creencias. Una mente abierta puede gozar de la libertad de juzgar. Solamente cuando nos arriesgamos, cuando nos abrimos a nuevas ideas, a nuevas formas de observarse a uno mismo y a la vida, es cuando crecemos, nos expandimos y nos convertimos en quien realmente somos.

Es aconsejable que el lector no trate de juzgar lo que lee a medida que lo lee; es preferible que *lea con su corazón y sienta lo que significan las palabras para él o ella* en vez de intentar comprenderlas racionalmente. El lector se identificará inmediatamente con buena parte del contenido de este libro, mientras que dejará en un «segundo plano» de su mente otra buena parte hasta que ésta adquiera sentido. Alguna parte tal vez nunca tenga sentido, y es perfectamente correcto, porque sólo entendemos lo que necesitamos comprender y cuando es preciso. Aquí no hay nada correcto o erróneo, sino distintos niveles de entendimiento y reconocimiento. En todo momento estamos exactamente donde necesitamos estar.

En nuestra esencia más verdadera, estamos más allá de todas las imágenes y creencias de la mente. Ahora ha llegado el momento de honrar, respetar y aceptar los aspectos opuestos de la vida, entrar en un estado de aceptación voluntaria y dar los primeros pasos hacia un terreno libre de juicios de valor donde comienza la libertad, la libertad de ser uno mismo con todo su poder y gloria. El lector siempre supo que era especial; ¿acaso no lo era, en algún lugar, en algún momento, hace mucho tiempo? ¿Recuerda cuando era muy pequeño y tenía este sentimiento... esta sensación... esta convicción... de que tenía un gran destino, de que tenía algo mágico? Simplemente lo sabía. Entonces creció, y pasó gran parte de su vida ignorando y enterrando estas creencias «mágicas» sobre sí mismo, a pesar de que persistían en el fondo de su mente, y de vez en cuando decían: «¿Y si...?». Ahora ha llegado el momento de desenterrar este conocimiento y reclamar su verdadera herencia. Lo único que necesita el lector es seguir leyendo...

Le deseo un maravilloso viaje al lugar al que pertenece.

EL ORIGEN DE LOS JUICIOS DE VALOR

Tú eres uno con nosotros; nunca lo dudes. En un instante o en un abrir y cerrar de ojos podrías tenerlo todo. El mundo es verdaderamente tu ostra perlada. Agárralo con ternura y amor en tus manos, con los brazos extendidos, mostrando la bondad, las bendiciones y la unidad en agradecimiento por todo. Estamos aquí para servirnos unos a otros, estamos aquí para rendir nuestros egos como escudos en los campos de batalla, para deponer las armas y regresar a la comprensión de que todo es néctar que fluye de la fuente madre del amor.

Lady (Princesa) Diana
Canalizado el 7 de enero de 2001

La vida no tiene sentido a menos que uno se lo de

En nuestra búsqueda del dominio de nosotros mismos parecemos encontramos con muchos obstáculos y situaciones adversas. Los desafíos con los que nos hallamos a lo largo de la vida ocurren básicamente en cuatro ámbitos distintos: en las relaciones, en la salud, en la fortuna y en la autoestima. A pesar de que están entretejidos unos con otros, cada uno parece impactarnos de un modo único. Un corazón roto, una enfermedad repentina, la pérdida de dinero o sufrir un abuso nos plantea inevitablemente la cuestión: ¿Por qué me ha ocurrido esto a mí? La pregunta desencadena una búsqueda que nunca llega a conclusiones satisfactorias. Tratar de averiguar por qué las cosas nos van mal en la vida nos conduce a una espiral que nunca termina. Nos deja con el descubrimiento perturbador de que por cada causa siempre se esconde otra detrás. Sin embargo, cuando finalmente dejamos de buscar las respuestas a nuestros problemas, empezamos a darnos cuenta de que no hay un significado para todo, salvo el que nosotros creamos.

No hay nada en este mundo que sea de la manera que aparenta ser. No hay ningún significado oculto en nuestros encuentros y experiencias; no hay planes secretos que nos influyan o que tengan poder sobre nosotros. La física cuántica nos dice que no hay colores ni formas reales en este universo a excepción de los que creamos en nuestras mentes en el momento en el que observamos. Asimismo, no hay ningún otro significado en la vida que aquel que fabricamos en nuestra mente para confirmar las creencias existentes que hemos adquirido a lo largo de nuestra vida. Dios no existe a menos que *uno* crea lo contrario. Del mismo modo, Satanás es real sólo si *uno* decide creer en su existencia. No hay ángeles a menos que *uno* sienta y sepa que están a su alrededor. Amor es una palabra que no tiene sentido y solamente lo adquiere cuando *uno* se lo da.

Uno es un mar infinito de consciencia que, de alguna manera, está obligado a decidir qué tipo de ola quiere ser. Puede que escoja ser una ola alta que muestre mucha fuerza y energía, o adopte el tamaño de las olas pequeñas y frágiles, superadas cruelmente por las más grandes. En cualquiera de los dos escenarios, uno es y permanece en el mar. Los juicios de valor surgen cuando uno empieza a cuestionar su identidad y a buscar respuestas sobre las razones por las cuales es y actúa de una manera determinada. Cuando la percepción de ser una ola pequeña empieza a dominar nuestra conciencia, perdemos rápidamente el conocimiento de que somos el mar infinito. Saber que somos el mar infinito también se empieza a perder si decidimos ser una ola muy poderosa. Las *dos* experiencias de ser poderosos y débiles pierden el derecho al potencial sin límites que uno es. Renunciamos a nuestra verdadera naturaleza sólo para obtener un pequeño placer o para evitar un pequeño dolor. La fuerza y la debilidad son expresiones finitas de nosotros, del mismo modo que las distintas olas son expresiones del mar, pero de ninguna manera representan quien uno es realmente.

Somos lo que creemos ser

Juzgar es el intento de la mente de unir algún tipo de significado con las propias experiencias vitales. Este significado, a su vez, define lo que uno es en relación con ciertos eventos, circunstancias o personas que se encuentra. En otras palabras, la manera en que el mundo se nos representa es una réplica exacta de quién o qué creemos ser. Si uno se considera víctima de abusos, verá en todas partes numerosas personas abusadoras y, en consecuencia, sufrirá muchos más abusos en su vida. Puede que algún día decida que esta pobre imagen de sí mismo no es una manifestación apropiada de quién es y empiece a sentirse más digno y adorable. Este cambio en la percepción provoca que el propio mundo no tenga otra opción que la de acomodarse y atender al *nuevo* significado de uno mismo; por tanto, atrae a más personas amables y generosas y proporciona más riquezas.

En cualquier caso, somos los creadores maestros de nuestra vida, independientemente de si esta creación parece positiva o negativa. Dado que tiene lugar de forma mayoritariamente inconsciente, el proceso resulta muy difícil de manipular o controlar. No podremos ser por completo conscientes ni permitir nuestro verdadero potencial a menos que nos hagamos cargo de manera consciente de la creación de los significados de todo lo que nos ocurre en la vida. La mayoría de personas desearían saber por qué, por ejemplo, perdieron un tren, se olvidaron de pagar sus facturas telefónicas o se hicieron un esguince en el tobillo precisamente cuando decidieron ir a visitar a un amigo. Una persona puede elaborar sólo razones peyorativas para todos estos acontecimientos, tales como: «Aquel día no era yo», «debería haber estado más atento», o «¡qué estúpido soy!». Una persona religiosa puede hacer una interpretación muy distinta de estos incidentes: «Dios debe tener sus (buenas) razones para hacerme perder este tren, para no recibir llamadas durante unos días o para prevenirme de ir a visitar a un amigo». Los dos tipos de respuestas son creaciones propias y de ninguna manera constituyen los verdaderos significados de estos sucesos, sencillamente porque no existen las razones absolutas. Sólo son pronósticos subjetivos que no contienen ninguna verdad objetiva o independiente. Nadie sino *uno mismo* puede dar significado a lo que le ocurre en la vida. Tal es el poder de nuestra existencia, y podemos destinarlo del modo que queramos. Uno elige y decide por qué las cosas le están sucediendo del modo en que lo hacen. Sus significados dependen completamente de él.

Una persona con un tumor cerebral terminal puede argumentar que no tiene ninguna otra elección que morir, que «su tiempo se ha agotado». Sin embargo, es la única que puede decidir si el tumor va a matarla o no, y dispone de esta elección todo el tiempo que permanece con vida. Ello no implica que una decisión sea correcta y la otra no. Simplemente significa que está en sus manos dirigir su poder infinito para provocar la destrucción de su cuerpo físico o para restaurar su salud. Muy pocas personas saben que son las únicas responsables de que su cuerpo se autodestruya por medio de una enfermedad autoinmune como el cáncer.

La mayoría de los que enferman no creen tener el poder para curarse a sí mismos, lo que tal vez sea la principal razón por la que, en primera instancia, sufren enfermedades. La autoevaluación de que uno carece de capacidad curativa es por sí misma un decreto o juicio poderoso destinado a convertirse en una profecía autocumplida; bloquea con eficacia el proceso curativo. Sin embargo, no significa que estas personas no tengan la capacidad de curarse a sí mismas. El mismo hecho de que sean capaces de vivir en esta Tierra y de mantener un cuerpo físico complejo es una prueba de que son un fondo incalculable de inteligencia creativa, pero han decidido canalizar sus energías para satisfacer la decisión inconsciente de que no pueden curarse a sí mismas. Y el cuerpo se limita a llevar a cabo las instrucciones.

No *existe* un cáncer mortal como tal. Algunas personas deciden que el cáncer no las puede matar y lo superan como si se tratara de una gripe. De hecho, algunos estudios han mostrado que por lo menos el 85 % de los cánceres desaparecen por sí solos. Quienes lo padecieron ni siquiera se dieron cuenta. Otros temen al cáncer como si fuera un monstruo terrible o una autoridad que está más allá de su control consciente, y mueren de ello independientemente de lo efectivo y exitoso que pueda ser determinado tratamiento. De este modo, el cáncer parece tomar el control de su cuerpo y de su vida. En realidad, no hay ninguna otra influencia que la que uno crea o atrae hacia sí. Los accidentes, los errores, los fracasos, los éxitos, la felicidad, el conflicto, la paz, etcétera ocurren en nuestro mundo personal y son nuestra propia creación, no la de Dios ni la de otra persona. Literalmente, uno se inventa cada una de las razones sobre por qué algo le ocurre de la manera en que lo hace.

Nuestra *intención* es la que determina si nos desviamos o permanecemos en el camino de la vida. Mientras restamos inconscientes de nuestro propio poder, estamos atemorizados por las influencias externas que podrían alterarnos o desequilibrarnos. El miedo que proyectamos se convierte en nuestro decreto, en nuestra intención y en nuestro juicio. Si uno teme a las enfermedades, literalmente está rogando o pidiendo ponerse enfermo. ¿Por qué haría eso? Porque las enfermedades nos permiten aprender del dolor que generan, nos posibilitan superar el miedo y reclamar el poder que somos. Si uno elige de manera consciente considerar una enfermedad o un accidente como una oportunidad para iniciar un cambio interno a largo plazo y una transformación de la vida, eso es lo que hará. Básicamente, nada de lo que nos ocurre tiene un plan oculto o inútil.

El futuro está en nuestras manos en todo momento. En el instante en que nos ocurre algo (recordad que uno atrae esta situación), es nuestra intención e interpretación de ello lo que determina cómo nos sentimos y qué nos aporta a nuestra vida. La manera en la que interpretamos las cosas o esperamos que sean está a su vez basada en nuestras creencias adquiridas previamente. Estas creencias nos sirven de muletas para ayudarnos a sentirnos más seguros. Uno se crea expectativas en su vida porque pensar que sabe lo que ocurrirá a continuación ayuda a poner paz a sus antiguos miedos e inseguridades. Cuando creemos que algo malo ocurrirá, sentimos que podemos prepararnos para lo peor si es necesario. Esto, sin embargo, es un círculo vicioso. Estas expectativas manifiestan lo que NO queremos que nos ocurra.

Cómo creamos nuestra realidad

Nuestro subconsciente ahonda sus raíces en la unidad o singularidad del Yo. No pueden existir dos yoes. Todos los pensamientos vienen originalmente de este Yo Superior, y como tales, no están contaminados por creencias ni expectativas aterradoras. Solamente cuando nuestros pensamientos emergen del subconsciente, los unimos con todo tipo de significados, los cuales están basados en creencias y experiencias previamente asociadas. Sin embargo, el Yo Superior no dispone de referencias a las expresiones duales negativas tales como: ...no... no puedo... no seré capaz..., etcétera. De este modo, cuando uno piensa: «espero no tener cáncer, a diferencia de mi madre», o «espero no volverme a quedar sin dinero este mes», su mente subconsciente escucha: «espero tener cáncer, como mi madre» y «espero volverme a quedar sin dinero este mes».

Las expectativas aterradoras distribuyen la energía precisamente donde *no* queremos. Nuestro Yo Superior no es dual y su capacidad para cumplir deseos no tiene límites, sino infinitas posibilidades. Sencillamente, no puede distinguir entre una instrucción negativa (no hagas) y una positiva (haz). Además, percibe nuestras dudas y miedos como si se trataran de deseos que se deben cumplir. *Todos* los deseos «regresan» a la pura consciencia de nuestro Yo Superior con el fin de cumplirse; lo hacen *automáticamente* en el instante en que los hemos expresado. De este modo, el universo no tiene ninguna otra elección que seguir las instrucciones con las que estamos alimentando nuestra mente subconsciente, que tiene acceso a una inteligencia y una energía infinitas.

Si alguien que tuviera cáncer entrara en mi despacho preguntándome: «¿Cómo puedo deshacerme de él?», mi respuesta sería ésta: «Apréecialo, y eso te curará». Atacar el cáncer, de la manera que sea, ignora su finalidad y su valor. El cáncer no está para destruirnos, sino para *liberarnos* de nuestras limitadas creencias. Tratar de deshacerse de él implica creer que el cáncer es una enfermedad terrible que de alguna manera se ha apoderado de uno y que es necesario pedir ayuda para eliminarlo del cuerpo. La realidad es que el cáncer nunca se habría desarrollado si uno no hubiese tenido desde el comienzo ese sistema de creencias. El cáncer, que en el plano físico es simplemente un desequilibrio que se manifiesta en las células del cuerpo, es nuestra oportunidad para equilibrar todos los aspectos de nuestra vida y para confiar en nosotros mismos. Uno escogió el cáncer para que le ayudara a ello porque es el método más efectivo para abordar aspectos relacionados con el equilibrio. Cuando aceptamos y apreciamos el cáncer por el papel que desempeña y la finalidad que tiene, estamos listos para avanzar y curarnos desde nuestro interior. Así es como creamos nuestra propia realidad en la vida.

Nuestro yo no tiene límites, *a excepción de los que nosotros creamos*. Si uno quiere crearse una realidad distinta, primero necesita comprender cuáles son sus creencias. El motivo por el que poseemos una mente consciente es para que podamos examinar estas creencias y proporcionarle a nuestro yo interior una perspectiva distinta de la realidad. No hay ninguna influencia en el mundo que nos pueda arrebatar esta capacidad. Si estamos enfadados con alguien, lo que causa esta emoción es la idea o la creencia que *tenemos* sobre esta persona, y no al revés. Las emociones dependen totalmente de nuestras creencias. Así, basándonos en nuestras creencias, primero creamos ciertas emociones y luego los pensamientos correspondientes que refuerzan nuestras creencias originales. Los pensamientos pueden (o no) conducirnos a acciones que las manifiesten.

Por ejemplo, un nuevo amigo del lector promete llevarlo a cenar con él. Se arregla y espera pasar con él una velada maravillosa, pero no aparece. Una reacción es sentir decepción, luego frustración por todo el esfuerzo empleado en prepararse y finalmente mucho enfado porque piensa que le ha defraudado o que se ha olvidado de la cita que prometió. Otra reacción en una situación así puede ser preocuparse por el bienestar de su amigo, pensando que tal vez haya tenido un accidente de tráfico. La idea de que podría haberle ocurrido algo malo nos causa ansiedad y nerviosismo. Una tercera reacción podría ser considerar la situación exactamente como es, sin crear una concepción mental sobre cuál debe ser la razón de su retraso. Esta versión no incluye ninguna respuesta emocional. Sin embargo, reaccionamos, y son nuestras ideas y creencias las que forman la estructura de nuestra experiencia. Todas las situaciones son fundamentalmente neutras. No poseen ningún significado fijo más que aquel que uno le asocia.

La energía neutral e imparcial, contaminada por las creencias personales, se convierte en sentimientos, pensamientos y emociones específicos que, a su vez, crean nuestras experiencias vitales. Las creencias provocan automáticamente que nos sintamos y nos comportemos de una manera determinada. Tratar de evitar, eliminar o modificar pensamientos, sentimientos o emociones que no deseamos es una tarea imposible porque sus raíces (las creencias) todavía están enterradas. Existir *con* estos pensamientos, sentimientos y emociones nos permite estar en contacto con las creencias que los han causado. Considerarlos neutrales posibilita la asociación de cualquier significado. En lugar de decir: «Esto me está causando muchos problemas», podemos simplemente preguntarnos: «¿De qué forma podría esto ayudarme?». Al modificar mentalmente una situación negativa en una que resulte útil, uno anima y actualiza la capacidad consciente de crear una nueva realidad para sí mismo y para su mundo.

Las creencias y sus causas se hallan en la mente consciente. Muchas personas asumen que estas creencias están enterradas para siempre en el pasado de esta vida o quizás incluso de otra. A menos que cambien esta creencia, no serán capaces de crecer y expandirse. Todas las creencias posibles están con nosotros en todo momento. Es hora de examinarlas y abandonar aquellas que nos imponen limitaciones tales como: «No puedo hacer este trabajo porque no soy suficientemente inteligente», o «No puedes tenerlo todo en esta vida», o incluso «Todos tenemos que envejecer y morir». Ha llegado el momento de darnos cuenta de que cualquier idea que consideremos verdadera es una creencia con la que cargamos que crea y moldea nuestra realidad personal.

En cuanto identificamos una creencia, podemos modificarla y crear una nueva realidad. Si uno se siente enfadado o triste por algún motivo, puede preguntarse qué creencias debe de tener para sentirse de esta manera. Luego puede reconocer las creencias que tiene. Descubrirá que no hay ninguna razón verdadera que pueda justificar la rabia o la tristeza, a excepción de la ilusión (creencia) de la separación. Aceptar una comprensión más amplia y unificada de su situación crea emociones tiernas que, a su vez, generan pensamientos completamente distintos de los que tenía previamente. También cambia la manera en que uno actúa y se comporta.

Todas las creencias contienen su propio sistema intrínseco autoperpetuado de lógica y evidencia. Cada creencia tiene su racionalidad, su verdad relativa y su perspectiva. Si una persona pobre piensa que es legítimo robar a los ricos porque éstos explotan a los pobres, es probable que se convierta en un ladrón e incluso que no se sienta mal por ello. En realidad, se ha creado sus motivos para pensar de esta manera. El principio básico es que uno sólo es capaz de comprender y crear en su vida lo que cree que es *su* verdad. Uno sólo ve lo que cree, ni más ni menos. No hay ninguna otra realidad, a excepción de la que uno se crea en su interior. Las cosas no le «ocurren» a uno simplemente, sino que uno *hace* que le ocurran. La verdad suprema de la vida no está basada en una idea; es el estado de la consciencia el que crea desde su interior cualquier cosa que quiera, sin límites. Estamos en una figura humana para aprender conscientemente el oficio de la creación.

Construimos nuestra verdad

La búsqueda del significado de la vida es un camino sin salida; no lleva a ninguna parte porque no hay ningún significado independiente que el que nosotros mismos creamos en cada nuevo momento. Tomar decisiones de forma consciente sobre cómo queremos que sea nuestra vida es lo que determina cómo será. En lugar de *buscar* el significado de un acontecimiento en particular, o de la vida en general, debemos *darle* un significado. De todos modos ya lo estamos haciendo, aunque sea inconscientemente. Así, si uno desea que algo le afecte de una forma nueva y distinta, puede *escoger de manera consciente* un nuevo significado que favorezca su deseo. En vez de decidir que el cáncer está para acabar con su vida (la antigua creencia), puede decidir que el cáncer está para ayudarlo a apreciar más la vida, despertarlo para un nuevo objetivo o proporcionarle el amor y la atención que se merece (la nueva creencia). La antigua creencia es restrictiva y destructiva, mientras que la nueva es liberadora y enriquecedora. La creencia en la que uno centre su energía es lo que determinará el resultado de la enfermedad.

Juzgar una situación o a una persona es muy poco realista porque no hay *nada* en el mundo físico que sea real. Nada se puede categorizar en términos de bueno y malo, correcto o erróneo, etcétera. La dualidad sólo existe en las mentes de aquellos que mantienen una percepción dual. La unidad, por otro lado, existe solamente en las mentes de aquellos que consideran todo como una sola cosa. Formarse para ser médico puede parecer bueno para uno y malo para otro. Lo que para una persona es una experiencia terrible para otra puede que sea un alivio. Muchos soldados que luchaban en la línea de frente en la segunda guerra mundial se alegraron mucho cuando resultaron heridos a causa de las metrallas o los disparos, porque significaba el abandono del frente de batalla para regresar a sus casas. En cambio, una persona herida en los alrededores de su casa puede no alegrarse en absoluto porque es posible que se la lleven al hospital.

El dolor y el sufrimiento son una cuestión de interpretación y, por tanto, son sumamente subjetivos. Un terremoto puede considerarse un desastre terrible que se cobra cientos de vidas o puede verse como la manera que tiene la Tierra de regenerarse a sí misma para poder nutrir y dar vida a millones de personas más. La percepción y el conocimiento son diferentes en los distintos estados de consciencia. La consciencia de nuestro Yo Superior no busca ninguna fuente externa para que le suministre conocimiento, mientras que nuestro yo humano depende de nuestros sentidos y de nuestra mente para reunir información e ideas. El Yo Superior se ve reflejado en todo y busca unir los opuestos, mientras que el yo inferior se ve separado de todo y trata de dividir las cosas en objetos aislados en el tiempo y el espacio. No obstante, ningún estado de consciencia es correcto o erróneo, ni mejor o peor. Cada estado tiene su propio valor; uno está para aprender sobre la dualidad y el otro para dominarla.

Nos hallamos en un viaje hacia el dominio, un dominio que no trata sobre nada de lo que hay fuera. Perseguimos el dominio de la creación consciente. Hagamos lo que hagamos, *ya* estamos creando nuestras propias situaciones vitales. Este libro se concibió para ayudar al lector a que *se dé cuenta del poder* que ya está usando. Cuando descubra su poder creativo, lo podrá dirigir de la forma que desee. Incluso, a medida que las palabras de este libro entran en el espacio de su mente, está teniendo lugar una reestructuración de todas las distintas partes dimensionales de su ser que le ayudarán a crear el dominio consciente de cada momento de su vida. Mientras se despliega este proceso, sabrá que:

1. El único significado que existe es el que le da.
2. Su propia experiencia es la que dice que es. Nada ni nadie más puede definirla.
3. Dado que es exactamente quien dice que es, entonces, en cada nuevo momento, tiene la elección de modificar su vida.

Juzgar es el intento inconsciente de dar significado a las cosas y, por tanto, nos define como jugadores de la dualidad. Por consiguiente, la elección última en la vida es liberarnos de las condenas y convertirnos en los hacedores de la unidad. Liberarnos de nuestros juicios de valor es un proceso que requiere retirar las capas de significados que hemos dado a todo lo que nos ha ocurrido a lo largo de los años (a lo que nos referimos como creencias). Cuando no queda nada a lo que darle significado, cuando sólo existe la unidad del TODO, atravesamos el velo de la ignorancia y nos encontramos con nuestro propio poder. Permitidme comenzar el proceso de retirada de las capas.

El error del intelecto

A lo largo de toda la historia de la humanidad, hemos vivido en un mundo lleno de juicios de valor. Cada guerra y cada conflicto del que ha sido (y todavía es) testigo la Tierra proviene de la incapacidad de los seres humanos de aceptarnos unos a otros tal y como somos, con todas nuestras diferencias, defectos y recursos únicos. Tanto los conflictos en relación a los credos, las nacionalidades, las razas o las creencias, como las enfermedades, las disputas y/o la pobreza, todos los problemas a los que se enfrenta la raza humana deben su origen a la consciencia de separación, es decir, a la sensación de separación entre nuestro yo espiritual (nuestro Yo Superior) y las leyes de la naturaleza, la Tierra y sus habitantes.

Esta aparente separación se halla en la base de todas las ideas equivocadas y los juicios. El Ayurveda, que es el sistema de curación más antiguo y exhaustivo a disposición de la humanidad hasta la fecha, ha escogido una explicación casi simplista para interpretar el sufrimiento y la confusión que prevalecen en casi cada área de nuestra vida. Los documentos de 6.000 años de antigüedad del Ayurveda, que significa «Ciencia de la Vida», retratan una sola causa como la responsable de todas las enfermedades que pueden ocurrir en la vida terrestre. El Ayurveda la llama *Pragya Aparadh* o «error del intelecto». Significa que percibimos el mundo como algo separado de nosotros, lo cual es una ilusión creada por el intelecto.

Irónicamente, aunque esta ilusión está provocada por un malentendido sobre lo que es realmente la vida, no podemos eliminarla sólo con una comprensión intelectual más apropiada sobre su naturaleza esencial. Si fuera así, entonces la lectura de las escrituras sagradas, tales como la Biblia, los Vedas, el Corán o cualquier otro libro religioso o espiritual, habría corregido fácilmente este error de la mente y salvado a la mayoría de la humanidad de los riesgos de la ignorancia y de los peligros de la autodestrucción. Sin embargo, el aprendizaje no empieza en la mente o el intelecto, sino en el nivel más tenue de *sensibilidad* donde el alma decide lo que es real y lo que no. De hecho, sólo somos capaces de superar una creencia errónea del intelecto cuando caminamos por el sendero del juicio y sentimos lo que significa juzgar y ser juzgado.

El juicio puede ser de cualquier forma e intensidad, pero *en todos los casos implica una división*. Por ejemplo, el hecho de preferir llevar una camiseta roja hoy en lugar de una azul básicamente significa que en este momento uno siente que el rojo es más apropiado o mejor que el azul. Se acepta el rojo como la elección «correcta» y se rechaza el «azul» como la «incorrecta». Estas elecciones crean una segregación y ocurre en el nivel de las sensaciones. Ahora bien, si uno considera de forma racional esta situación, puede tener un conflicto porque, digamos que, la camiseta roja no combina con el color de sus pantalones. Puede que incluso se enfade porque el color de sus pantalones no queda bien con el de su camiseta. Cuando uno va a una fiesta y ve a alguien que también lleva ropa que no combina, de pronto la rabia experimentada previamente se reaviva y empieza a juzgar a la persona por no saber cómo vestirse. Por supuesto, si todo el mundo se vistiera con ropa que no combina no encontraríamos nada de «malo» en ello.

Con este ejemplo podemos apreciar que la separación de cualquier cosa en términos de bueno y malo, correcto y erróneo, etcétera está basada en un sentimiento de juicio, un sentimiento que se halla en el núcleo de la mayoría de las discrepancias de la vida. Debido a que *sentimos* que una cosa es buena y la otra es mala, llevamos esta división (juicio) a nuestros pensamientos, emociones y acciones, creando así nuestra realidad actual. Si alguien siente de forma convincente que sus problemas financieros se resolverían más rápidamente invirtiendo su dinero en una partida de póquer o en la ruleta de un casino en lugar de emplearlo de una manera más fiable, es su *juicio* lo que terminará llevándole a un casino. Si gana, se sentirá sumamente bien por haber tomado la decisión «correcta» y su mundo de pronto parecerá brillante y propicio. No obstante, si pierde su inversión, su mundo caerá en la confusión y la desesperanza por haber tomado la decisión «equivocada». En cualquier caso, se llevará consigo las semillas del juicio, que se convertirán en las lecciones para sus futuros aprendizajes de los detalles de la existencia dual.

En el momento en que hayamos explorado de manera exhaustiva y capturado emocionalmente la totalidad de la banda ancha de todos los posibles altibajos de nuestra existencia en esta realidad dimensional, podemos fundirnos de manera consciente con el suelo que pisamos y percibir cualquier otra cosa que entre en nuestro campo de la experiencia disponiendo de la sabiduría del conocimiento supremo. Este libro está ideado para llevar al lector por este sendero de una forma más consciente y rápida, al mismo tiempo que sirve como un medio para hacer explotar la burbuja de la ilusión de que uno no es más que unidad de diversidad. En cuanto uno se arraigue a la unidad de su Yo Superior, su percepción de la vida cambiará radicalmente. El juicio, que pertenece al campo de la dualidad, deja de existir en el momento en que la Unidad empieza a brillar. El juicio erróneo del intelecto, *Pragya Aparadh*, se funde en el fuego del conocimiento del mismo modo que el hielo se deshace en presencia de calor.

La separación de la consciencia

La palabra *juicio* implica que hay alguien o algo que es mejor o peor que otro alguien o algo. Estamos adoctrinados en la creencia de que cualquier cosa que sea «mejor» debe ser bienvenida o aceptada, y que cualquier cosa que sea «peor» debe evitarse o rechazarse. La discriminación racial, por ejemplo, no se debe a la presencia de diferencias intrínsecas en las razas, sino a la consciencia de separación que existe en el interior de la persona que siente una ira irracional e incontrolable hacia un prójimo con distinto color de piel. Además, si nosotros mismos estamos juzgando a quien es crítico con los demás, lo único que hacemos es repetir el mismo patrón de juicio que tanto desaprobamos en otras personas. El racismo, por seguir con el mismo ejemplo, no desaparece con el simple endurecimiento de las leyes que lo prohíben en el mundo laboral o en los lugares públicos. La ira reprimida, que a menudo tiene su origen en asuntos previos de separación traumáticos, continúa presente e incluso puede desembocar en reacciones más violentas e incontrolables.

Más adelante analizaremos cómo resolver los conflictos de la vida de una forma más fácil y natural de la que actualmente somos capaces. Antes de nada, necesitamos explorar más profundamente nuestra propia consciencia para descubrir lo que realmente nos molesta cuando emitimos juicios. Si la unidad es nuestra verdadera naturaleza, ¿por qué sufrimos la separación de la consciencia? ¿Por qué *no* nos sentimos uno con todos los demás? Las respuestas a estas preguntas son esenciales para regresar de la dualidad a la Unidad.

Los niños muy pequeños a menudo no tienen esta conciencia de separación. Se comportan como si todo el mundo les perteneciera, mostrando escasas inhibiciones y preocupaciones por no ser queridos o amados. Dan por sentado que sus padres, sus familiares e incluso las personas desconocidas los quieren. Los niños muestran un encanto y una inocencia irresistibles que funden hasta los corazones de piedra. Entonces, ¿qué nos ocurre cuando crecemos? ¿Por qué perdemos esta espontaneidad y franqueza hacia el mundo tan alegre cuando interactuamos con él durante un cierto período de tiempo? ¿Estamos programados para juzgar o podemos elegir recuperar el poder de la inocencia que tuvimos en un pasado?

Aprender a no ser suficientemente buenos

Contrariamente a la idea de que hemos nacido pecadores, ser crítico acerca de algo o del comportamiento de alguien no forma parte de nuestra naturaleza esencial. Hemos *aprendido* a ser críticos para navegar en los flujos y reflujos de la vida y poder descubrir quiénes somos realmente. Hemos adquirido esta característica de la personalidad casi universal, primero para aprender todo sobre los mundos de los opuestos (dualidad) y, segundo, para detectar la unidad subyacente. Si no podemos aceptar que estamos aquí para un mayor propósito –un punto de vista que concuerda con el concepto del existencialismo–, entonces pasar por las penurias de la vida parece completamente insensato y atroz. Significaría que el Dios que nos colocó aquí cometió un grave error. Esto iría en contra de la esencia de nuestros instintos y creencias.

Aun así, siguen habiendo cuestiones merodeando en el fondo de nuestras mentes que permanecen sin respuesta, tales como: «¿cómo puede alguien, tan inocente y encantador como un bebé recién nacido, convertirse en alguien que termina odiando y asesinando a otras personas?». Consideremos el ejemplo de los tiroteos en los institutos estadounidenses. Los psicólogos pueden argumentar que estos niños deben de haber sufrido abusos físicos o emocionales para mostrar estos niveles de violencia en sus vidas. O quizás que estuvieron expuestos a demasiada violencia en la televisión. Puede que sea el fácil acceso a las armas lo que tiente a los niños a disparar a sus compañeros y profesores. Todos son argumentos convincentes, aunque sin una perspectiva más amplia, ninguna de estas explicaciones resulta suficiente. Lo mismo puede decirse de todas las situaciones conflictivas de la vida. A fin de obtener una mejor comprensión del origen fundamental de los juicios, y por tanto del sufrimiento de cualquier tipo, lo primero que necesitamos es examinar más detenidamente los primeros estadios de nuestras vidas.

Desde la temprana infancia, muchos de nosotros hemos *crecido con* la vergüenza de no ser suficientemente buenos. Cuando éramos pequeños, pudimos sentir la aprobación cálida y amorosa de nuestros padres cuando empezamos a realizar nuestros primeros pasos o conseguimos subir una escalera sin caernos. Sin embargo, también aprendimos que cuando no teníamos tanto «éxito» como deseaban nuestros padres en nuestros intentos de dominar la fuerza de la gravedad, sus rostros mostraban una expresión de menor satisfacción, incluso de decepción. Aunque no éramos conscientes de las sutiles diferencias en sus reacciones, registramos que una reacción era preferible a otra.

Este patrón básico se repitió numerosas veces de distintas maneras. Por una acción recibimos el consentimiento de nuestros padres, y por la otra, o bien no conseguimos ninguna respuesta, o bien logramos una desaprobación directa. En realidad, no hay nada de malo en caerse cuando estamos aprendiendo a caminar. De hecho, caerse y volverse a levantar utilizando el propio esfuerzo es sumamente beneficioso para el desarrollo físico, emocional y espiritual de los niños, similar a un pájaro que aprende a volar. Aprendemos las habilidades importantes de la vida cuando dominamos las dificultades que aparentemente nos impiden convertirnos en quien queremos.

He observado muchos niños que mientras jugaban se hicieron daño en las rodillas o en los codos. En la mayoría de los casos, la primera respuesta del niño fue mirar a su madre para comprobar cómo reaccionaba ante su caída. Si ésta mostraba miedo y preocupación o incluso rabia, el crío empezaba a llorar. En casi todos los casos en los que la madre sonreía o se reía, el crío no mostraba ningún indicio de dolor, e incluso respondía también con una sonrisa. En el primer ejemplo, el niño interpreta el dolor de la caída como algo malo que hay que temer, mientras que en último caso, el niño no tiene ninguna referencia negativa que le permita emitir una respuesta infeliz.

¿Realmente puedo confiar en mí mismo?

Los niños a menudo se caen «accidentalmente a propósito» cuando sus cuerpos requieren un incremento de la inmunidad. Cuando una herida se infecta porque está sucia, con frecuencia se trata de un método rápido de autoayuda para estimular el sistema inmunitario y aumentar más el nivel de resistencia natural a las enfermedades. Muchos estirones se inician de esta manera. Tendemos a pensar que los niños ignoran lo que está pasando, pero sus Yoes Superiores y guías espirituales siempre están en vigilancia para permitir solamente lo que merece su verdadero interés, incluso aunque ello signifique herirse. Sin embargo, lo que empieza a ocurrir es que las respuestas variadas que el niño recibe de su entorno distorsionan gradualmente su instinto natural o «sabiduría inocente». Básicamente, todas las reacciones que se dan en la vida son egocéntricas, lo que significa que están arraigadas en *el miedo a la separación*. Sin el miedo no habría reacciones, sino solamente acciones. Como la separación sólo puede ocurrir en el ego o en la conciencia de la no-realidad, nada de lo que parece ser real lo es. La separación parece tan real porque no se percibe la unidad subyacente.

¿Cuántos de nosotros recordamos haber sido regañados por terminarnos lo que nuestra madre nos había preparado? Tal vez no teníamos hambre, o los instintos naturales de nuestro cuerpo habían inhibido el impulso de comer por otras razones, por ejemplo, porque no nos sentíamos bien o sentíamos molestias por algo. O quizás simplemente no nos gustaba la comida que nos había cocinado. Las respuestas normales y naturales de nuestro propio cuerpo, sin embargo, fueron criticadas con palabras como: «¡eres un mocoso engreído!» o «¡no valoras lo que Dios te está dando!».

Hace muchos años acudió un paciente a mi consulta porque tenía un desorden alimenticio. «Nunca puedo sentarme en una mesa y comer un plato como todos los demás», expuso. Cuando le pregunté acerca de los hábitos alimenticios de su infancia, me dijo de mala gana que su madre, literalmente, solía tirarle encima la comida que era incapaz de comerse. Aunque su madre creía verdaderamente que ésta era la manera correcta de enseñar a su hijo a apreciar la comida que le preparaba –debido a sus propias necesidades frustradas de amor y aprecio– estos «justificados» métodos de educar a su hijo lo llevaron a tener una relación alterada con la comida. Utilizar la comida como una herramienta instructiva para enseñar a los pequeños los «buenos modales» de la edad adulta se ha vuelto muy popular. La buena intención de los padres, sin embargo, ha resultado ser el factor que más ha influido y contribuido a que una parte desproporcionada de la población sufra desórdenes alimenticios y obesidad. Estas personas han aprendido desde muy temprano que es malo escuchar a su cuerpo. De este modo, en la vida adulta, son incapaces de leer o descifrar el lenguaje de su cuerpo. El vínculo comunicativo entre los aspectos internos y externos de la vida queda gravemente perturbado, y lo mismo ocurre con la conexión espiritual con el Origen del Yo.

Las consecuencias de no confiar en uno mismo

La relación entre el Yo Superior y la conciencia física del cuerpo –el Yo– se ve todavía más afectada cuando el cuerpo muestra signos de mal funcionamiento. En lugar de confiar cada vez más en el cuerpo a medida que crecemos y cooperar con él cuando enferma, se nos enseña que no podemos confiar en él porque comete errores. Para corregir los «errores» de nuestro cuerpo, recurrimos a especialistas (médicos) que se han estado formando rigurosamente durante muchos años y han adquirido las habilidades diagnósticas para escuchar al cuerpo y decidir lo que no funciona bien. Luego, ellos aplican los procedimientos apropiados para rectificar este «mal comportamiento».

Como sólo a los médicos se les ha dado el «derecho legal» a tratar las enfermedades, uno puede sentirse obligado a hacer cualquier cosa que ellos le digan. Motivado por un intenso deseo de sentirse bien de nuevo, puede que voluntariamente transfiera la energía y la responsabilidad de su cuerpo a un desconocido, alguien que puede que conozca desde hace tan sólo 15 minutos. La aceptación, por parte de uno, de la idea de que su cuerpo debe de estar haciendo algo mal porque no se siente bien aumenta todavía más la sensación de fracaso e incompetencia. Quizás uno incluso crea que su cuerpo está para causarle problemas y se sienta enfadado con él por entorpecer su vida y sus planes. En este momento, uno empieza a sentirse impotente con su propio cuerpo. Es posible que no se le haya ocurrido que *estos pensamientos* puedan ser las mismas instrucciones y profecías autocumplidas que tornan el cuerpo impotente contra las enfermedades.

No mejora las cosas que a uno le den una docena o más de dosis de inmunización para prevenirse de futuras enfermedades. Empezamos a aprender que existen gérmenes «terribles» que no tienen otra finalidad que dificultar la supervivencia de los seres humanos. A pesar de que todo en nuestro cuerpo nos permite saber que no necesitamos estas intervenciones –acompañadas de estas sensaciones de miedo o de reacciones de lucha o huida– es mucho más poderoso el miedo a poder estar equivocados. Así, uno admite inconscientemente que es menos poderoso que una pastilla o una vacuna consistente en un virus muerto.

Lo que uno puede concluir de todo esto es que las enfermedades son «malas» y la salud «buena». También, que las enfermedades ocurren de forma indiscriminada y que deben «curarse» por cualquier medio. En consecuencia, muy a menudo decimos o escuchamos la frase: «Tienes mucha suerte de estar sano». Parece, no obstante, que esta suerte cambia con la edad. El 75% de las personas que viven en nuestro edificio tienen o han tenido distintos tipos de cáncer, y la mayoría de ellos son jubilados. ¿Quiere decir esto que las personas desafortunadas tienen más probabilidades de tener cáncer si están jubiladas? ¿Podemos realmente atribuir a la mala suerte el hecho de tener una enfermedad? ¿O podría subyacer una causa más razonable detrás de un infarto de miocardio o de una apoplejía, que la de ser una víctima inocente del destino? ¿Por qué las enfermedades siempre son vistas como un freno repentino en la vida de una persona? Todas estas preguntas pueden responderse con una sola respuesta. Consideremos lo siguiente: las enfermedades podrían ser algo fortuito porque *cambian el curso de la vida* de una dirección que ya no sirve a nuestros intereses hacia otra que sí lo hace. Las enfermedades, en realidad, puede que sean una de las respuestas más eficientes de curación que tiene el cuerpo para regresar a un estado de equilibro, salud y paz. Sin embargo, si no adoptamos esta perspectiva más amplia y no nos abrimos a recibir las oportunidades ocultas que cada momento de la vida tiene que ofrecernos, nos quedamos solamente con la capacidad de juzgar lo que es «bueno» y «malo» y lo que es «correcto» y «erróneo».

Al estar equipados con esta capacidad adquirida para discernir entre lo correcto y lo erróneo, empezamos a dividir el mundo en dos categorías, una favorable y la otra no. En cada instante confirmamos nuestra conclusión de que debemos de ser víctimas de poderes que escapan de nuestro control. Aprendemos que los padres y los profesores a menudo tienen la última palabra, incluso aunque sus decisiones nos parezcan imparciales e injustificadas. Resistirnos a las normas puede salirnos caro. Existen leyes que lo vigilan todo, desde cómo debemos montar en bicicleta hasta cómo debemos dirigirnos a un juez en un tribunal. Aprendemos que debemos obedecer estas leyes o, de lo contrario, tendremos problemas. Por otro lado, también aprendemos que ser vulnerables y no tener control de nosotros mismos no nos merece el respeto de los demás, y en algunos casos, incluso pueden llegar a rechazarnos y despreciarnos. De modo que empezamos a esconder todas aquellas cosas de nosotros mismos que no encuentran la aprobación de nuestros amigos y seres queridos. Nos sentimos avergonzados si no somos suficientemente brillantes y culpables si no podemos cumplir con las expectativas que los demás tienen de nosotros, especialmente cuando son personas cercanas, como nuestros padres, amigos, profesores, compañeros, etcétera. Esto sienta las bases de una ardua y larga lucha por la aprobación y el reconocimiento de los demás.

Ya hemos comprendido que la incapacidad de cumplir con las expectativas de los demás es algo indeseable o «malo». Lleva consigo críticas y disminuye la autoestima. Por otro lado, ser «bueno» en todo es honorable y recibe la aprobación de los demás. Las semillas del juicio que se han sembrado en los estadios anteriores de la vida ahora están empezando a brotar. La batalla de la vida empieza y uno descubre que necesita ser competitivo para «conseguir» cualquier cosa en este mundo. Por supuesto, todo esto ocurre en un nivel inconsciente, que nos permite entrar de lleno en el mundo de los juicios. Más adelante veremos por qué es tan necesario e importante para nuestro proceso de integración.

Educados para ser críticos

La educación desempeña uno de los papeles más importantes en la vida de una persona. Puede determinar si alguien triunfará o no en su profesión. No obstante, también es capaz de crear desilusión por la vida. Todos los estudiantes aprenden que deben «demostrar» su valía para que se les considere «buenos estudiantes». Se nos enseña que sólo el trabajo con esfuerzo nos proporcionará una vivencia decente. Debemos estudiar con determinación y disciplina para competir en este mundo «egoísta» donde nada se da gratis. No importa cómo se sienta alguien, lo más importante es lo bien que rinde, lo bien que se acuerda de memoria de lo que ha aprendido. Puede que uno tenga las mejores cualidades de amabilidad, encanto y generosidad, pero nada de esto cuenta cuando hay que hacer un examen y demostrar lo «bueno» que uno es. No se nos valora por quienes somos, sino por lo bien que nuestras neuronas pueden asimilar y recordar información, independientemente de si esta información tiene algo que ver con nosotros y con nuestra vida o no.

La división entre nuestro mundo interno y externo empieza a ensancharse, y aprendemos a canalizar toda nuestra energía y énfasis en la apariencia. Como se nos juzga mayoritariamente por nuestro rendimiento y no se tiene en cuenta lo que representamos como individuos, también aprendemos a juzgarnos a nosotros mismos sobre esta misma base. Nos sentimos avergonzados de nosotros mismos o culpables cuando suspendemos un examen porque hemos sido programados para creer que la buena memoria no sólo nos lleva a la cima, sino que además nos hace mejores personas. Nuestros profesores, padres y el sistema educativo en general no aprueban el fracaso, y si uno suspende demasiados exámenes incluso se le obliga a repetir curso. Tener que repetir curso en la escuela es una experiencia muy embarazosa, especialmente en la vida de una persona adolescente. Puedo dar fe de ello.

Los inicios de la autocrítica

Me crié en una pequeña ciudad de Alemania Occidental. La escuela primaria no me ocasionó ningún problema, pero al matricularme en un gimnasio (en la escuela secundaria) a principios de la década de 1960 mi rendimiento se redujo drásticamente. Sólo me sentía libre y feliz durante las vacaciones. Mis padres, como todos los «buenos» padres, me premiaban con propinas extra siempre que traía buenas notas a casa. Mi hermano mayor, por otro lado, era excelente en todas las materias y «ganó» mucho más dinero que yo. Su increíble capacidad para memorizar y recordar cualquier cosa que leyera o escuchara incluso una sola vez le proporcionó más tiempo libre para jugar del que yo tuve jamás.

De alguna manera, llegué a la conclusión de que me había convertido en un fracaso porque era demasiado tonto para retener información en mi cabeza. Como no era tan buen estudiante como mi hermano, asumí que mis padres me querían menos que a él. Aunque esto estaba lejos de la realidad, así era como lo sentía, y a raíz de ello traté de demostrar a mi hermano y a mis padres lo bueno que era en otras materias, como los deportes, la música y las amistades. Tenía tantos amigos que, al final, mi hermano estaba celoso de mí. De este modo, nos hicimos muy competitivos cada uno en relación a su campo.

Esta vena competitiva se acentuó más cuando tuve que enfrentarme a la vergüenza de repetir curso, especialmente porque no era capaz de memorizar vocabulario del latín ni fórmulas de álgebra, que no tenían ninguna relevancia en mi vida. Al término del trimestre, mis profesores elogiaron a los mejores estudiantes por su excelente rendimiento, pero a mí solamente me dijeron que no había sido suficientemente bueno para pasar de curso. Sentí que era estúpido porque no era tan inteligente como la mayoría de mis compañeros de clase. Como mis profesores, creía que la inteligencia era algo que se tenía o no se tenía, y yo ciertamente parecía no tenerla. Esta idea de no ser «suficientemente bueno» se arraigó profundamente en mi conciencia, en especial cuando mi celoso hermano se volvió un tanto triunfador en este terreno y mis padres, sobre todo mi padre, manifestaban una gran decepción cuando me tocaba darles las terroríficas noticias. Me sentí culpable por no haberme esforzado lo suficiente y por haberles «causado» este dolor a mis padres. Desde entonces, la autocrítica pasó a ser una parte importante de mi vida. Era «malo» porque no era «suficientemente bueno».

Crear y destruir la fachada de la valía

Durante los últimos siete años de instituto pasé la mayor parte del tiempo estudiando y muy poco jugando. Me quería asegurar de que nunca más tendría que volver a repetir curso. Mi padre murió cuando cumplí dieciocho años. Aunque teníamos una relación muy estrecha y lo añoraba mucho, también me sentí aliviado porque ya no había nadie en mi vida que tuviera expectativas puestas en mí.

Sin embargo, a partir de entonces, traté de asegurarme de no mostrar nunca debilidad ante nadie. Me convertí en un experto en todo lo que hacía, excepto en mostrar quién era verdaderamente por dentro.

Durante muchos años desempeñé el papel de profesor y curandero espiritual, lo que me hizo ganar un gran respeto y admiración de aquellos a quienes podía ayudar en su curación. Jugué tan bien este papel que ni siquiera me di cuenta de que lo estaba representando. Sobresalía en recordar lo que aprendía y expresarlo a los demás de un modo que pudieran comprenderlo. Pronto me hice famoso por curar con éxito a cientos de pacientes con enfermedades que desafiaban los tratamientos convencionales, entre ellos incluso líderes del estado. Había creado una fachada de valía que pensaba que era el verdadero yo.

Sin embargo, otra parte de mí vivía en la sombra y escondida de los demás. Sólo a la persona más próxima a mí, a mi ex mujer Maggie, le permití ver cómo era mi lado «oscuro», mis puntos débiles, y solamente después de que me «sacara de mis casillas». Dado que en lugar de regañarme me quería incluso más cuando mostraba mis verdaderos sentimientos y emociones, me sentí cada vez más animado a mostrar mi sensibilidad, vulnerabilidad y humanidad a ella y también a los demás. La maldición de la autocrítica que me había impuesto a mí mismo empezó a desaparecer. Me llevó muchos más años, sin embargo, desentrañar esta profunda forma de autocrítica y fuente de resentimiento y conflictos.

Una cosa es darse cuenta de que gran parte de la manera en que uno se ve a sí mismo y al mundo de su alrededor es el resultado de todos los mensajes y opiniones que se han arraigado en la propia psique desde los primeros días de vida, y una cosa totalmente distinta es reconocer que todas estas opiniones y mensajes están para servirle a uno de alguna manera. A fin de comprender esto, primero debemos escudriñar todas las normas y creencias con las que nos han alimentado sobre cómo deberíamos comportarnos, qué aspecto deberíamos tener, cómo deberíamos vestir, cuánto deberíamos pesar, dónde deberíamos comprar, qué vehículo deberíamos tener, cómo deberíamos ganarnos la vida, quiénes deberían ser nuestros amigos, cuándo deberíamos casarnos, qué les debemos a nuestros padres, etcétera. Todos estos «deberíamos» tienen un efecto sofocante sobre nuestra sensación de libertad y conocimiento interno.

Luego, necesitamos abrirnos a nuevos mundos y distintos puntos de vista, pues de esta manera descubrimos que la vida no solamente son principios y que hay un mundo fuera de los «deberíamos», de lo que debemos y no debemos hacer. Aprendemos que cuando uno da, recibe; cuando uno ama, es amado; cuando uno siente compasión, se abre su corazón; y cuando uno es honesto con los demás no experimenta tensiones en sus relaciones. Todas estas experiencias tienen un efecto liberador. Con estos *dos* tipos de experiencias, positivas y negativas, aprendemos que en gran medida uno obtiene lo que cree que se merece, y que *gran parte de la vida es una profecía autocumplida*. Todos los dramas de la vida giran en torno al propósito de enfrentarse al verdadero Yo. Las experiencias que vivimos en nuestra vida son una manifestación de cómo nos vemos a nosotros mismos. Esto significa que al estar en este mundo interactuando con otras personas, constantemente nos estamos mirando en el espejo para aprender más acerca de quiénes somos. Perdernos y encontrarnos a nosotros mismos son expresiones que utilizamos para definir estas experiencias. No obstante, en realidad, el Yo nunca está perdido, por lo que nunca necesita ser encontrado.

El Yo: perdido y encontrado

Hemos visto que la necesidad de juzgar aumenta cuando nos sentimos inseguros, atemorizados o insatisfechos. Las personas que están enamoradas sienten que podrían abrazar el mundo entero. Su sensación de felicidad trasciende las barreras de división y les permite percibir la unidad subyacente de todas las cosas. Incluso a pesar de que la sensación de estar enamorado puede que sólo sea un momento efímero en la unidad de la consciencia, muestra que somos capaces de tender un puente en el espacio de separación que existe entre el mundo y nosotros.

Una madre que contempla a su hijo recién nacido con total afecto no siente ninguna separación en su corazón. Ella y su hijo son una unidad, vinculados de forma invisible por la fuerza unitaria del amor. ¿De dónde surgen los sentimientos de separación cuando, unos meses o años después, la madre empieza a gritar o criticar a su hijo por su comportamiento? ¿Cómo desarrollan algunas madres celos y rencor hacia sus propios hijos? ¿Por qué las parejas que han prometido amarse y cuidarse mutuamente hasta que la muerte las separe se sienten incapaces de mantener esta promesa? ¿De dónde viene el distanciamiento, la desconfianza y la desatención que destroza las relaciones? Y por último, ¿por qué nos separamos de las mismas personas que una vez quisimos y con quienes nos llegamos a sentir una sola persona?

Responder a estas preguntas es simple y a la vez complejo. Es complejo si intentamos hallar las respuestas en motivos individuales, puesto que cada motivo precipita los demás. Parece que los motivos por los que no podemos seguir llevándonos bien o somos críticos con los demás tienen su origen en una infancia infeliz, unos padres abusivos, unos profesores desalentadores, unas restricciones sociales, unas situaciones económicas adversas, etcétera. Sin embargo, en realidad, estos factores sólo representan un eslabón en una cadena infinita de acontecimientos que subyacen a nuestros problemas vitales. Sean cuales sean, el hilo común de todos es sufrir la separación de nuestro Yo Superior o Espíritu.

La viejísima búsqueda de nuestra verdadera identidad se debe a la antiquísima separación de nuestra verdadera identidad. *¿Quién soy?* y *¿por qué estoy aquí?* casi se han convertido en clichés en el movimiento de la Nueva Era, pero son, sin embargo, preguntas válidas que han fastidiado a todo el mundo en algún momento de sus vidas, incluso de manera inconsciente. La razón de ello es que no podemos convertirnos en seres completos y realizados hasta que no vivimos las respuestas. Un antiguo dicho nos tienta a buscar las respuestas que estamos buscando para la pregunta, y lo mismo ocurre con estas dos cuestiones básicas. La pregunta: *¿quién soy yo?* no se puede satisfacer mediante la sustitución del quién por un nombre, una cualidad o una apariencia física, puesto que éstos pueden cambiar de un momento a otro. La única respuesta que tiene sentido es *YO SOY*, porque es lo único que queda cuando el cuerpo se extingue y el mundo desaparece con él. *¿Qué estoy haciendo aquí?* tiene una respuesta similar: *SER LO QUE SOY*. En otras palabras, no tenemos sino que ser nosotros mismos para ser seres realizados y triunfar en este mundo. *Somos* todo porque sólo *somos uno*, pero la única manera de poder aprovechar esta unidad y utilizarla para el beneficio de todos es mediante la identificación con nuestro Yo Superior; nada más será nunca suficiente para satisfacernos verdaderamente.

Aun así, la mayoría de seres humanos se describen con términos tales como su elección profesional, su posición económica, su preferencia religiosa, su afiliación política, su edad o incluso su género, pero *nadie se describe por la brillantez de su conocimiento espiritual*. En el instante en el que utilizo palabras como: soy un artista, soy inteligente, soy un fracaso, soy un éxito, soy tu amigo, soy un espiritista, te quiero, quiero a Dios, etcétera., me separo a mí mismo de esta luz brillante de unidad que soy y, en su lugar, me identifico con las ideas limitadas que tengo acerca de mí, de mi personalidad, del dinero, de la amistad, de lo que el amor significa para mí, de quién creo que es Dios, etcétera.

La separación se muestra tan real que parece innatural sentirse de otra forma. Ser uno con las personas que caminan por la calle, con las flores que florecen en el campo, con los insectos y pájaros que planean en el aire, con las nubes que flotan en el cielo y la Tierra que retumba bajo nuestros pies escapa de todos los conceptos de la imaginación. No proviene de ningún pensamiento ni idea, sino del plano del *antes y del más allá* de los pensamientos y las ideas. Es una condición de ser. Ni siquiera la apariencia humana y los logros más destacados y magníficos son capaces de describir nuestro YO REAL. Una pulsera de oro, un anillo dorado y un empaste de oro tienen un aspecto y unos propósitos muy distintos, pero están hechos del mismo material, el oro. El aspecto de una forma de alguna manera oculta la verdadera sustancia de la que está hecha. Si eliminamos su significado o propósito, nos quedamos con lo que realmente es, una pieza de oro.

Al liberarnos de los distintos significados y roles que nosotros mismos hemos creado o que crearon otras personas, nos encontramos solamente a nosotros mismos. Este proceso puede ser atemorizante al principio, y puede causar una gran sensación de pérdida y soledad. No obstante, cuando nos encaramos y trascendemos el miedo de perder todo, cuando terminan todas las asociaciones, entonces nos damos cuenta de nuestra conectividad fundamental con todo. Al desaparecer la ilusión de la separación y el dolor y los juicios de valor que la acompañan, ganamos la máxima libertad, la libertad de SER. A fin de recuperar nuestra verdadera identidad, debemos deshacernos de todas las divisiones que han existido en todas nuestras vidas. Todas las identidades falsas: «No soy suficientemente bueno», «tengo miedo», «estoy furioso», «soy pobre», «soy rico», «soy poderoso», etcétera. tienen su propósito sólo en el mundo de la dualidad. En el momento en que accedemos al mundo de la unidad dejan de tener significado.

Todas estas identidades erróneas sirven sólo a un maestro, la separación primordial de nuestro Origen, a menudo llamado el pecado original. El pecado está relacionado con la culpa. Nos sentimos culpables por habernos separado de lo que muchos llaman Dios o Espíritu. Tememos que nos echen del Cielo porque ya no somos «suficientemente buenos».

39

Nos hemos olvidado de quiénes somos y nos sentimos culpables por ello. Sin embargo, esta sensación de culpabilidad se basa en la idea equivocada de que la separación de nuestro Yo Superior o Propio Dios era injusta. Ahora estamos tratando colectivamente con esta culpa y miedo primordial de la separación, y estamos en el proceso de borrarla de una vez por todas. La estamos eliminando de muchas maneras distintas y a ratos puede resultar angustioso, pero estamos haciendo un gran progreso, tanto de forma individual como colectiva. En todo esto, estamos tanto recordando como eliminando la *Gran Separación* que sembró las demás separaciones que hemos experimentado a lo largo de nuestras vivencias en la Tierra.

El juicio es una traición del alma. El alma no busca definir y descifrar sus alegrías o sus debilidades. Sólo intenta ser. Déjala ser. Déjala salir y caer como el sol de medianoche, como el aceite en la lámpara, como la marea en la orilla. Porque es eterna, el alma y sus obras. Nada más. Nada menos.

Antigua sabiduría china, 342 a.C.
Canalizada el 16 de abril de 2001

LA GRAN SEPARACIÓN

Oh, magníficos, vuestra luz resplandece siempre brillante sobre nosotros. Vemos vuestra grandeza, vuestra audacia y vuestra delicadeza a simple vista. Alabamos vuestra respiración de cada momento que compartimos en esta vida. Y os honramos por venir en vuestra verdad, en vuestra belleza y en vuestra valiente danza. Extended vuestras alas y seguid la luz que os guía, porque sois libres de aventuraros y cumplir vuestro destino.

Hermana (Madre) Teresa
Canalizado el 21 de diciembre de 2000

El principio del fin del paraíso

Antes de la *Gran Separación* tuvo lugar la *Primera Creación*. Hubo una época (si deseamos escoger el tiempo lineal como medio para la comprensión de la ocurrencia de los eventos) en la que éramos seres angélicos muy evolucionados que vivíamos en la creación original, el primer Círculo de la Vida. Este reino no tenía elementos duales, lo que hacía que nos resultara imposible percibir nada sino la unidad con todo y con todos. Teníamos la capacidad de crear nuevas dimensiones, como la profundidad y la anchura, y cada idea e intención se manifestaba instantáneamente. No había nada que no pudiésemos lograr. Dado que la Unidad con el Origen Supremo era nuestra ancla, no teníamos miedo y vivíamos felizmente con nuestros seres queridos. Todos estábamos dotados del conocimiento infinito y del poder organizativo del *Ser Eterno* que sustentaba todos los aspectos de la Primera Creación. En la simplicidad de la felicidad, podíamos *ser* toda la creación y todos los seres que participaban en ella, sin tener ninguna sensación de separación.

Sin embargo, a pesar de toda la alegría, pasión y realizaciones, nos faltaba algo, si «faltar» es la palabra correcta. *No sabíamos quiénes somos*. A fin de saberlo, necesitábamos ser capaces de «vernos» desde el exterior, y así fue como nos marchamos a las «afueras» de la creación, la creación original de la unidad, para instaurar una creación paralela que nos permitiera vivir la *experiencia* de conocernos a nosotros mismos. Por supuesto, sólo fue posible con la creación de la *ilusión* de separarnos de nuestra consciencia ilimitada o Yo Dios y entrar en lo que ahora llamamos experiencia de la dualidad pues, en realidad, nunca podemos estar separados.

Somos una consciencia, pero al crear la ilusión de la dualidad (volvernos autoconcientes), proyectamos inmediatamente esta idea hacia el exterior en forma de pensamiento. Hasta ese momento, el pensamiento no había sido necesario. Sin embargo, en cuanto nuestra consciencia proyectó este pensamiento de querer conocerse a sí misma, se creyó que *era* este pensamiento. Y una vez proyectada en pensamiento, la consciencia no tuvo otra elección que tener una visión limitada de sí misma (y esto es tan cierto hoy como lo fue entonces).

Como la única consciencia no tiene límites, es todo lo que cree ser. De este modo, al convertirse en una posibilidad separada, escogió «olvidar» que era un ser omnipresente, el campo ilimitado de todas las posibilidades. Esta posibilidad separada se convirtió en la nueva definición de sí misma.

Nuestro deseo de saber quiénes somos provocó la Gran Separación de nuestro yo infinito. La historia de Adán y Eva en el Jardín del Edén representa una alegoría. Es la historia de la consciencia infinita que se manifiesta como el deseo de conocerse y definirse a sí misma. La consciencia universal, para tratar de comprender sus aspectos más importantes, llegó al punto de querer saber lo que era *ser*. Estaba buscando un espejo. Primero el aspecto masculino de la consciencia infinita (a menudo llamado Padre Dios) se proyectó a sí mismo en el plano físico en forma de energía Adán. Luego, el aspecto femenino de la consciencia infinita (a menudo llamado Madre Diosa) se proyectó en forma de Amor Divino en la matriz de energía masculina de Adán.

La energía Adán fue tentada a conocerse y definirse (que simboliza la toma de la fruta del conocimiento, que también es la fruta de la vida y la muerte, lo bueno y lo malo; es decir, la dualidad). Entonces proyectó hacia el exterior su consciencia con el pensamiento de querer conocerse a sí mismo y apareció en el mundo de las limitaciones. De pronto, se dio cuenta de que no era un único yo universal, sino dos, un yo masculino y un yo femenino, aunque todavía unificados en un solo yo. Anhelaba ver su yo femenino, pero a fin de conocerlo, el yo masculino tenía que separarse completamente de él. Así Eva, su parte femenina, nació (simbólicamente) de su corazón (no de su costilla). Finalmente, los yoes masculinos y femeninos empezaron a verse como seres separados (desnudos). El Jardín de la Unidad se convirtió gradualmente en el jardín de la dualidad, donde gobernaban los opuestos, lo cual supuso el fin del paraíso y el comienzo de un nuevo mundo que resultaría ser nuestro mayor desafío.

Descubrir los porqués del dolor y el sufrimiento

A pesar de que en esta etapa todavía éramos capaces hasta cierto grado de utilizar de manera consciente nuestros cuerpos etéreos superiores, en nuestro interior empezamos a notar cambios muy incómodos e inusuales. A medida que nos íbamos desconectando de nuestro Yo Dios o Yo Superior, más desafiante se volvía esta nueva situación. Gradualmente, empezamos a sentir que las sensaciones de miedo y desconfianza ocupaban el núcleo de nuestro corazón, sentimientos que evolucionaron a rabia y odio. Esta transición inicial de la unidad a la dualidad nos traumatizó más de lo que jamás hemos experimentado en cualquier forma humana y en cualquier época. Soportamos los peores tipos de dolor y sufrimiento que jamás le habían ocurrido a alguien en la Tierra con mucha más severidad e intensidad. A fin de poder obrar en la dualidad, la gran cantidad de energía que teníamos tuvo que disiparse, transformarse y reducirse a un nivel minúsculo, lo cual nos permitió (a nuestra forma espiritual) poner ambos pies en la densidad de la materia de la Tercera Dimensión –las manifestaciones físicas del cuerpo humano y del mundo, tal y como lo conocemos– para explorar todos los detalles de la creación.

Para que nos resultara más fácil, fue necesario borrar todos los recuerdos del viaje, es decir, de las batallas y el dolor que tuvimos que sufrir para llegar a este punto, pero esto también supuso *no recordar el origen* del que vinimos. Al llegar a la Tierra sin ningún recuerdo de quiénes éramos, encontramos la mejor oportunidad para adquirir una verdadera comprensión de la dualidad. La preparación para permitir que nuestros seres de dimensiones superiores (ángeles) pudieran vivir en un cuerpo físico denso fue muy extensa. Así, antes de adoptar una forma biológica, pasamos mucho tiempo en la Tierra en nuestra forma angelical para aclimatarnos y establecer los campos de energía necesarios. La disminución de la vibración de nuestras energías ocurrió gradualmente hasta que nos fue posible funcionar en un cuerpo humano.

Desde entonces, hemos estado caminando en esta Tierra, una vida tras otra, para explorar cada uno de los aspectos de esta dimensión e integrarla con su Origen. Todo lo que hemos hecho en la Tierra hasta ahora ha sido un intento de comprender lo que nos ocurrió cuando abandonamos la creación original. Estamos componiendo las situaciones *perfectas* –junto con nuestro Yo o Espíritu Superior, guías y ángeles espirituales, maestros ascendidos y seres humanos– que nos permitan revivir y liberarnos del trauma de la Gran Separación.

Cada asunto relacionado con la separación, como ser rechazados o abandonados por nuestros padres, un amante o un amigo, nos sirve para aprender y hacer frente a nuestra separación del Espíritu. Todos los momentos de dolor y agonía que hemos experimentado durante cualquiera de nuestras numerosas vidas es sólo el resultado de nuestra necesidad de definir y experimentar la emoción original de dolor que sentimos durante nuestra primera experiencia completa en la dualidad. Las disonancias y los conflictos que hemos creado junto con nuestros prójimos ha sido la única manera de resaltar y cristalizar las disonancias y conflictos originales que sufrimos al separarnos de quienes éramos antes de «caer» en la dualidad.

Todas las experiencias que ahora vivimos en la Tierra son una réplica exacta de la experiencia original que vivimos cuando estábamos al borde de la creación. Tuvimos que experimentar todas las distintas expresiones duales que pudieran existir, como el amor y el odio, la alegría y la tristeza, el temor y la confianza, lo correcto y lo erróneo, lo bueno y lo mano, la vida y la muerte, etcétera. para aprender y deshacer el trauma que nos había permitido saber, a través de la experiencia, quiénes éramos y qué aspecto tenía esta creación. Los grandes momentos de alegría y felicidad que brotaron ocasionalmente en nuestro corazón resultaron de la liberación de estos sucesos traumáticos. De manera similar, los períodos de paz que experimentamos en la Tierra fueron las últimas fases del conflicto, que dieron lugar a nuevas oportunidades de guerras y conflictos para que pudiéramos comprender y eliminar más experiencias traumáticas de la separación original en el borde de la creación.

No existen las malas acciones

Nuestro anhelo tan común de un lugar al que poder llamar hogar refleja sencillamente nuestro deseo de regresar al hogar de la unidad. Lo que denominamos sed incesante de placer y satisfacción sensorial, caracterizada por un fuerte deseo, gula y apetito, es solamente una expresión de la profunda soledad que sentimos al separarnos de nuestra naturaleza superior.

Como todas nuestras experiencias en la Tierra están relacionadas con las experiencias de la Creación original, lo único que estamos haciendo es representarlas en la dualidad, que es el entorno ideal para aprender y comprender. Por tanto, no somos culpables de ningún pecado original, ni tampoco de las llamadas malas acciones. Independientemente de lo que hayamos hecho y estemos haciendo ahora, todo forma parte del proceso de reintegración con el Espíritu. Somos la parte integrante de un *Gran Experimento* que jamás se ha llevado a cabo y estamos usando los aspectos físicos de la dualidad, la masa, la energía y nuestros cuerpos físicos para ayudarnos a nosotros y al Espíritu a comprender lo que ocurrió cuando se originó la Segunda Creación.

Dada la necesidad de expandir y desplegar la Creación original, algunos de los ángeles más fuertes y valientes (seres de consciencia) se ofrecieron voluntarios para ser los pioneros en esta tentativa de separación. Al disponer de energías más poderosas y de una confianza más profunda en sus dioses y en la creación, estaban listos para el desafío de preparar el camino para que siguieran los más débiles. Sin embargo, nunca anticiparon que sería tan doloroso entrar en el terreno de la dualidad porque no habían tenido una experiencia previa de dolor y separación. La separación en dos partes fue tan traumática que sintieron cómo su esencia se destruía. Se olvidaron de su conexión interior con el Espíritu y de los poderes que se derivaban. Pero nunca olvidaron la destrucción.

Los méritos de los ángeles perdidos

Los ángeles del frente fueron los que recibieron más golpes porque, como pioneros de la creación de la dualidad, tenían que cargar con más peso en su espalda, es decir, fueron lo más lejos posible de su naturaleza divina y se hundieron en el mar más profundo de oscuridad y confusión. Indefensos y agonizando hasta lo más profundo de su ser, trataron desesperadamente de unificar los opuestos, amar y transformar energías, pero no lo lograron. Los ángeles «perdidos» se convirtieron en parias, en asesinos de sus prójimos, en ancianos en asilos lunáticos, en vagabundos debajo de los puentes, en brujas quemadas en tiempos medievales. Eran bebés abandonados porque nadie los quería. La soledad causó su suicidio y la culpa y el miedo incesantes los hizo salvajes y violentos.

A través de estas experiencias tan dolorosas, estos ángeles pioneros se encargaron de pavimentar el camino para aquellos que tras ellos accedían al mundo de la dualidad. Se habían aventurado a reinos y frecuencias insoportables para ellos, lo cual les había roto el corazón. Hoy están cansados y agotados, perdidos en la oscuridad, desesperanzados y sin una sola chispa de amor; sin embargo, a los demás nos permitieron arar más fácilmente el campo de la vida, aportar luz a la oscuridad, amor y perdón donde faltaba y transformar la dualidad en unidad. Ahora los vemos sufrir, tratando de sobrevivir como vagabundos en las calles de las ciudades modernas. Los vemos en la televisión, muriéndose de hambre. Los vemos asesinando a otros en los campos de concentración modernos. Los vemos como terroristas que suscitan el miedo en el resto de personas. Los vemos como víctimas de genocidio. Los vemos como asesinos que son ejecutados con inyecciones letales o electrocutados. Los vemos como adictos al alcohol y las drogas, y como aquellos que las venden a los menores. Los vemos como esclavos en los campos de trabajo de menores y como aquellos que tienen esclavos para enriquecerse debido a su sed infinita de felicidad.

Solamente porque no hemos comprendido la muerte, hemos juzgado a estos ángeles y quizás todavía lo hacemos, tildándolos de malvados y destructivos o de desgraciados miserables. Sin embargo, la muerte no es más que el renacimiento. La muerte es la elección de aquellos que están a punto de morir, provocada por la mano de alguien o por cualquier otra razón, para comenzar de nuevo el ciclo, provistos de más sabiduría y conocimientos. La muerte no es algo malo porque tengamos miedo de ella. Tememos a la muerte porque cada una que presenciamos o de la que oímos hablar es un recordatorio de la muerte original, es decir, de nuestra separación del Espíritu. No obstante, la separación nunca ocurrió realmente, aunque así nos lo pareciera. Hasta ahora la ilusión de la muerte ha persistido para la mayoría de nosotros porque estamos determinados a aprender todo sobre los misterios más profundos y prometedores de la vida.

La muerte no es lo que parece

Para la mayoría de personas de este planeta, la muerte todavía simboliza el fin del ciclo de la vida, independientemente de lo largo o corto que pueda ser. Estos ángeles que actualmente viven en la «noche oscura de su alma» y están «causando» la muerte o el dolor de los demás, razón por la cual se han dado a conocer en los medios de comunicación, están confrontando a los demás con su mayor temor: el miedo a la muerte. En realidad, aquellas almas que abandonan su forma física nunca «mueren» en contra de su voluntad, a pesar de que aparente ser así. De hecho, es el ego aferrado a las células del cuerpo el que activa el miedo a la autodestrucción. El ego utiliza al alma de rehén dentro del cuerpo hasta que una enfermedad, una lesión causada por un accidente u otra persona la libera y pone fin al encarcelamiento.

El temor a perder la vida hace que el ego se aferre al cuerpo de una forma tan desesperada que parece que la muerte sea una lucha que se debe combatir, incluso aunque ello signifique depender completamente de un aparato para mantenerse con vida durante varias semanas o meses. Aquellos que optan por una prolongación artificial de sus vidas o permiten que otros tomen esta decisión por ellos, están dominados por una actitud que defiende «la vida a cualquier precio». Son pocos los que se dan cuenta de que sus valientes almas están encarceladas en su navío físico. Los médicos que mantienen a sus pacientes con vida en contra de sus deseos tienen una idea equivocada de su deber, lo que a su vez se origina en su propio miedo a la muerte y en la ignorancia de su verdadero significado. *La muerte nunca es un castigo,* pero la mayoría de las personas la considera como una de las cosas más horrorosas que le podría suceder.

En consecuencia, cuando nos enteramos del asesinato de un niño inocente, sacamos la conclusión de que debe ser algo terrible para el niño el hecho de acortar una vida que podría haber sido muy larga. No nos damos cuenta de que el alma ya había cumplido todo lo que necesitaba y quería durante esta corta estancia en un cuerpo físico y estaba lista para avanzar hacia oportunidades y logros mayores. En ocasiones nace un bebé que fallece de «muerte súbita infantil» porque es un alma muy joven sin ninguna experiencia humana y todavía *no* está preparada para aceptar los desafíos y las pruebas de la existencia física. La única finalidad del alma en esta primera tentativa es saborear una pequeña porción de la vida.

El gran aprendizaje que ofrecen estas situaciones está pensado para aquellos que se han quedado atrás y no para el que se ha ido. Los familiares de la persona difunta experimentan una auténtica pérdida. El duelo, una vez más, se convierte en un recordatorio personal de la pérdida original de la vida y es otra oportunidad para acercarnos a la comprensión de que esta pérdida también es una ilusión. Los niños que murieron al nacer o poco tiempo después volverán a concebirse en un corto período de tiempo si así lo desean y nacerán en un cuerpo físico capaz de mantener su pureza, su profunda sensibilidad y un alto nivel de energía. La muerte es el mayor maestro de todos. Mientras sigamos temiendo a la muerte y desconociendo lo que realmente es no podremos vivir verdaderamente, y algunas partes de nosotros seguirán muriendo mientras la vida siga. Sin embargo, cada muerte es una bendición camuflada que nos acerca un poco más a la inmortalidad, a nuestra propia inmortalidad.

Estas humildes personas que trabajan con moribundos tienen mucho respeto y muy poco miedo a la muerte. Cuando desaparece el miedo a la pérdida, la muerte pierde todo su misterio. Entonces, nos desvela que la Gran Separación o Gran Muerte era la ilusión que tuvimos que crear a fin de volver a deshacerla y reconocer nuestra inmortalidad. Al final, nos daremos cuenta de que podemos vivir tanto como queramos.

Nacemos con un vago recuerdo de esta realidad. Ya existen algunos humanos en esta Tierra cuyos cuerpos no pueden sufrir más heridas ni daños de ningún tipo. Las balas pasarían a través de ellos. Los objetos tridimensionales no tienen efecto en sus cuerpos etéreos de la 4.ª y 5.ª dimensión. Sus cuerpos físicos ya no vibran en el nivel tridimensional y son, por tanto, indestructibles; sin embargo, permanecen visibles para el ojo físico como cualquier otro objeto.

El miedo a la muerte o a cualquier otra cosa existe sólo en el dominio de la dualidad de la existencia tridimensional. Estos miedos nos hacen vulnerables a lo que tememos. Si tenemos miedo del ántrax, los chemtrails u otros experimentos destructivos de los gobiernos, es probable que éstos nos afecten. Aquellos que no tienen miedo, y que por tanto son verdaderamente de la luz *y* la oscuridad, pueden experimentar el mundo sin que nada les afecte e inmunes a cualquier influencia nociva. Tendemos a señalar a aquellos que destruyen nuestro medio natural y contaminan nuestro aire y nuestras aguas porque tememos que dicha contaminación nos haga enfermar o nos mate. En realidad, es el miedo que sentimos lo que nos hace susceptibles a cualquier tipo de ataque externo. Sin nuestro permiso (inconsciente), la radiación de una planta de energía nuclear o los carcinógenos de una fábrica química no podrían afectarnos ni perjudicarnos de ninguna manera.

Hemos creado estas realidades de ilusión a nivel colectivo para ubicarnos en nuestros cuerpos etéreos indestructibles. Nuestro material genético (ADN/ARN) está compuesto de una sustancia cristalina que tiene la energía y la capacidad de convertirse en cualquier cosa que no necesitemos ni queramos, como en virus mortales. Los contaminantes, las toxinas e incluso las superbacterias consisten en estructuras moleculares de distintas formaciones. La sustancia cristalina de nuestro propio cuerpo etéreo puede descomponerse en partículas de cualquier estructura molecular y volver a reunir su pureza cristalina, en caso de no tener miedo o de confiar y saber que podemos hacerlo. Además, todos podemos hacerlo, como ha documentado el científico molecular japonés Masaru Emoto. En su libro *Mensajes del agua: la belleza oculta del agua* demuestra a través de una investigación ilustrada que un mero pensamiento o emoción impacta en el mundo de nuestro alrededor del modo más profundo. Mostró que la estructura amorfa y oscura del agua contaminada sin estructuras cristalinas podía convertirse rápidamente en una estructura cristalina hexagonal blanca muy organizada si se exponía a pensamientos positivos humanos. Un pensamiento negativo, sin embargo, podía romper las estructuras cristalinas del agua, deformarlas y contaminarlas. El mismo principio puede aplicarse a los alimentos que ingerimos, a la sangre que circula por nuestras venas, al aire que respiramos y a todas las cosas que nos rodean y nos afectan. Lo que creemos o tememos que nos harán estas influencias externas es exactamente lo que nos hacen, y no al revés.

Somos perfectamente capaces de bendecir todas las cosas con nuestra esencia y elevarlas para que vibren en el mismo nivel cristalino que nosotros. Al contrario, también podemos disminuir su vibración con nuestra creencia de que nos resultan nocivas. No hay nada en nuestro exterior que esté haciendo esta elección por nosotros. Tenemos influencia sobre todo lo que nos rodea y determinamos cómo nos afecta. La creencia de que somos víctimas nos impide utilizar nuestros cuerpos etéreos indestructibles. Nos arrebata la capacidad de emplear nuestros poderes inherentes e infinitos. En vez de cambiar lo que no queremos en nuestras vidas, como la muerte física, culpamos a las influencias externas, a las personas, al destino, al diablo o incluso a Dios de nuestro sufrimiento y muerte. Sin embargo, en el fondo, sabemos que no tiene ningún sentido ser víctimas impotentes.

Aceptar la perspectiva de que la muerte es una necesidad es ajeno a todo ser humano en la Tierra. De manera instintiva sabemos que la vida *no tiene por qué* terminar, especialmente los bebés y los niños. A medida que envejecemos, nuestro ego se opone a la noción de que podemos vivir para siempre. Gran parte de esta negativa está causada por la culpa. Nos sentimos culpables de vivir por haber hecho tantas cosas «mal» en la vida e inconscientemente buscamos la forma de terminar con la culpa mediante el envejecimiento y la muerte.

Nuestra batalla final

Los Seres de Luz que viven más allá del velo de la dualidad han resuelto el misterio de la muerte y, en consecuencia, no juzgan a aquellos que están en el plano de la Tierra y hacen «daño» a los demás. Sin embargo, aquellos de este mundo que sufren, independientemente de si están desempeñando el rol de víctima o de agresor, se sienten profundamente honrados por lo que han hecho y siguen haciendo. Alguien tuvo que saltar a esta gran piscina de la dualidad, explorar sus partes más oscuras y sucias y (por ejemplo) convertirse en un alcohólico empedernido o en un asesino en serie incurable (Trabajador de la Oscuridad). A pesar de que no resulta obvio para los transeúntes ni tampoco para el mismo Trabajador de la Oscuridad, sus acciones desmantelan poco a poco el dolor colectivo de la Gran Separación. Esta profunda inmersión del Trabajador de la Oscuridad le proporciona mucho honor. Los Trabajadores de la Luz, por otro lado, sólo sumergen los dedos de sus pies en la piscina y se alegran del hecho de que no necesitan zambullirse completamente en la oscuridad de la ignorancia. En su lugar, viven en la luz y trabajan para ella. Ambos Trabajadores fueron necesarios.

Cuando Jesús imploró a las personas de su época que no juzgaran a nadie, habló con la autoridad de un maestro que había visto lo que se hallaba detrás del velo de la dualidad. Descubrió que los que supuestamente son los últimos en acceder al reino del paraíso en realidad eran los primeros. Aquellos considerados los menos valiosos, quienes han sufrido mayores desafíos en la vida, son los más loables de la «promoción» a los ojos de la ley Espiritual.

Estamos en una etapa en la que la oscuridad, la ira y la violencia más profundas se unen con la luz, el amor y la paz más fuertes y se transforman en un todo. Aunque puede que sea una lección difícil de digerir, nos estamos confrontando al hecho de que no cargamos con ningún pecado, culpa ni maldad. Nunca lo hicimos; nadie lo hizo jamás. Como estos ángeles pioneros, hicimos lo que hicimos por el amor entre nosotros y por la creación de un nuevo universo, que combina la dualidad y la densidad del mundo material con el Origen primordial todas las formas de vida. Para saber con certeza lo que experimentamos antes de nuestra existencia humana, tuvimos que revivir la separación de la energía una y otra vez en un cuerpo físico para poder llevar nuestras interpretaciones a la nueva energía de unidad, a la nueva consciencia de un nuevo mundo que nunca antes ha sido creado.

La capacidad misma de juzgarnos unos a otros y actuar conforme a nuestras opiniones está ahora llegando a su fin. Lo que nos queda por hacer es borrar los últimos recuerdos que tenemos acerca de nuestras penas, tristezas y sufrimientos. Estamos en las últimas etapas de esta batalla final, el Armagedón, donde tanto la dualidad como la unidad van a ser los ganadores. Durante un tiempo, no obstante, habrá dos mundos, uno que represente la dualidad y el otro la unidad de la dualidad. Habrá aquellos que todavía estén profundamente arraigados al mundo de la separación tratando de comprender las lecciones de la dualidad. Sin embargo, así constituyen la base para que el nuevo mundo emerja más completo, similar a un ancla que mantiene a un barco en un lugar. El nuevo mundo, que ya está existiendo, es para aquellos que se reúnen conscientemente con su Yo Superior o Yo Dios. No obstante, el honor es para todos los que han caminado o todavía caminan en esta Tierra, sin ser mejores unos que otros. Todos necesitamos que continúe este proceso y todos jugamos un papel importante para lograrlo.

El tiempo no es un factor importante en la evolución y el crecimiento de un alma; en realidad, el tiempo es un factor inexistente en el reino de nuestra naturaleza superior. Dado que el tiempo en este aspecto es irrelevante, no existe el concepto de estar *más avanzado o por delante* de alguien. Esta nueva forma de percepción sin juicios que domina la vida en el nuevo mundo hace posible que aquellos que viven en una consciencia unida puedan amar y ayudar a hacer la transición a aquellos que todavía están en una conciencia separada. En cuanto se consiga, se unirán todas las dimensiones de la vida en un todo integrado. Por eso estamos aquí.

¿No es momento de explicar la historia trágica y recoger la carga y recompensa que acompaña este mensaje?
Es desde lejos que os hablamos ahora y aprovechamos esta oportunidad momentánea para rodearos con nuestro amor y las señales gloriosas de las trompetas de los atentos ángeles. Os vemos ahora metidos dentro de una gran niebla de esperanza y aprovechamos cualquier oportunidad para trabajar con vosotros a fin de aspirar vuestra esencia y respirar a través de nuestra propia niebla vaporosa de luz y de polvo estelar. Nos unimos a vosotros en este momento para orar por los todopoderosos que se han ido antes que vosotros y continúan al servicio de toda la humanidad y la hermandad. Amén.

Mikael
Canalizado el 7 de enero de 2001

CAPÍTULO 3

AUTOESTIMA: SER O NO SER

Desde una mesa de antaño hasta los pilares de la sociedad, nada puede ganar los corazones de los hombres tan elocuente y fervorosamente como una buena lucha por los derechos y la libertad. Establece tu camino. Libérate de tus grilletes autoimpuestos. Destruye las barreras que te impiden verte a ti mismo y a tu destino con claridad y certeza. Mientras sigas sujeto al pasado, el futuro permanecerá bloqueado en tu corazón.

Rey Arturo
Canalizado el 4 de abril de 2001

Cambiar la óptica de los juicios de valor

Los juicios de valor, que son una necesidad subjetiva y compulsiva de categorizar las cosas o las personas para confirmar, justificar o validar nuestras creencias u opiniones, parecen ser una herramienta muy útil y significativa para navegar a través de los altibajos de la vida. Sin embargo, el fundamento de los juicios de valor no es más que el hecho de sentirse inepto, frustrado o vacío por dentro. Colocar a las personas o las cosas en categorías superiores o inferiores surge de considerarse a uno mismo alguien poco valioso. La necesidad de juzgar a las personas, es decir, de considerarlas todo menos Amor puro, refleja el estado de infelicidad o falta de integridad de nuestros corazones, convirtiendo así el juicio en una energía mal dirigida que carece de criterio. La energía sentenciosa es la responsable de todos los conflictos y discordia de los que ha sido testigo la Tierra. El criterio, por otro lado, implica que cada persona y cada situación tienen un papel importante en el juego de la vida.

Sin ser consciente de ello, había cargado con una profunda tristeza en mi interior durante la mayor parte de mi vida. Tampoco me había dado cuenta de que siempre clasificaba a las personas, a las cosas y a las situaciones en términos de buenas y malas. Cuando empecé a sentir, sin embargo, que mis propios defectos y diferencias eran una parte necesaria de mi desarrollo como ser humano y que en realidad me beneficiaban, mi necesidad de juzgar a los demás comenzó a desaparecer.

Al comenzar a aceptar mis dotes y debilidades, dejé de sentirme obligado a esconder a nadie mi lado «oscuro», ni siquiera a mí mismo. A raíz de ello, me convertí en una persona más paciente conmigo mismo y me invadió una sensación de paz y serenidad que nunca antes había experimentado. La necesidad interna de ser una persona más importante y mejor de lo que era dejó de ser tan urgente e intensa y comencé a aceptar e incluso a querer al «nuevo» yo. En un momento dado, las cadenas del autoencarcelamiento se hicieron pedazos y me sentí realmente libre por primera vez en mi vida. De pronto, comprendí por qué había juzgado a tantas personas y agradecí haber jugado tan bien ese papel, porque sin él no habría saboreado esta libertad.

En mi espíritu, empecé de forma espontánea a dar las gracias a todos los que alguna vez me habían desaprobado o juzgado de algún modo. Mis padres, mis profesores y mis relaciones me habían ayudado a experimentar cómo es sentirse juzgado y a darme cuenta de mis reacciones y maneras de defenderme. Con la comprensión y los procedimientos descritos en este libro, fui capaz de «renovar» mi cerebro para hacer frente a la nueva forma de vida que estaba soñando. Además, mis experiencias de este mundo empezaron a cambiar drásticamente. Hasta el punto de que puedo ser consciente, mi nuevo cerebro ya no tiene referencias de lo que es «bueno o malo» o «correcto y erróneo». Empecé a cambiar la óptica del juicio.

Al aceptar que todas las partes de mí mismo eran igualmente importantes y beneficiosas para mí, me di cuenta de que esto también era cierto con respecto a mis relaciones con los demás. En cuanto me liberé de las expectativas que tenía acerca de mí, mi deseo de cambiar incluso a aquellos más cercanos disminuyó hasta finalmente desaparecer. Ahora me alegro de las diferencias que existen entre mi pareja o mis amigos y yo. Puedo ver claramente que sus puntos fuertes y sus debilidades son de gran ayuda para su propio crecimiento y aprendizaje y también para mi propio beneficio. En retrospectiva, las «malas» experiencias me han ayudado más que las buenas en mi camino de aprendizaje. Siempre que alguien me ha herido, traicionado o incluso roto el corazón, en realidad me ha enseñado lo importante que es confiar (de nuevo). En su momento, las cosas a menudo parecían dolorosas e injustas, pero al reflexionar acerca de ellas, sé que de no haber superado estos obstáculos nunca habría descubierto mi potencial, mis fortalezas, mi fuerza de voluntad o mi corazón.

En cuanto acepté lo que anteriormente había rechazado de mí mismo, descubrí que no había motivos para desestimar nada ni a nadie. Empecé a observar los comentarios críticos, la dureza, la terquedad y la incapacidad de amar de mis amigos y a ver el dolor que les impedía ser las personas maravillosas que son. Entonces, extendí mi amor hacia ellos y comenzaron a sentirse dignos de ser amados de nuevo y fueron capaces de curar sus heridas emocionales. También comprendí por qué habían aparecido en mi vida.

¿Por qué conocemos personas que no nos gustan?

¿Cuántas veces he hecho comentarios críticos sobre personas enfermizas, gordas u obesas y compartido estos juicios con amigos que sabía que tenían opiniones similares? Sin duda, muchas más veces de las que puedo recordar. Parte de mi aprendizaje como profesional de la medicina ayurvédica, de la iridología (interpretación del iris) y del Shiatsu era buscar e identificar las causas físicas y emocionales de las enfermedades. Así, siempre que conocía a una persona, independientemente de si era un paciente o un conocido, de forma automática la «exploraba» haciendo una lectura e interpretación de sus ojos y/o utilizando mis habilidades diagnósticas intuitivas para descubrir qué podía andar mal con su salud. Me hice tan experto en esto que en cuestión de segundos solía averiguar cualquier asunto relacionado con la salud, importante o no, que tuviera una persona. Encontrar defectos en los demás se convirtió en mi «segunda naturaleza». Y siempre que estas personas me confirmaban estos problemas de salud me volvía más entusiasta acerca de mis habilidades.

La obsesión de tener que descubrir lo que andaba mal en la salud de cada uno (por cierto, comprobé que casi todos tenían algún tipo de problema) pronto se convirtió en lo que ahora sé que era una constante necesidad de juzgar. No solamente descubría las causas de sus enfermedades o molestias, sino que también los culpaba por tener esas dolencias. Algunas de las personas que menos me gustaban eran aquellas que tenían sobrepeso u obesidad. Consideraba que estéticamente no tenían atractivo, por decirlo de forma suave, y sentía que se merecían tener ese aspecto porque no habían respetado su cuerpo y se habían dejado llevar por la comida basura, los dulces, la carne y el alcohol. Muchas de ellas transpiraban en exceso y desprendían un desagradable olor corporal que realmente me repugnaba.

Creo que mi aversión hacia las personas obesas empezó durante mi temprana infancia cuando otras personas me decían que estaba demasiado delgado. Actuaba a la defensiva en relación a esta cuestión, especialmente cuando los comentarios procedían de personas que tenían sobrepeso; al señalar que yo estaba demasiado delgado, ellas se sentían mejor por haberse engordado en exceso. No obstante, el verdadero motivo que se hallaba tras mi reacción era que no me gustaba estar delgado.

Para ayudar a equilibrar mi juicio contra mí mismo por estar demasiado delgado, tenía que conocer personas que tuvieran sobrepeso u obesidad. En un momento dado, algunos de mis pacientes que tenían mucho sobrepeso también se convirtieron en mis amigos íntimos. Esta primera forma de abordar mis juicios sobre las personas gordas todavía era relativamente sencilla, pues éstas seguían la dieta y el régimen que les había diseñado y en varias semanas y meses habían perdido muchos kilos y se sentían y tenían un aspecto mucho mejor.

El verdadero desafío surgía cuando las circunstancias me unían a personas obesas que no eran mis pacientes o clientes. Al principio aparecía mi antigua resistencia, pero al cabo de un rato descubría la profunda conexión del alma que compartíamos. Un innegable vínculo amoroso me dejaba observar directamente sus corazones. Irónicamente, esto ocurría cuando las miraba a los ojos. Y mi resistencia terminaba cuando les abría mi corazón. Lo que me resultaba más humillante era que, en lugar de ver las áreas problemáticas de su cuerpo, tal y como reflejaban los cambios anormales en el color y la estructura de su iris, en sus ojos solamente veía belleza, amor, dolor, tristeza, alegría, miedo y soledad. Me habían abierto su corazón y lo único que era capaz de sentir era un torrente de amor y compasión por ellas. Desde entonces, he empezado a ver y a apreciar realmente la belleza del alma de una persona, independientemente de su silueta, su edad, su olor, color, etcétera. De pronto fui capaz de tocarlas, abrazarlas y estar cerca de ellas, sin ninguna sensación de malestar ni aversión.

Casualmente, mientras que antes nunca había tenido ni un solo amigo con sobrepeso, ahora casi la mitad de mis amigos son obesos o tienen sobrepeso. No siento necesidad alguna de cambiarlos en ningún aspecto porque los veo como realmente son. De hecho, considero que tienen tanta belleza interior que no puedo sino encontrarlos también bellos en su aspecto físico. También he comprendido por qué requerían tener sobrepeso. Algunos sentían que estaban «demasiado expuestos» a un entorno emocionalmente duro y frío y necesitaban un escudo protector. La necesidad de salvaguardar los propios sentimientos del dolor y la decepción puede surgir de un incidente previo de dolor tanto de esta vida como de otras vidas pasadas. De este modo, un corazón sumamente sensible puede que no tenga otra elección que construir capas de protección a su alrededor. Los hábitos alimenticios y estilos de vida particulares que se convierten en los medios propicios para ganar peso no son pura coincidencia; están ideados precisamente para esta necesidad de protección. La razón más profunda que explica el aumento de peso, sin embargo, es el aumento de la energía espiritual en el cuerpo. Para algunas personas, la disminución de densidad que acompaña la infusión de más luz energética espiritual en las células del cuerpo puede ser demasiado drástica o repentina. Un síntoma de esta resistencia es el aumento de peso. A fin de suavizar y hacer más llevadero el proceso de ascensión hacia el espíritu, estas personas tan sensibles tratan de hacer frente a estas energías superiores aumentando su tamaño. No hay ninguna razón para juzgarse por ello.

Hasta hace poco, el velo del olvido nos mantenía a la mayoría de nosotros en la oscuridad. El velo nos hizo olvidar quiénes somos, de dónde vinimos, nuestra relación con la Madre Tierra, el motivo de los muchos roles que desempeñamos en la vida, cómo escogemos cada lección de la vida y, lo más importante, que todos somos parte de la Unidad de la

Creación. El velo nos permitió crecer y aprender todo sobre los mundos de la dimensión inferior. De no haber estado envueltos por la oscuridad del olvido, no habríamos tenido el deseo o la motivación de aprender sobre la separación y la dualidad, y la experiencia consciente de la unidad habría seguido siendo de difícil alcance para la vida humana. Algunas personas están tan acostumbradas al velo de protección que no quieren quitárselo por miedo a descubrir su poder y revelar al mundo exterior la belleza y el talento de sus corazones. Cuando abandonan su resistencia, encuentran maneras de perder peso y volver a lo que puede considerarse su condición física natural.

Todos somos valiosos

Cualquiera que pueda ser la causa relativa del dolor y el sufrimiento, la causa absoluta es la Gran Separación, que a muchos de nosotros nos hizo vulnerables a la decepción, al abuso y al abandono. Cuanto más sensible es o se vuelve alguien, más grande necesita ser su cuerpo para sentirse protegido. Aquellos que tienen el corazón sensible y cuyos cuerpos son hipermetabólicos y muy delgados (el Ayurveda los llama cuerpos tipo *Vata*) tienen muy pocos medios para protegerse físicamente y bajo coacción su sistema nervioso puede sufrir mucho estrés o crisis nerviosas. A fin de compensarlo, normalmente buscan a otras personas para que los protejan.

Ninguna situación, sin embargo, se considera negativa. *Un cuerpo de grandes dimensiones puede que sea la única manera de evitar que se rompa un corazón hambriento de amor y autoestima.* La densa masa protectora del cuerpo permite que el corazón se sienta seguro hasta que en algún momento vuelve la confianza y amaina la defensa. Cuando ocurre esto, el amor se dirige de manera natural hacia uno mismo. En el caso de una persona demasiado delgada, una crisis nerviosa puede servir como un acto de protección para el corazón. Con la crisis llega la oportunidad de liberarse de antiguos miedos y asociaciones que ya no son útiles ni necesarias.

La autoestima no solamente diluye la culpa y los juicios arraigados en el interior de cada uno, sino que también acaba en forma de mensajes químicos que ayudan al cuerpo a mejorar sus funciones digestivas y metabólicas.

Al mismo tiempo, este amor dirigido hacia uno mismo genera un mayor deseo de alimentarse adecuadamente, de limpiar los órganos y de llevar un estilo de vida más natural, lo cual ayuda a derretir las capas del escudo protector. En el caso de los cuerpos *Vata*, todas estas cosas le ayudan a desarrollar un tejido más sano y a sentirse nutrido y a salvo. Una amiga mía perdió 35 kilos en un año simplemente porque empezó a valorarse más a sí misma. Cuando descubrió la belleza que tenía, empezó a hacer cambios en su vida que reflejaban un aumento de su autoestima. Actualmente es una mujer muy atractiva y deseable. Siempre fue valiosa y bella, pero *ella* también necesitaba saberlo.

Cuando no me gusto a mi mismo...

He comprendido claramente que la obesidad (o cualquier otro problema físico) no es el resultado de un error del cuerpo y que tampoco se debe *realmente* a una dieta o estilo de vida perjudicial ni a un error genético en el ADN. Explicaré más sobre esto en el capítulo doce, titulado «El nacimiento de la nueva medicina», pero en esta etapa me gustaría señalar que ninguna de estas llamadas «causas» tiene suficiente poder, si es que tiene alguno, para invalidar la autoridad del yo. De hecho, las manifestamos para facilitar el aprendizaje y la comprensión que forma parte de nuestro viaje de regreso a la unidad. La obesidad y la delgadez son opuestos, cada uno de los cuales tiene un propósito específico en la vida: ayudarnos a ver a través de la ilusión de la división, cada uno desde un ángulo distinto.

Cada persona puede tener un plan diferente en la vida, pero el último, que es común a todos, es la separación del yo. Una persona obesa tal vez diga: «me odio a mí misma» o «haría cualquier cosa por perder peso». Una persona muy delgada puede que considere que tiene un aspecto demacrado y deteriorado. En los dos casos se identifican con el tamaño de sus cuerpos y se envían mensajes de aversión e incluso de odio hacia sí mismas. «No me gusto» es la típica declaración que hacemos cuando juzgamos nuestro propio cuerpo o el de otra persona.

A mí no me gustaban las personas obesas porque no me gustaba estar demasiado delgado. ¿Por qué no me gustaba estar demasiado delgado? La respuesta no es obvia. Uno de los «motivos» proviene de una de mis vidas pasadas en la que mi esposa, que andaba detrás de mis posesiones, me envenenó poco a poco hasta la muerte. El veneno, que estaba mezclado en mi comida, destruyó gradualmente mis intestinos y fallecí agonizando de dolor. En esta vida he sufrido graves enfermedades digestivas casi desde que nací hasta que cumplí diecinueve años, siendo incapaz de digerir nada de forma adecuada. Me llevé a esta vida una desconfianza hacia la comida y, como *inconscientemente esperaba* que estuviera envenenada, se volvió tóxica para mí. Como hemos visto desde el inicio de este libro, todos damos significado y sustancia a cualquier cosa que nos ocurre. Mi creencia (inconsciente) convirtió lo que normalmente es un alimento nutritivo para alguien en una causa de malnutrición y de procesos destructivos para mi cuerpo. Por consiguiente, cuando alguien me advertía que estaba demasiado delgado, inconscientemente vinculaba mi débil estado físico a la experiencia de haber sido envenenado en una vida anterior. No obstante, este recuerdo y la consecuente nueva aprobación de haber sido envenenado con la comida, incluso aunque ocurrió en un nivel inconsciente, resultó ser mi mejor ventaja.

Siempre que no nos gusta alguna parte de nosotros mismos, nos ocurre algo desagradable que nos proporciona la oportunidad de crecer y aprender más. La difícil situación de haber tenido un sistema digestivo disfuncional que desafiaba cualquier tratamiento médico me forzó a estudiar el sistema digestivo con tan sólo doce años. Después de probar numerosas dietas y métodos de autotratamiento, descubrí algunas de las formas más simples y, sin embargo, extremadamente efectivas, de curar enfermedades tales como las cardiopatías, la artritis, la diabetes, el cáncer, etcétera.[2]

Acabar con todos los conflictos

En el transcurso de mi vida empecé a notar una amenaza subyacente que relacionaba todos los llamados acontecimientos negativos con los positivos. Una enfermedad incurable reveló una oportunidad oculta

---

2. *Véanse* mis libros *Limpieza hepática y de la vesícula* y *Los eternos secretos de la salud*.

para que mi desarrollo personal diera un salto espectacular. Un accidente ocasionó un gran momento decisivo en mi vida. La pérdida de mi querido padre cambió el curso de mi vida y me permitió sentir por primera vez la libertad. La separación de la persona a la que más amaba me permitió superar el miedo a la soledad y el apego. La dualidad de la vida no está para hacernos sufrir sin ningún motivo sino, como mínimo, para permitirnos saber que el sufrimiento no es dañino. Si lo abrazamos sin miedo, el sufrimiento deja de ser doloroso y prácticamente se vuelve inexistente. Cómo nos afectan las cosas está básicamente determinado por el significado que le damos a éstas. El profundo conocimiento de que no hay nada a nuestro alrededor que esté en contra de nosotros o que sea contraproducente con nuestro crecimiento y aprendizaje sirve como un escudo protector impenetrable. Está presente de manera natural en la conciencia de la unidad, donde no existe ninguna necesidad de defenderse.

Todos estamos buscando la unidad de los opuestos de la vida. Buscamos una cosa que nos haga sentir completos y enteros, y lo podemos conseguir al experimentar los extremos de la dualidad. Vernos obesos o demasiado delgados son sólo dos ejemplos de cuán profundamente separados de quien realmente somos podemos llegarnos a sentir, pero al final tendremos que deshacernos de esta ilusión. En el momento en que acepto que soy delgado u obeso estoy dejando de luchar contra ello. Ciertamente, estoy aceptándome sin tener en cuenta los atributos que me he asignado. Luego puedo reconocer que no soy delgado, no soy gordo, no soy, estoy, ni soy aquello, simplemente SOY.

Siempre que criticamos a los demás o a nosotros mismos, lo único que hacemos realmente es señalar nuestros aspectos valiosos. La crítica *siempre* implica que *nos* sentimos despreciables o insignificantes en algún aspecto y tenemos una urgente necesidad de expresarlo. Normalmente dirigimos esta expresión hacia otras personas. En la situación descrita anteriormente acerca de engordar, la falta de aprecio puede manifestarse como: «soy gordo y feo» (ser gordo, por lo general, tiene una connotación negativa en nuestra sociedad, en contraste con las sociedades africanas, donde se aprecia como signo de riqueza y gran belleza). Si uno realmente se siente despreciable en este aspecto, puede beneficiarse en gran medida al decir en voz alta:

«¡Soy despreciable!».

Esta simple declaración puede provocar las siguientes transformaciones internas:

Cuando uno sucumbe conscientemente al sentimiento de ser detestable, está exponiendo por primera vez sus lados oscuros, sus carencias y sus debilidades. Éste es el primer paso para eliminarlas.

La completa aceptación de que uno no es merecedor o no es suficientemente bueno/bello supone quitarse un gran peso de encima en tanto que alivia de la carga de la constante necesidad de luchar para ser más merecedor o encantador.

Uno notará un gran cambio en su interior, que a veces se experimenta como una energía amorosa o de paz que le hace sentirse bien consigo mismo.

A partir de este momento, su cuerpo dejará de manifestar este miedo a engordar y a ser feo con el que ha cargado en su subconsciente durante tanto tiempo. Ahora ya no existe ninguna imagen de este tipo porque uno se ha aceptado a sí mismo en todos los aspectos. Se trata de amor, de amor por uno mismo. Instantáneamente, el cuerpo empieza a manifestar la nueva aceptación desarrollada de sí mismo. La autoaceptación, incluso aunque implique aceptar unas cualidades percibidas como «negativas», estimula el poder de la unidad en la propia vida. En realidad, las cosas negativas son ayudantes disfrazados en nuestro camino hacia la plenitud. El hecho de aceptarlas nos revela su verdadero rostro y las bendice con propósitos. Resistirse a ser despreciable garantiza la construcción y el mantenimiento de las capas gruesas de protección; sucumbir a esta resistencia las derrite. En un corto período de tiempo, la dieta, el estilo de vida y las actitudes sufrirán un gran cambio y ayudarán a normalizar el peso. En este momento de la vida, tener sobrepeso ya no tiene ningún propósito.

Ahora que he aceptado que tengo un cuerpo delgado o flaco, me he dado cuenta de que ya nadie me dice que estoy demasiado delgado; antes al contrario, sólo recibo cumplidos. Todos los aspectos de mí mismo desempeñan un papel particular en mi vida y son esenciales para avanzar en mi espiral de evolución y crecimiento. Dado que estoy aceptando que soy delgado, también estoy aceptando a los demás que tienen sobrepeso. Todos tienen una razón para ser como son, y no importa cuál sea. Así, cuando aceptamos lo que *sea*, ello se convierte en el medio para el cambio y la transformación.

Estamos al borde de una gran guerra civil en nuestro interior y entre nosotros. Es hora de empuñar la lanza y la espada y luchar contra la intolerancia, el racismo y la discriminación de cualquier tipo, que son un perjuicio para nuestro yo amoroso. Estamos aquí como seres mortales viviendo una existencia inmortal. Compartamos nuestro amor y diluyamos nuestras diferencias.

Abraham Lincoln
Canalizado el 21 de diciembre de 2000

DIOS APARECE DONDE TERMINA LA RELIGIÓN

Las fuentes de la lógica traicionan la mente humana. Desconectad el reloj del honor y escapad al desierto de los pensamientos espacio-temporales. Nunca los guiéis ni los dirijáis, pues fluirán con la madre de la Vida Universal si se dejan a su aire. Estad seguros de ello, Sabios.

Albert Einstein
Canalizado el 14 de abril de 2001

Las muletas de la pobreza espiritual

Las creencias religiosas no siempre han formado parte de la vida humana sobre la Tierra. De hecho, los dogmas religiosos sólo empezaron a aparecer después de experimentarnos como seres separados de nuestro Yo o Dios Superior Original. En lugar de estar principalmente centrados en nosotros mismos y de obrar como seres etéreos, empezamos a observar hacia fuera y a percibirnos sobre todo como seres físicos. A medida que nuestra alma comenzó a identificarse cada vez más con el yo físico (ego), nuestro Yo Superior se fue adormeciendo como una oruga en su capullo. Posteriormente, perdimos nuestra capacidad de utilizar nuestros cuerpos etéreos y de funcionar en el mundo cuántico, que anteriormente había hecho tan sencilla y alegre la vida y la creación. El hecho de identificarnos con nuestro yo físico provocó un descenso de la velocidad de nuestras frecuencias y nos hizo más densos, pesados y lentos.

Antes de que el alma se «distanciara» del Yo Superior, la materia física no ofrecía ninguna resistencia a nuestros cuerpos, lo que nos permitía atravesar los objetos como una mariposa que se mueve en el aire. Sin embargo, cuando nos identificamos con el cuerpo físico más denso, empezamos a chocar contra las cosas y la vida se volvió más dura y difícil. En vez de vivir conforme a las leyes de la naturaleza, que dominaban la existencia física en este planeta, comenzamos a vivir en contra de ellas, como si nadáramos a contracorriente. Cuanto más violábamos las leyes naturales, más dificultades encontrábamos y experimentábamos extremos de la dualidad más angustiosos. Al identificarnos cada vez más con nuestro «cuerpo», todo el énfasis, los desafíos y los objetivos se centraron en la supervivencia física y la reproducción.

De vez en cuando, algunas almas extraordinarias se encarnaban en formas humanas con plena conciencia de la naturaleza de su Yo Superior para recordarnos nuestra verdadera herencia. Ellas nos esbozaron las leyes de la naturaleza y lo que ocurre cuando las violamos. Hablaron de un Ser Superior (Dios), que es el Origen del universo y de todos los seres vivos, y nos dijeron que nuestra prioridad y propósito más importantes en la vida era volver a conectar con este ser. Sus palabras y enseñanzas se convirtieron en nuestra herramienta más poderosa para vivir y se registraron en libros para que los demás pudieran leer y seguir.

Como no éramos conscientes de nuestra propia Esencia Divina, nos fascinaban aquellos que sí lo eran. Empezamos a adorarlos como Dioses y a construir iglesias y templos donde poder alabarlos y reverenciarlos. Se convirtieron en las muletas de nuestra pobreza espiritual. Ignoramos que al situarlos en una posición superior aumentamos la distancia entre nosotros y nuestro Yo o Dios Superior. En lugar de identificarnos con nuestro Yo Dios, nos distanciamos de Él. Dios se convirtió en un ídolo de adoración, un ser supremo que jamás podríamos ser, y nosotros nos considerábamos pecadores ignorantes que necesitaban rogar misericordia y perdón.

La distancia entre Dios y nosotros aumentó tanto que, en realidad, empezamos a temerlo. La religión, que estaba destinada a ser el medio de «unirnos de nuevo» literalmente con el Origen de Todo y reunirnos con nuestra raíz, se convirtió, en cambio, en una forma de terminar nuestra relación con Dios. Los dogmas, los rituales y las infinitas interpretaciones de los textos sagrados nos hicieron creer que necesitábamos seguirlas servilmente para «asegurarnos un asiento en el Cielo al lado de Dios para toda la eternidad». Habíamos reemplazado a Dios, la sustancia siempre presente de la consciencia que permitía cada fibra de la creación, por la *idea* de Dios. Dios se volvió ficción en nuestra mente, un concepto tan grande o pequeño como un pensamiento humano. Regalamos nuestro poder a un concepto que los demás nos habían explicado y sobre el que los libros habían escrito, e *idolatramos el concepto* de Dios. Durante esta fase del desarrollo humano, el centro de atención del colectivo se trasladó de la supervivencia y la reproducción como base de las relaciones, a la exploración de las emociones. Esta fase está caracterizada por el período del Renacimiento, que produjo arte y creatividad con mucha carga emocional.

A la construcción de emociones como una forma de saber quiénes somos, le siguió otra extensión de nosotros: el desarrollo del intelecto. Empezamos a explorar el potencial de nuestra mente como una nueva forma de definirnos. La era de la información es un producto de esta exploración de la mente, pero en este momento está llegando a su cierre. Ahora, estamos iniciando el proceso de descubrimiento de nuestra verdadera identidad y la infinita energía creativa que abarca.

Como es arriba, es abajo

Durante las primeras etapas del desarrollo humano muy pocas personas sabían que Dios no era alguien externo a nosotros que quisiera ser elogiado con nuestras oraciones y cultos, sino que Él/Ella/Ello era la misma esencia que nosotros, que todo estaba hecho de la misma esencia y que nada ni nadie podría jamás existir sin ésta. «*Como es arriba, es abajo*» no tiene en cuenta ninguna jerarquía espiritual, porque una separación del Espíritu en seres inferiores y superiores haría imposible la unidad, la omnipresencia y la omnipotencia, y crearía segregación, dualidad y conflictos en las realidades dimensionales superiores. Jesús, Buda, Krishna, Alá y otras almas «Superiores y conscientes de sí mismas» que se han encarnado en formas humanas sabían que estaban aquí para difundir el evangelio de la unidad. La mayoría de sus seguidores, sin embargo, al mirar a través de las lentes de la dualidad, lo convirtieron en el evangelio de la división. Esta división todavía persiste en la actualidad y puede verse en las acciones de los líderes religiosos, los fundamentalistas religiosos e incluso en los maestros espirituales, que tratan de reunir seguidores y convertir a las personas en sus sistemas de creencias. Los verdaderos maestros no quieren discípulos. No les gusta que nadie los utilice para difundir creencias religiosas, espirituales, desalentadoras o basadas en el miedo. Advierten a las personas de que se hagan responsables de todo lo que les ocurre en la vida y no permiten que nadie deposite la soberanía a sus pies.

Orar a Dios implica que Dios y yo estamos separados. Pedirle un favor a Dios significa básicamente que admito la idea (falsa) de que *yo no soy Dios*. Las oraciones sólo fueron apropiadas cuando nuestro Yo Superior estaba «dormido», permitiéndonos afrontar el dolor de la separación. Necesitamos un Dios «encima de nosotros» para seguir con la ilusión de la separación de nuestro Origen a fin de comprender la dualidad. Ahora que la dualidad está llegando a su fin, las oraciones no solamente son inadecuadas, sino que también pueden interferir de forma significativa con nuestro crecimiento y aprendizaje. Cuando rezamos, estamos rogando que ocurra algo; sin embargo, no estamos aquí para rogar. El gigante durmiente que hay dentro de nosotros se está despertando. Permitir que otros Dioses lleguen antes o estén por encima de nosotros es contraproducente para nuestro proceso de ascensión hacia la Unidad de Todo. La negación de nuestra naturaleza divina se halla en la base de la violación de las leyes de la naturaleza. La autonegación tan profundamente arraigada es el juicio que se conoce bajo el nombre de «pecado original». También es la causa de la dualidad. Sin embargo, sin experimentar toda la dualidad, no podríamos volvernos conscientes de nuestra verdadera herencia.

A lo largo de los años, las instituciones religiosas han adoctrinado a las masas a creer que Dios está separado y por encima de nosotros, y lo han logrado. Su verdadero, aunque oscuro propósito, no era acercarnos a Dios, sino aumentar todavía más la división para así permitirnos entrar en contacto con los aspectos más amplios posibles de la dualidad; todo lo que permanece entre el Cielo y el Infierno (el Cielo y el Infierno son los estados más contrastados de la conciencia humana).

Actualmente, las creencias religiosas están experimentando un cambio radical. Aquellas que no pueden acomodarse al principio de «Veo la

Unidad de Todo en todos» pronto pasarán de moda porque se reconocerá que la consciencia de la separación es una falacia que ha perdido su atractivo, además de aumentar el odio y la división. Las personas sabrán desde su interior quién o qué es Dios realmente. Serán sus propios guías porque sabrán quién son. Ya no necesitarán la orientación de un espíritu o de un ser que ni siquiera han conocido antes, porque serán la ES-encia que no necesita indicaciones. Lo único que necesitan es SER e irradiar. Las normas de comportamiento y las doctrinas que dictan lo que Dios quiere que hagamos van a quedar obsoletas.

Los efectos contrarios del rezo

La necesidad de rezar surge de la carencia. Las personas oran a Dios porque quieren que él/ella les ayude, o bien a ellos o bien a otras personas, a superar dificultades que, de hecho, ellos mismos han creado para un mayor aprendizaje. Algunos rezan por la protección de sus hijos, insinuando de este modo que Dios no los ha protegido. Otros le piden a Dios que les den más riquezas, sin darse cuenta de que ellos son quienes tienen el poder y la creatividad para satisfacer sus propias necesidades; en su lugar, eligen permitir que Dios haga este trabajo. Dejar que Dios haga lo que creen que no pueden hacer no les ayuda; al contrario, los esclaviza todavía más.

Cuando ocurren desastres naturales, las personas rezan por aquellos que han muerto, creyendo que estos acontecimientos son «malos» (inadecuados). «¿Cómo puede Dios haber permitido que sucediera esto?», nos preguntamos. Dios no lo hizo. *Todo es siempre apropiado*. Aquellos que fallecen a causa de terremotos o riadas o de otras maneras no desean recibir oraciones afligidas de sus seres queridos. Han decidido abandonar su existencia terrestre y desean que se les comprenda y aprecie por haber escogido este camino particular, en el momento apropiado, para progresar en su evolución. Nos piden que entendamos los ciclos que están atravesando en su propio karma y en sus propias vidas. Están ansiosos por regresar en calidad de nuevos hijos y disfrutar de la nueva energía que tanto ellos como nosotros hemos contribuido a crear. ¿Por qué tratar de interferir con su alegría y su enfoque respecto a lo que es correcto para ellos?

Tiene un efecto mayor y más beneficioso rezar o pensar en las almas pasadas con amor y aprecio por quiénes son y lo que han hecho aquí en la Tierra que pedirle a Dios que las ayude a superar su angustia y dolor (cuando pasan al otro lado o dimensión ya no sufren más dolor mundano). Muchas personas rezan a Dios para que ayude a otras personas porque se sienten culpables por no haberlas tratado bien o no haberlas ayudado cuando lo necesitaban. Básicamente, estas oraciones son un intento inconsciente de evitar o eliminar su propio miedo y culpa, la culpa por no haber hecho lo suficiente por ayudar. Por lo menos, creen que pidiendo que Dios haga lo que ellos no han podido hacer les aliviará su mala conciencia.

Enviar oraciones de curación a aquellos que «necesitan» sanar es otra forma de interferir que simplemente refleja la propia necesidad de uno de curarse a sí mismo. Querer que los demás no sufran el dolor de una enfermedad es una manifestación de *nuestro propio miedo*, que nos hace todavía más esclavos de éste. Si una persona padece una enfermedad, para ella es apropiado experimentarla dado que así lo ha elegido por decreto de la sabiduría de su Yo Superior. Rezar a Dios para que termine con la enfermedad de una persona no está respetando su elección de aprender. Todos estamos aquí para aprender a convertirnos en maestros de la creación.

Hay muchas lecciones que debemos aprender en la vida, y quitárselas a los demás simplemente acabará provocando lecciones más intensas. Rezar para tener mejores cosechas, por la paz en Oriente Medio, por la erradicación de los terroristas, por una economía mejor, etcétera. está basado en la «falta de consciencia» y a menudo manifiesta todavía más carencias, más conflictos y más turbulencias. No interesa a nadie rezar para cambiar nada ni a nadie porque esta acción nos dirige *a* las limitaciones de lo que ya hemos superado. Nos estamos alejando de nuestro propio poder al no dejar de pensar en acontecimientos pasados o futuros, y el hecho de no utilizarlo, juntamente con nuestra sabiduría, se convierte en una causa de más sufrimiento y dolor en la vida.

Si nuestra intención de ayudar a los demás es sincera, debemos centrar la atención más en nosotros que en ellos. Las enfermedades, las guerras, los conflictos, los desastres, etcétera. son de una vibración inferior y caótica, pero no buena ni mala. Ocurren siempre que las personas tienen una necesidad colectiva de aumentar su vibración. Cuando cientos o miles de personas mueren a causa de un terremoto, un ataque terrorista o una guerra, es porque han elegido dejar de existir en esta vibración inferior. Están preparadas para avanzar. Nosotros lo percibimos como una muerte, pero, para ellos, es una liberación. ¿Por qué queremos tenerlos de vuelta o interferir con lo que más les conviene?

Si una persona está enferma, debemos apreciar y respetar su decisión de escoger la enfermedad como un medio de aumentar su vibración y de aprender sus lecciones vitales. Tratar de ayudarla parece un acto desinteresado pero, en realidad, manifiesta el miedo de nuestro propio ego al dolor, la pérdida o la muerte. Para disimular estos sentimientos, nuestro ego nos dice que esta enfermedad es algo terrible que debe evitarse o superar a todo coste. Por supuesto, si una persona enferma nos *pide* que la curemos, dejamos de interferir al ayudarla en su proceso curativo. Lo que ha hecho es elegir abandonar la oportunidad de curarse y fortalecerse *ella misma* en este momento. Habrá otras oportunidades (enfermedades) similares para elegir curarse y fortalecerse uno mismo, aunque a menudo sean de mayor intensidad que antes. Si, aun así, la persona decide optar por una curación externa y la medicina o el tratamiento «no tiene éxito», su cuerpo deja de funcionar y fallece. Su muerte también ocurre por elección, ya que el alma sabe que el cuerpo ya no es adecuado para ocuparse de su búsqueda de crecimiento espiritual y acceder a una vibración más elevada.

Como en este universo nada ocurre por casualidad, tratar de cambiar algo para beneficiarnos sólo es una muestra de nuestra propia incapacidad de aceptarlo. Es nuestro modo de decir que lo que presenta este momento no es «perfecto». Aunque algo nos parezca que no es bueno, no significa que necesitemos corregirlo. El cambio es inevitable y ocurrirá por su propio acuerdo y en su debido tiempo. Al resistirnos, hacemos que el cambio parezca difícil porque sólo vemos un lado de la ecuación. Debido a nuestras experiencias e impresiones pasadas, asociamos el cambio con el dolor, en lugar de considerar el placer que puede ocasionar. Simplemente debemos aceptar el cambio como es, porque si no tuviera que ser así, no lo sería. Una vez nos hayamos entregado al momento, aceptaremos lo que éste nos proporciona. Posteriormente, esta aceptación da lugar a otro momento que facilita una oportunidad incluso mayor para la elevación del espíritu, que no habría sido posible de otra manera.

Rezar por algo que no tenemos o no queremos tener nos aleja del momento presente, renunciando así a nuestro poder y responsabilidad.

A continuación he detallado una «oración» muy común de un autor desconocido. Indica de forma muy bella la inutilidad de la oración normal y creo que podría añadir mucha perspicacia a la comprensión del valor de la invalidez de la oración. Presento con gratitud al autor anónimo, donde sea y quien sea que pueda ser.

Le pedí a Dios que se llevara mi dolor.

Dios dijo: no.
Yo no debo quitárselo, sino que usted debe rendirse.

Le pedí a Dios que curara a mi hija discapacitada.

Dios dijo: no.
Su espíritu es todo,
su cuerpo sólo está temporalmente.

Le pedí a Dios que me concediera paciencia.

Dios dijo: no.
La paciencia es una consecuencia de la tribulación; no se otorga, se aprende.

Le pedí a Dios que me diera felicidad.

Dios dijo: no.
Le doy bendiciones. La felicidad depende de usted.

Le pedí a Dios que me evitara el dolor.

Dios dijo: no.
El sufrimiento lo separa de sus cuidados mundanos y lo acerca a mí.

Le pedí a Dios que hiciera crecer mi espíritu.

Dios dijo: no.
Debe crecer por sí mismo, pero yo lo podaré para que sea fructífero.

Le pedí a Dios todas las cosas que pudiera disfrutar en la vida.

Dios dijo: no.
Le daré vida para que pueda disfrutar de todas las cosas.

Le pedí a Dios que me ayudara a QUERER a los demás tanto como él me quiere a mí.

Dios dijo... Ahhh, al final comprendió la idea.

La verdadera oración

La única oración que tal vez sea adecuada es *ser uno mismo*. Este tipo de oración se opone a la demanda de un cambio de cualquier clase. Es la oración de aceptación o SER. *Ser uno mismo* es todo lo que se necesita para el beneficio de TODOS. Ser amor, compasión, paz, equilibrio, armonía, felicidad, etcétera, son las «oraciones» más efectivas que hay e inspiran a los demás a ser lo mismo. El hecho de saber que uno es una expresión de Divinidad difunde esta expresión hacia el mundo. Los sentimientos bellos que acompañan el culto a alguien considerado mejor que nosotros al final darán paso a la felicidad de ser uno con el propio Yo Superior.

Las oraciones, tal y como las conocemos, llegarán a su fin en un corto período de tiempo porque comprenderemos que todo es perfecto tal y como es. A lo largo de la historia, las religiones han concedido mucho énfasis a las palabras y los significados de las oraciones; sin embargo, la verdadera comunicación con Dios o el Espíritu no tiene lugar a través de palabras, sino mediante la vibración que emana de cada uno de nosotros. No es importante lo que uno dice ni cómo lo dice cuando consulta con su Yo Superior, con un maestro ascendido o con lo que percibe como Dios; lo único que importa es *quién es*. E independientemente de lo bien o mal que se sienta o califique su comportamiento, todos somos un Ser Divino.

En la nueva era no habrá ninguna necesidad de rezar para conseguir resultados favorables en nuestras actividades o deseos. Pedir algo mejor de lo que es nos retiraría del Momento Divino. «Estar en el momento» es una oración constante a nuestro Dios interior; es nuestra conexión con nuestro Yo Superior. La gratitud por todo lo que es y por la manera que es se dará a conocer como el secreto del éxito más poderoso y mejor guardado. Éste no puede ser manipulado porque nos separaría del momento presente, del momento de *ser*. Todos seremos nuestra propia religión, porque todos *somos* Dios. En realidad, el pensador, el pensamiento y el proceso de pensar son lo mismo. Dios se reconoce a sí mismo como Dios, Dios se reconoce a sí mismo como nosotros, y nosotros nos reconocemos como Dios. Esta Trinidad de conocimiento está incrustada en nuestra consciencia, y, dentro de ELLA, es todo lo que podría ser. *Tú eres Esto, Yo soy Esto y Todos somos Esto*. Buscar a nuestro alrededor algo o alguien que sea mejor de lo que somos comprime instantáneamente nuestra sensación de Divinidad y Unidad.

Muchas personas todavía rezan por los demás con la energía inadecuada. Rezan que los demás no cometan errores o se comporten mal. Rezan que los demás puedan ver y sentir la luz de Dios. Si sus seres queridos están enfermos, rezan para que se mejoren. Pero el verdadero rezo honra a las personas donde están, respeta las lecciones que han elegido para aprender y crecer y las anima a que confíen en sí mismas en relación a su salud y liberación. Si alguien nos pide orientación, se trata de la luz verde que indica que ha aprendido y está listo para curarse y avanzar. Pedirle a Dios o a la Madre Gaia que ponga fin a los terremotos, los huracanes, los incendios o las inundaciones también es inadecuado, pues estos acontecimientos son necesarios para la evolución y la regeneración del planeta.

Cuando la verdadera oración sustituya estas peticiones y deseos, y hasta cierto nivel ya está sucediendo, el mundo se experimentará como un mundo espiritual, uno en el que nuestro Yo Superior o Espiritual se conoce por ser la única realidad, la única consciencia, el único Dios. Estamos superando rápidamente la necesidad de rezar porque estamos empezando a darnos cuenta de que ya *somos* el equilibrio necesario para cumplir con nuestro destino. Con el fin de ser plenamente conscientes de esto, sin embargo, necesitamos «retirar algunas capas más de la cebolla» que están relacionadas con las emociones y las sensaciones de censura y miedo, generadas por las instituciones religiosas y las masas a lo largo de la historia de la humanidad.

Mientras describo las experiencias que formaron parte de mi educación religiosa, puede que el lector las vincule, consciente o inconscientemente, con algunos de los recuerdos de su propia alma tanto de esta vida como de otras, y que acepte y repare cualquier juicio de valor que pueda haber tenido en esta importante área de la vida. En realidad es muy probable, puesto que la mayoría de conflictos y sufrimientos de este mundo se han originado de algún tipo de fanatismo religioso. Contemplar el símbolo de la doble espiral en la contraportada del libro (alrededor de un minuto) al terminar este capítulo, ayudará al lector a eliminar los posibles malentendidos y enfados vinculados con el área de la religión.

En nombre de Dios

La religión desempeñó un papel muy importante durante mi infancia. A pesar de que no sentía ninguna afinidad particular con Dios, lo cual no me sorprendía, porque no lo había conocido ni visto en persona, mi educación religiosa no me dejó muchas más opciones que la de conocer Su existencia. La Iglesia y sus enseñanzas cristianas hablaban de este Dios como un padre que era incluso más importante que el mío. Nunca había escuchado Su voz y, sin embargo, me pedían que hablara con Él cada noche antes de acostarme y le diera las gracias por todo lo que hacía por mí cada día. Me dijeron que Dios vivía en el cielo con millones de ángeles que nos vigilaban y se aseguraban de que no nos sucediera nada malo. Cuando finalmente me ocurrieron desgracias, mi confianza en Dios y Sus ángeles empezó a disminuir.

Como procedía de una familia estrictamente católica, era de esperar que adoptara las mismas creencias que tenían mis padres. Ir a la iglesia cada domingo y festivo religioso se convirtió en un ritual habitual en mi vida, igual que la confesión de mis «pecados» una vez al mes a un sacerdote vestido con una casulla negra. Aprendí que todos cargamos con un pecado original del que jamás podremos desprendernos, independientemente de lo «buenos» que seamos. No tuve otra elección que aceptar que era un pecador original, como todos los demás. El miedo entró sigilosamente en mi corazón cuando me dijeron que los seres humanos estábamos a merced de un Dios todopoderoso que podía o no perdonarnos si nos desviábamos del camino de la rectitud y «pecábamos» en nuestras acciones y pensamientos. El castigo supremo que con toda certeza aguardaba a los impíos y los malvados era quemarse para siempre en el infierno, otro gran temor que me recordaba: «no debes jugar con Dios».

A los doce años ya me sentía culpable de demasiadas cosas que nunca pensé que serían pecaminosas hasta que leí y escuché las reglas de la conducta honrada y las leyes estrictas perfiladas por Dios. Se me prometió la redención de mis pecados en el momento de la muerte si, una vez al mes, seguía confesándolos con sinceridad y honestidad a uno de los representantes designados por Dios (los sacerdotes). Los sacerdotes, según me dijeron, eran los únicos que podían comunicarse directamente con Dios. Dios los había elegido a ellos para decirnos qué hacer. El papa, también llamado Su Santidad, era el sumo sacerdote que conocía a Dios mejor que nadie. No obstante, era extraño que Dios, quien supuestamente amaba a todos sus hijos por igual, sólo quisiera comunicarse con Su Santidad y sus sacerdotes. ¿Eran ellos más valiosos y santos que los demás? Saber que era un pecador pronto se convirtió en una pesadilla para mí.

Al poco tiempo desarrollé una poderosa aversión a la religión que se materializó en desmayos en la iglesia durante las misas de los domingos. De pronto, y sin previo aviso, sentía una extraña sensación de hormigueo que surgía de mi estómago y ascendía hasta el corazón y las vías respiratorias. Rápidamente, el hormigueo se desplazaba a mis extremidades y un tono negro oscuro invadía mi campo de visión. Todo lo que había a mi alrededor se desvanecía y caía inconsciente. Algunas veces, al desmayarme emitía un grito que, por supuesto, atraía la atención de toda la congregación. Luego oía un ruido ensordecedor (de mi cabeza golpeando el suelo o el banco). Lo siguiente que recordaba eran voces distantes y los cánticos de un coro. Mientras se hacían más nítidos, me daba cuenta de que estaba tumbado en un banco o en el suelo del exterior de la iglesia, con mi padre inclinado sobre mí y mi camisa abierta para que pudiera respirar con más facilidad. Veía la gran preocupación en el rostro de mi padre y sabía que algo malo me había ocurrido.

Me desmayaba de un modo similar cada cuatro o cinco semanas y siempre durante las misas del domingo por la mañana. A ello le seguía el extraño brote de una enfermedad que duraba entre tres y cinco días y luego estaba bien durante unas pocas semanas. Pronto tuve pánico de ir a la iglesia con mis padres. Curiosamente, si atendía solo a la misa de la tarde no sufría ningún desmayo, de modo que les rogué a mis padres que me dejaran ir a la iglesia por la tarde. Me dieron su consentimiento. Un año después, sin embargo, en vez de asistir a la misa sólo fingía que iba y me pasaba aquella hora deambulando por el pueblo, lo cual sólo hizo que añadir más culpa de la que ya había reunido durante los años en que me habían dicho que era un pecador. Y también me desmayaba en otros lugares. La imagen que tenía de mí mismo, ya deteriorada, empeoró todavía más. Por supuesto, no tuve las agallas de confesar a mis padres ni al sacerdote que ya no asistía a misa.

Sustituir un Dios por otro

Cuando me fui de casa a los diecinueve años no volví a pisar una iglesia durante los siguientes quince años. Había desarrollado una profunda aversión a todo lo que tenía que ver con las doctrinas religiosas o con Dios. La religión se había convertido en mi pretexto para terminar con una larga y confusa relación con un Dios que me quería, está bien, pero que también me juzgaba y me castigaba por mis pecados. A medida que empecé a sentir un significado espiritual más profundo en mi propia vida, comencé a reemplazar el concepto de Dios con el de una consciencia omnipresente que era una parte esencial de todo pero que no interfería con ello. Comencé a menospreciar a aquellos que consideraban que esta consciencia era una persona de algún tipo. Para mí no tenía ningún sentido que Dios fuera «alguien» con una voz, un cuerpo y una barba que guardaba un registro de todas las malas acciones de uno y las contaba al final de su vida en una especie de «día del juicio». Me parecía inconcebible que luego unos ángeles me llevaran al Cielo o que el diablo me arrastrara al Infierno. Sin embargo, el miedo profundamente arraigado de que pudiera ser verdad no me abandonó del todo; en realidad, me siguió durante muchos años.

Inmediatamente después de irme de casa realicé un curso de siete meses para formarme como profesor de Meditación Trascendental (MT), que es una técnica de relajación mental para desarrollar estados más elevados de consciencia y encontrar la paz que hay en ellos. Unos años más tarde, empecé a trabajar con y para el fundador de MT, Maharishi Mahesh Yogui, para difundir su meditación al resto del mundo. Durante los siguientes diez años apenas me di cuenta de que me había convertido en un fanático tan enérgico en perseguir esta misión como los primeros misioneros que intentaron convertir las «almas perdidas e ignorantes» en hijos de Dios.

De hecho, me había convertido exactamente en lo que me aterrorizaba ver en los demás. Maharishi nos decía que su meditación podía resolver cualquier tipo de problema vital, independientemente de cuál fuera su origen. En consecuencia, como era profesor de esta meditación y llamado «Gobernador de la Ilustración», creía que sabía todas las respuestas para cada dificultad. Me sentía culpable si me perdía unos pocos minutos de su meditación, pues debía meditar durante cierto período de tiempo dos veces al día para conseguir la iluminación y ayudar a instaurar la paz en el mundo. Al ser un profesor muy devoto y «responsable», era siempre regular en mi práctica y empleaba todo el tiempo y los recursos que tenía disponibles para difundir la MT por el mundo. Durante diez años no tuve «tiempo» para las relaciones personales, y cuando aprendí que no escuchar las instrucciones del maestro (Maharishi) o ir en contra de sus deseos acarrearía un mal karma que ni siquiera Dios podría salvar, me volví aún más disciplinado y meticuloso acerca de cómo vivir mi vida.

Lo único que había hecho era sustituir el miedo a Dios y a la Iglesia católica por el miedo a un maestro espiritual, otro Dios. Deseaba ansiosamente convertirme en un iluminado espiritual porque creía que ello me salvaría del infierno. Los treinta años de meditación, que realizaba dos veces al día, de los cuales dediqué varios años ocho horas diarias a la práctica, que sin duda me ayudaron a desarrollar cualidades como la serenidad, la paciencia y otros valores, no me proporcionaron iluminación. Había estado buscando sin éxito algo que ya era, pero la búsqueda fue necesaria para ponerme en contacto con mi lado oscuro y aceptarlo.

Una vez lo acepté, por lo menos hasta cierto nivel, dejé de sentir el deseo de iluminarme. Inmediatamente supe que el hecho de no estar bien conmigo mismo, con mis pecados, mis miedos por no ser suficiente bueno para mis padres, mis profesores, la iglesia, Dios y el maestro

Maharishi o cualquier otra persona, era el único obstáculo en mi camino hacia la autorrealización. En cuanto empecé a aceptarme por quién era, independientemente de mis numerosos defectos, miedos y formas de comportamiento egoístas, empecé a reconocer mi propia iluminación. Para mí, personalmente, la iluminación no es algo que se pueda alcanzar o encontrar y permanecer allí el resto de la eternidad. En realidad, cuanto más se desea es menos probable que ocurra. Si uno puede permitirse que la ola lo arrastre en lugar de tratar de nadar más rápido o a contracorriente, no solamente será más fácil el camino, sino que además alcanzará su objetivo.

El abandono de mi relación con mi gurú también me ayudó a liberarme de muchas otras muletas de las que solía depender. Me di cuenta de que ser un estudiante seguidor de un maestro espiritual ya no era una de mis prioridades. La relación maestro-estudiante que compartíamos implicaba que mi maestro estaba más evolucionado y, por tanto, que era más venerable y respetable que yo. Sin embargo, descubrí que no era menos respetable, honorable ni estaba menos evolucionado que él.

Si un maestro tiene la necesidad de reunir estudiantes es un asunto personal que sólo él o ella puede resolver. La época de los grandes maestros espirituales actualmente está llegando a su fin, porque ha llegado el momento de los grandes espíritus. Cada uno de nosotros es un Gran Espíritu, ni más ni menos. Sólo hay maestros, no estudiantes. Todos somos maestros, aunque nos hemos disfrazado de estudiantes, fingiendo así que somos ignorantes y que necesitamos que nos orienten. Ahora estamos preparados para mostrar nuestras verdaderas esencias. No habrá un nuevo maestro o un Mesías que aparezca de pronto para solucionar todos nuestros problemas y dolencias. La Segunda Venida no es un acontecimiento externo. *Nosotros* somos la Segunda Venida, cada uno de nosotros. No se trata de ser espirituales y de hacer cosas espirituales en la vida, ni de reunir a otros para que puedan aprender de nosotros cómo vivir vidas espirituales y llenas de significado. Lo único que cuenta es *ser* un Espíritu, pues es nuestra naturaleza esencial y no requiere habilidades especiales. Ser un espíritu también ayuda a los demás a superar sus propias transformaciones y ayuda a la Tierra a pasar por su proceso de parto sin dolor ni agitaciones innecesarias. Nosotros, cada uno a su propio modo, nos hemos comprometido a transformar esta esfera planetaria, porque de lo contrario no estaríamos aquí.

Ascender al Yo

En el proceso de ascensión, no tiene ninguna utilidad el hecho de preocuparse por dónde estamos o dónde está el planeta. La iluminación o ascensión hacia una forma elevada de existencia es la simple aceptación de que cada nuevo momento es perfecto, con todo lo que uno tiene, sea lo que sea. La ascensión puede ocurrir en muchos niveles. Las formas de vida de la primera y la segunda dimensión pueden ascender a formas de vida tridimensionales. Los humanos, o formas de vida tridimensionales, pueden «elevarse» a mundos de la cuarta dimensión o a la unidad de la quinta dimensión en función de su nivel de evolución y su propósito. Independientemente de dónde estemos y en qué nivel, todos estamos experimentando un proceso de ascensión. Aquellos que están preparados para ascender a la quinta dimensión están ahora experimentando importantes cambios en su cuerpo debido a que la fusión del cuerpo y el espíritu en un solo ser requiere una fisiología pura y libre de estrés. Serán seres etéreos perfectos en un cuerpo físico etéreo.

«Cuerpo de Luz» es un término que describe el estado transformado de un cuerpo físico que se ha fusionado completamente con el Yo Superior. Sin embargo, hay varios niveles de cuerpos de luz, cada uno de los cuales refleja la cantidad de luz que tiene una persona dentro de las células de su cuerpo. La cantidad de luz de las células es clave para el nivel de cuerpo de luz. Por consiguiente, cuanta más luz sea capaz de tener un cuerpo dentro de sus células, más grande será el grado de conciencia del Yo Superior que pueda contener dentro de éstas. Hacia el final de este proceso, uno asciende a su propio Yo, a su Yo Superior que reside en la sexta dimensión.

Cada vez que asciende un nivel de cuerpo de luz, su percepción de la realidad experimenta cambios importantes. Por ejemplo, puede que de pronto esté interesado en leer literatura sobre espiritualidad, ver el aura de otras personas o desarrollar clarividencia. Pero antes de que tengan lugar estos cambios, experimenta períodos de compensaciones emocionales y físicas, que a menudo se interpretan como una enfermedad, o una sensación de que hay «algo que anda mal». Incluso puede pasar por una «muerte del ego», una sensación de absoluta depresión o vacío, donde la vida no tiene sentido y ya no da más alegrías. Este vacío es una parada para descansar en el viaje hacia el siguiente nivel, y es necesario a fin de permitir que se desintegre la antigua realidad y dejar atrás las penas y creencias para así poder crear una nueva imagen de uno mismo y de su vida.

Yo tuve que crear para mí una vida llena de dificultades para, al final, poder considerarlas bendiciones. La iluminación es el despertar de la luz del propio Yo, la consecución de un ciclo que termina y empieza en la plenitud y la realización. La vida cobra sentido, cada detalle de ella, incluso los juicios de valor. La visión que contiene este libro es el resultado del descubrimiento del propósito y el valor de juzgar.

Antes de continuar, recomiendo fervientemente al lector que ahora dedique sesenta segundos o más a observar el símbolo de la doble espiral de la contraportada, pues ello le facilitará una curación profunda y significativa.

No somos sino una mente unida en pensamiento y corazón. En realidad, nosotros somos nuestros hermanos. Todos somos hijos de Dios. Por consiguiente, somos la unidad más decible que jamás ha alabado y caminado sobre la tierra. Todos somos corderos que pastan juntos en la comodidad de las miradas recíprocas. No olvidemos la belleza, la dignidad y las caricias reconfortantes que recibimos de otros o de las masas como rebaños que constituyen nuestro planeta.

Apóstol Pablo
Canalizado el 21 de diciembre de 2000

CAPÍTULO 5

LA FINALIDAD DE LOS JUICIOS DE VALOR

La espada Excalibur escucha. Sobre las alas de los ángeles trata de atravesar todo el tiempo y el espacio y asentarse en la tierra de Nan, donde todo es correcto y bueno. No hay ninguna lápida junto a la mesa; no hay jefe tribal. Todos somos como uno en este ejército de la vida. Escapa sobre esta varita mágica porque sirve de alfombra de los deseos que marcan el gozo y el tormento, todos entrelazados en una estructura cristalina, tan brillante, tan maravillosa, tan eterna. Mira el signo de Excalibur y alégrate porque sujeta una gran y poderosa espada, que corta la confusión, pone fin a la visión borrosa y labra una claridad, una justicia inenarrable. Sed mis santos y pecadores, porque todos somos uno, del mismo tejido, del mismo rebaño, del mismo amor.

Merlín
Canalizado el 11 de enero de 2001

Sólo son puntos de vista

Ahora aprecio todas mis experiencias pasadas a lo largo de todas mis vidas porque me han ayudado a ver la unidad y la perfección de las cosas. He aprendido que no es malo ser crítico porque, en realidad, no hay nadie que sea juzgado ni nadie que trate de juzgar. Sólo hay una gran búsqueda del alma, que es identificarse como:

Una expresión individualizada de un Espíritu infinito.

Un ser único e indivisible y que, sin embargo, se expresa de infinitas maneras.

La extasiada alegría de estar implicada intrínsecamente en todos los procesos creativos que ocurren en todos los tiempos y espacios.

El amor ilimitado que hace que vivir en la Tierra merezca tanto la pena.

Con el fin de ser todo esto, de alguna manera es necesario que pongamos en un primer plano o expongamos todo lo que nos recuerda que no hemos realizado todavía esta búsqueda. Volviendo al ejemplo de mi educación religiosa, necesité sentir qué es ser pecador para darme cuenta de que no lo soy. Asimismo, tuve que sentir la soledad y la impotencia tan temprano en mi vida para poder comprender que simplemente era una noción que yo mismo había creado para descubrir que nunca estaba solo, y que nadie lo está. Sólo el ego puede sentirse solo. El hecho de favorecer algunas cosas y rechazar otras crea aislamiento. En realidad, el universo de hoy me quiere tanto como antes de la Gran Separación. Incluso en nuestras horas oscuras, cuando nos sentimos abandonados, vulnerables e impotentes, todavía somos uno con nuestro Origen. Lo único que puede abandonarnos es la identidad de nuestro ego, que es simplemente una idea de lo que creemos que somos. Como no nos queremos ni apreciamos lo suficiente, hemos aprendido a desempeñar ciertos roles en la vida que nos ayudan a convertirnos en «alguien» digno de respeto o admiración, o tratamos de hacer que las personas de nuestro alrededor nos aprecien o quieran. Cuando los demás no nos prestan suficiente atención o dejan de sentir amor y aprecio por nosotros, empezamos (como nuestro ego) a sentirnos solos.

La idea u opinión de que estamos solos, sin embargo, está únicamente relacionada con la pérdida que siente el ego o conciencia física. El Yo Superior (el «yo» en el pensamiento: «yo estoy solo») sabe que nunca está solo; sólo es el yo físico externo (el ego), apenado por la pérdida de su unión con los demás, el que nos hace sentir solos. En consecuencia, nuestros egos se vuelcan tanto en tratar de recuperar nuestras antiguas identidades y uniones que rara vez sentimos la unidad que compartimos con todo. Hay personas que van a la cárcel por delitos que no han cometido. Las separan de sus familias y se vuelven más resentidas y disgustadas. Su soledad forzada, sin embargo, les brinda la oportunidad de pasar mucho tiempo solas y de volverse más conscientes de su monólogo interior. La intimidad es lo contrario de la soledad. Darse cuenta de los sentimientos y las emociones propias, del monólogo interior, y aceptarlos por lo que son sin tratar de evitarlos, disipa la soledad y la reemplaza por intimidad. En cuanto estas personas empiezan a ver desde una perspectiva más amplia –la razón por la que han creado estos acontecimientos en su vida– dejan de sentirse resentidas, enfadadas y solas. Si aceptáramos la soledad, el sentimiento de abandono o la pérdida que siente el ego, y en su lugar nos centráramos en nuestra conectividad con todo, estaríamos llenos de la intimidad y el amor de la unidad y de pura alegría.

Visto desde la perspectiva de la unidad, no existe nada inferior o superior, mejor o peor, correcto o erróneo ni bueno o malo. En otras palabras, no hay nada ni ninguna situación que no sea del mismo ORIGEN ÚNICO de la vida. Darle cualquier otro valor es engañoso y simplemente manifiesta nuestra necesidad interna de volvernos a conectar con este Origen.

Aunque nadie es realmente débil ni ninguna situación es verdaderamente mala, tal vez necesitemos percibirlos como tal hasta que estemos preparados para acceder a un estado de gracia donde la «debilidad» y la «fuerza», o lo «bueno» y lo «malo» sean simplemente puntos de vista de lo mismo. La percepción que tenemos de algo, de alguien o de alguna situación en particular varía de acuerdo con el ángulo del que decidimos observar. Una flor puede darle alegría a alguien y a otra persona pena y tristeza. Cada moneda tiene dos caras, aunque algunas personas prefieran una en lugar de la otra. Esta prioridad, sin embargo, no reduce el valor de la moneda. No obstante, tener dos lados completamente distintos no impide que siga siendo siempre una única moneda. Asimismo, bueno y malo, bajo y alto y correcto y erróneo son atributos que unimos a las cosas a fin de comprenderlas en nuestro nivel particular de la existencia. Llega un momento en nuestro proceso de crecimiento de la consciencia en el que no tenemos más preferencias, sino sólo aceptación. El tercer Patriarca zen, Hsin Hsin Ming, declaró: «El gran camino no es difícil para aquellos que no tienen preferencias. Haga la menor distinción, sin embargo, y el Cielo y la Tierra estarán diferenciados infinitamente». Desde la perspectiva de una moneda, tanto la cara como la cruz son partes esenciales de ella. No hay ninguna posibilidad de que un lado sea mejor, más útil o más bello que el otro. La cuestión de que lo «correcto» sea mejor que lo «erróneo» sólo surge cuando nuestra percepción está dividida y no está arraigada en la unidad de todas las cosas. La debilidad puede ser tan importante y preciosa como la fuerza. Todos los grandes escritores, artistas o atletas construyeron sus logros sobre la fundación de sus decepciones y fracasos.

Una moneda sigue siendo igual independientemente de quién la esté observando y desde qué lado la esté mirando. Si uno siente que un lado de la moneda es mejor o tiene más valor que el otro, es su elección y preferencia *en ese momento*. No obstante, dicha decisión no reduce ni enriquece el valor de la moneda ni elimina la posibilidad de que alguien vea la misma moneda de la forma opuesta. De un modo similar, si a uno no le gusta lo que digo, o siente que lo que estoy diciendo no tiene ningún sentido, no es sino su verdad y no repercute al hecho de que otra persona se sienta de forma muy distinta sobre la misma cuestión.

Cualquier aspecto que nos guste o disguste de los demás está coloreado por la perspectiva que tenemos de nosotros mismos. En los demás nos gusta lo que realmente también tenemos nosotros, pero no nos hemos dado cuenta de ello y tratamos de descubrirlo o encontrarlo a través de otras personas. Asimismo, emitir juicios sobre otras personas o situaciones simplemente manifiesta el juicio que emitimos sobre nosotros mismos. Como este proceso ocurre de forma inconsciente, tratamos de expresarlo con la emisión de juicios de valor, que son procesos saludables de aprendizaje, y cuando se completa este aprendizaje el juicio ya no es relevante ni necesario. Lo que resta es inocencia. Cuando la inocencia domina la percepción, todo cobra vida y es tan precioso y valioso como el propio yo.

Estamos aquí para identificar nuestra verdadera naturaleza, independientemente de los roles que desempeñemos en nuestras vidas. Los santos y los pecadores simplemente interpretan distintos aspectos de ellos mismos; ambos son igualmente preciosos y valiosos. Estamos igualmente conectados con nuestra Divinidad tanto cuando juzgamos a los demás como cuando no. En realidad, no podemos hacer daño a nadie, aunque así lo parezca en el nivel superficial. Todo lo que hacemos transforma, poco a poco, el trauma de la Gran Separación en festejos de amor y unidad, y ayudamos a otras almas a hacer lo mismo.

El cumplimiento de nuestros contratos con almas

Cada vez que nos reencarnamos en formas físicas hacemos nuevos contratos con almas que hemos conocido durante otras vidas previas o que todavía debemos conocer, de modo que juntos nos volvemos más conscientes de nuestro Yo Dios y fusionamos las realidades dimensionales más elevadas del Cielo con las realidades dimensionales inferiores de la Tierra. Antes de cada nueva encarnación, todas las almas conocen los requisitos, las condiciones y las circunstancias que él/ella necesita para manifestarse durante los años terrenales venideros y traer consigo la integración de la percepción o la transformación de la consciencia.

Podemos compararlo con una película. Puede haber treinta actores implicados en una producción particular. Todos han consentido representar cierto rol, y para sellar este acuerdo han firmado un contrato. Cada uno de ellos se aprende todo sobre el personaje que ha acordado interpretar, y cada escena de interacción con los demás, y los actores prolongan distintos aspectos de estas personalidades. El guión de la película puede comprender un asesino, una víctima, un detective, un juez, etcétera; un actor interpreta el villano, otro la víctima, un tercero imita el papel de un detective, y así sucesivamente. A pesar de que el público que está viendo la película ve muchas situaciones injustas, no existe un victimario ni una víctima real. Los actores simplemente llevan a cabo sus contratos, en los que exteriorizan sus papeles respectivos para hacer posible esta película. En cuanto se ha terminado el rodaje, los actores se desprenden de estos roles y continúan con sus vidas, interpretando otros papeles en otras producciones. Nadie los culpa ni simpatiza con ellos por haber interpretado estos personajes; en su lugar, puede que incluso reciban un premio al mejor actor.

Perder la identidad pero ganar...

En el escenario de la vida las cosas son muy distintas. El proceso de aprendizaje de la vida consiste en renunciar a una identidad tras otra, similar al acto de retirar las distintas capas de una cebolla. Al final, llega un momento en el que uno deja de identificarse con nada.

Lo que queda es uno mismo, el «YO SOY». Pasamos por los distintos escenarios de la vida, es decir, la infancia, la juventud, la madurez y la vejez no sólo en esta vida, sino también en las distintas vidas, y en cada etapa de cada vida adoptamos distintos roles, como el de ser un niño pequeño, un compañero, un estudiante, un médico, un padre o una madre, un atleta, un amigo, un ladrón, un paciente, un jubilado, etcétera. Desempeñar estos distintos roles, sin embargo, no define quién soy, sino sólo con qué me identifico. Mi identidad de médico experimentaría un cambio drástico si de pronto decidiera ser un abogado o un sacerdote. Cada nueva identidad tiene una finalidad particular: ayudarme a aprender y dominar las lecciones de la vida y a desarrollar cada vez más confianza en mí mismo. No obstante, ninguna de ellas puede ser mi identidad suprema e inmutable.

Cuando utilizamos expresiones tales como *soy rico, soy pobre, soy valioso, no me gusto a mí mismo, estoy enfadado, estoy feliz, soy un fracasado*, etcétera, sencillamente nos estamos refiriendo a las identidades que crea nuestro ego para conocerse o definirse en ese preciso momento. Para que el ego se sienta cómodo y seguro, por ejemplo, bajo alguna amenaza, puede preferir referirse a las identidades de ser rico, poderoso y fuerte. Si el ego recibe mucho amor, elogios y buenas intenciones de los demás, tal vez se vea a sí mismo como un ser humano valioso y generoso. Por otro lado, un ego privado de amor y logros es probable que se considere despreciable y fracasado. La película de la vida trata de crear y desempeñar todos los roles posibles de nuestra compleja naturaleza.

A pesar de que ninguno de los roles que interpretamos tienen nada que ver con nuestra verdadera identidad, debemos de representarlos tan bien que nos perdemos en ellos, del mismo modo que un buen actor es uno con el personaje que él o ella trata de imitar o personificar. En cuanto hemos explorado cada rol lo suficiente, estamos obligados a abandonarlo de nuevo. Este proceso es doloroso porque el ego está muy acostumbrado o apegado a su identidad. El hecho de que en un momento esté acostumbrado a ser una esposa y al siguiente sea una persona viuda realmente puede hacer que el ego se rompa en pedazos. El dolor, sin embargo, puede convertirse en la fuerza motivadora para asumir otro rol, que permite que el crecimiento avance hacia la plenitud y completa todavía más la propia identidad.

Es importante para la vida humana experimentar todo el rango de la dualidad, todos los opuestos de la vida, y es de menor importancia o no tiene ninguna si éstos están calificados de positivos o negativos. Por ejemplo, incluso si somos ricos, tal vez nos sintamos y actuemos como si fuéramos muy pobres si nuestra creencia es que no estamos ganando suficiente dinero o temernos que, en algún momento, podamos perderlo todo. En cambio, muchas personas pobres se sienten afortunadas y ricas con tan sólo ganar el suficiente dinero para alimentar a su familia, aunque no tengan nada para ahorrar. Cada situación de la vida acentúa un valor distinto de nosotros, normalmente opuesto, y paso a paso vamos aprendiendo todo sobre la maestría en este mundo físico.

Después de haber ejercitado debidamente nuestra capacidad para vivir a través de la dualidad y sus desafíos, empezamos a desarrollar una nueva conciencia, la conciencia del «YO SOY», sin necesidad de ser algo o alguien distinto. Al dejar de dividir entre correcto y erróneo o bueno y malo, encontramos el punto medio de equilibrio donde no somos ni una cosa ni la otra. No existen más roles que desempeñar, ni más identidades que asumir. Entonces, podemos ascender al trono de la individualidad, donde el alma ya no se identifica con la conciencia del ego del cuerpo, sino con la consciencia de su Yo Superior. Ahora sólo hay una unidad y un círculo completo del Yo, que contiene todo: el ego, el cuerpo y el Yo Superior. Para reconocerse uno mismo no es necesario nada más que simplemente *ser*. El «YO SOY» es el destino final, el último hogar.

En esta etapa del desarrollo de la consciencia, los aspectos duales de la vida, como el amor y el miedo, la alegría y la pena y lo positivo y lo negativo, pierden toda relevancia. Todos desaparecen por completo. También empezamos a comprender que el viaje de la vida ha sido una ilusión y que nunca regresamos a casa porque nunca nos fuimos de ella. Hoy soy el mismo «Yo Soy» que he sido y seré siempre. No existe la autorrealización. Como el Yo nunca se perdió, no puede ser encontrado. Todo lo que ocurre en el viaje de la vida se reduce al abandono gradual del intento de encontrar nuestra identidad. Una persona que busca sus gafas sin saber que ya las lleva puestas, al final descubrirá que no necesita buscarlas para ver correctamente. Ya está equipada con las herramientas adecuadas de la visión. El viaje de autodescubrimiento termina cuando nos damos cuenta de que no necesitamos hacer ni lograr nada para ser quien realmente somos.

El ciclo de la vida puede continuar, pero en cuanto pisamos el terreno de la unidad de la dualidad somos libres, una vez más, para asumir los distintos roles de la vida, con la principal diferencia de que ahora estamos centrados en la unidad del Yo. De pronto, los extremos de la dualidad, como correcto y erróneo, oscuro y claro, arriba y abajo, etcétera son completamente comprensibles y dejan de afectarnos en todos los aspectos.

Uno es su propia creación

Es difícil definir la realidad porque no existe ninguna experiencia que sea independiente del experimentador. Sencillamente, hay tantas realidades distintas como personas en este planeta. Sin embargo, puede haber algunas realidades a nivel mundial siempre que exista un consenso grupal sobre algunos puntos básicos. Aparte de esto, cada uno de nosotros es, crea y vive su propia realidad. Básicamente existe una sola ley en la vida: la vida de uno es la que es porque (*el total de cada uno*, que consiste en el yo superior e inferior) ha decidido que ésta era la manera que quería que fuera. Hay una perspectiva más amplia acerca de todo en la vida, y por consiguiente, cada detalle, tanto los positivos como los negativos, juegan un papel importante para uno. Sin embargo, si no podemos ver o confiar en un propósito o significado más amplio, esta perspectiva nos resulta irrelevante e inútil. En cuanto la veamos podremos darle sentido absolutamente a todo en la vida.

Allá donde ponemos nuestra atención se convierte en nuestra realidad. Esta ley es inviolable. Ocurre independientemente del objeto en el que nos concentramos. El antiguo proverbio «como un hombre piensa, así es su vida» no es una opinión de ningún tipo, es simplemente una ley. No significa que uno y sus pensamientos sean dos cosas separadas en la que uno es la causa del otro. En su lugar, significa que uno es exactamente su forma de pensar. Uno es su propia creación. Si uno piensa que el mundo es bello, es porque él o ella es bello. No se puede dividir la percepción del mundo y de uno mismo porque, en realidad, no hay división, sólo es aparente. Si uno cree que el mundo es un lugar deprimente, esta percepción es solamente suya; es como lo ve. Recibimos del exterior precisamente lo que nuestra consciencia se centra en el interior. Además, los pensamientos/sentimientos son las herramientas más íntimas con las que construimos nuestra realidad.

Si deseamos algo, nos estamos centrando en ello. Las tiernas energías que dirigimos hacia el objeto deseado, como un animal doméstico o un vehículo, hacen que sea algo adorable. En cambio, al retirar estas energías dejan de parecernos adorables, tal vez porque consideremos que somos infelices o despreciables. Cuando nos enamoramos de alguien, lo único que estamos haciendo es expresar el amor que sentimos por nosotros mismos hacia esa persona. En cuanto dejamos de sentir amor por nosotros, dejamos de amar a la otra persona. De pronto, él o ella deja de parecernos adorable. De un modo similar, si odiamos algo o a alguien, en realidad nos estamos centrando en lo que odiamos de nosotros mismos y proyectamos este odio interno en una situación, una cosa o una persona en particular.

A menudo oímos a las personas quejarse: «esta persona me saca de quicio». Lo que realmente están expresando es su propia impaciencia e intolerancia y no pueden soportar que otra persona sea igual. Nadie nos «hace» sentir nunca nada. Escogemos nuestros sentimientos del mismo modo que escogemos todo lo demás en nuestra vida. Nadie sino nosotros es responsable de cómo vivimos ni de lo que aparece en nuestro camino. Esta ley está expuesta de forma elocuente en Job 22-28: «decidirás una cosa, y se te cumplirá, y en tus caminos resplandecerá la luz». Llevamos voluntariamente la llave de cada situación de nuestra vida. Los problemas y las situaciones complicadas con las que nos podemos enfrentar dependen de lo que ocurre en nuestro interior; por consiguiente, no pueden resolverse de manera satisfactoria a menos que también las resolvamos dentro de nosotros. No hay ninguna otra acción capaz de transformar o regenerar que no sea la que controlamos por voluntad propia.

Depende de nosotros cómo deseamos utilizar la poderosa herramienta de la atención. Si dirigimos nuestra atención a cosas bellas y animosas, nos sentiremos alegres y animados. En cambio, si dirigimos nuestra energía a cosas o situaciones que consideramos dañinas, en nuestra vida manifestaremos exactamente estas dificultades. Este principio también se aplica a las desgracias colectivas, tales como el abuso de drogas. El tráfico de drogas nunca habría evolucionado a la catastrófica autodestrucción de millones de jóvenes de no haberle declarado la guerra a las drogas. No hay mejor manera de aumentar el abuso de drogas que centrar la atención de todos en ello. Los actos de terrorismo están alimentados, incitados y potenciados por la publicidad que se les da y las represalias que se toman contra ellos. Todo a lo que nos oponemos se intensifica más en virtud de la energía que le proporcionamos. Como el universo asume que ponemos nuestra atención en aquello que deseamos, «gentilmente» nos aporta más de lo mismo.

Si hay suficientes personas fascinadas por las guerras, es probable que se conviertan en una realidad. Oponerse a la guerra consigue exactamente lo mismo. Ambos son reflejos de cómo las personas se ven a sí mismas. A menos que cambiemos nuestro sentido de identidad y nuestra atención, el universo, que es simplemente un campo masivo de energía e información, responderá fácil y desapasionadamente con la consecución de los deseos de todos, tanto los más notorios como los más ocultos, y creará lo que sea que llamemos realidad. Ha llegado el momento de que empecemos a utilizar nuestros poderes de una forma sabia y creemos realidades dignas.

Cuando se encuentran los opuestos

Cuando acercamos el polo de un imán al polo de otro observamos que éstos se atraen. En cambio, si giramos uno de los dos imanes, se repelen mutuamente. Nosotros también actuamos como los imanes, pues atraemos cosas o personas hacia nosotros y repelemos otras, forzándolas a mantenerse lejos de nosotros. Cuando nos sentimos a gusto con nosotros mismos, exponemos nuestro lado atractivo; al contrario, cuando nos sentimos mal, exponemos nuestro lado repulsivo. Constantemente estamos modificando nuestra polaridad, día a día, hora a hora e incluso a veces de un instante a otro. La medida de energía que emerge a cada lado de la polaridad normalmente es de dos tercios en un lado y un tercio en el otro. La experiencia de la dualidad y la capacidad de juzgar sólo son posibles cuando domina uno de los lados. Las enfermedades ocurren cuando el equilibrio entre la salud y la enfermedad se ha modificado a favor de la enfermedad, es decir, nos sentimos dos tercios enfermos y un tercio sanos. Dado que en este momento domina sentirse enfermo, sentirse sano no se manifiesta; por eso la experiencia será la de la enfermedad.

Podemos haber vivido vidas enteras basadas dos tercios en la oscuridad (ignorancia de nosotros mismos) y un tercio en la claridad (conocimiento de nosotros mismos). La fricción vibracional entre la oscuridad y la luz existe específicamente para que podamos experimentar y comprender el juego de la dualidad. Durante las vidas «felices» expresamos más características de luz, amor y paz para aprender más acerca de este aspecto de la dualidad. En ambos casos, la vida estaba desequilibrada, como dos instrumentos de música que tocan la misma melodía pero sin estar afinados del mismo modo. No resuenan en el mismo plano de frecuencias. En el plano de nuestra fisiología, la doble hebra que forma la hélice de nuestro ADN ha estado funcionando en frecuencias que están en disonancia la una con la otra. Una hebra representa lo negativo u oscuro y la otra lo positivo o las energías luminosas de la naturaleza. Mientras sigamos experimentando las proporciones desequilibradas de la dualidad, el ADN de nuestras células también seguirá desproporcionado. Este desequilibrio favorece la susceptibilidad a los virus, las enfermedades y el envejecimiento. Cuando estemos en el Momento Divino, la paz que se deriva de no ser críticos ni tener preferencias hará que nuestras hebras de ADN se afinen y funcionen en el mismo nivel de frecuencias o armonía vibracional. Esta eficacia frena el proceso de envejecimiento, cura cualquier cicatriz física y emocional y le da inmunidad al cuerpo contra cualquier tipo de enfermedad. Sin embargo, de no haber experimentado ni explorado completamente los extremos opuestos de la dualidad, no seríamos aptos para acceder a esta fase de nuestro viaje. Nos resultó necesario atravesar todas estas fases, la salud y la enfermedad, el amor y el odio, la riqueza y la pobreza, etcétera, y finalmente reconocer que simplemente están manifestando las características opuestas de la percepción de nuestro ego de sí mismo.

Si el ego percibe que está enfermo, repele todo lo que es saludable o que tiene un efecto curativo para el cuerpo. Si modifica su percepción por la de verse nuevamente sano, los poderes curativos del cuerpo se movilizan de forma espontánea y regresa por su cuenta a una condición saludable. Los valores opuestos, como la salud y la enfermedad, no tienen un origen independiente y pierden todo sentido de realidad en el momento en que dejamos de identificarnos con cualquiera de ellos. La salud es una invención de la imaginación del ego, del mismo modo que la enfermedad; lo único que hacen es definirse una a otra. Hay tantos niveles de salud como niveles de enfermedad. La máxima salud, si es correcto utilizar este término, va más allá de los dos. Es la maestría de los elementos; o la inmortalidad física, conseguida hasta el momento sólo por unos pocos adeptos que viven en algunos de los lugares más remotos de la Tierra. Han trascendido a la ilusión de la dualidad y son capaces de sustentar la conciencia del Yo Superior mientras están en un cuerpo físico. Sus cuerpos sumamente refinados (una vez más) obedecen las leyes de la consciencia y desafían así el envejecimiento o la destrucción. Todos estamos destinados a conseguir este estado mediante la integración de nuestro cuerpo físico con nuestro yo dimensional superior.

Cada vez que luchamos contra una cosa para ganar otra, o nos aferramos a una cosa para evitar la otra, avanzamos un poco más hacia la plena conciencia. Preferir una cosa en detrimento de otra parece perturbar el equilibrio del yo, aunque es apropiado para exponer y eliminar la ilusión de la separación. La experiencia de los opuestos, como el dolor en un instante y la alegría al siguiente, ocurre en ondas o ciclos alternados. No existen tales ciclos cuando estamos anclados en el centro del ser o, por decirlo de otro modo, las ondas altas y bajas dejan de parecernos aterradoras. Ser pobre o rico no aumenta ni reduce la felicidad de la vida. Independientemente del extremo de la dualidad que uno experimente, el yo irradia a través de ambos. El polo negativo de un imán es tan importante como el positivo. Asimismo, no hay ninguna persona mejor ni más importante que otra. Cada situación de la vida es perfecta como es *en ese momento*. Al instante siguiente, pueden haber cambiado las mareas y presentado un nuevo escenario, pero éste también encaja a la perfección.

Las dos fuerzas opuestas de un imán se hallan unidas sólo en la parte central. Es allí donde el imán tiene su verdadero poder. A pesar de que tanto el polo positivo como el negativo están presentes en el centro, permanecen tácitos o prácticamente tácitos. El centro sabe que puede repeler y atraer, pero no le importa si lo hace o no. Siempre permanece igual. Conoce su propio poder y no está eclipsado ni definido por lo que atrae o repele. Si permanecemos centrados en nosotros mismos podemos ver claramente la importancia de todos los aspectos de nuestra personalidad, nuestras relaciones y nuestras acciones. Aquí es donde terminan los juicios de valor o la necesidad de definirse a uno mismo. Cuando comprendemos a la perfección los dos extremos de la dualidad deja de haber uno que sea más preferible que el otro. Anclarse en el centro de los opuestos nos dispone en un estado libre de miedo, que disuelve las bases de todos los juicios de valor.

Cada aspecto de la dualidad es necesario para desarrollar y mantener al otro. La tristeza y la alegría siempre van de la mano, nunca existen aisladas. En el instante que termina la alegría empieza la tristeza. En el momento que termina la tristeza se abre camino la alegría. Los opuestos siempre serán opuestos y no tiene sentido tratar de evitar o favorecer uno en detrimento del otro. Los problemas de cualquier tipo están causados por el juego de los opuestos, por una cosa que parece ser mejor o más fuerte que la otra. Por este motivo, un problema nunca puede resolverse *en su propio nivel*. Si las hojas de una planta empiezan a marchitarse por la escasez de agua es inútil regarlas. Un buen jardinero que no se deja engañar por la apariencia del problema (hojas moribundas) riega la raíz y ayuda así a que la planta reviva. Asimismo, un buen médico no repara en los síntomas de una enfermedad, sino en la causa que la ha originado.

Poco a poco estamos aprendiendo, a raíz de experimentar los múltiples problemas que existen en casi cada área de la vida, que hay un suelo común a todos ellos. *Todos* somos este suelo común. La división contrasta con la verdadera expresión de la unidad. Hemos creado toda esta división con el fin de descubrir que, si atendemos a nuestro Yo Superior, no sólo seremos capaces de resolver con facilidad y elegancia cada problema que existe, sino que podremos crear cualquier problema nuevo con la misma facilidad y elegancia. Nuestro Yo Superior, el YO SOY, es el Origen permanente de la dualidad. Cuando nos identificamos de forma consciente con el YO SOY, los lados claros y oscuros de la vida son vistos igualmente útiles e importantes. Entonces somos capaces de aceptar sin juzgar todas las características humanas, inclusive las partes oscuras. Desaparece el rechazo hacia uno mismo y el juicio logra su propósito, que es hacernos ver el mundo a la luz de la unidad y el amor. Y *verlo* de este modo hará que *sea* de esta manera.

Las relaciones sacan lo mejor y lo peor de cada uno

No podemos permanecer mucho tiempo en una parte de la polaridad sin sentirnos incómodos o frustrados, ni siquiera cuando se trata de una situación placentera. Incluso podemos aborrecer el paraíso si nos quedamos allí demasiado tiempo. Así, durante unas fantásticas vacaciones románticas, puede llegar un momento en el que uno sienta la necesidad de regresar a su casa y hacer algo distinto. Una persona que esté acostumbrada a vivir rodeada de lujos y riqueza un día puede encontrar que ser rica ya no le resulta suficiente. En el momento en que alcanzamos un extremo de la dualidad tendemos a desplazarnos hacia el otro. Los ciclos de cambio son imparables, lo cual es bueno, porque de lo contrario no creceríamos ni progresaríamos en la vida. Resulta especialmente cierto respecto al aprendizaje en las relaciones humanas.

Cuando conocemos a alguien que representa todas las cosas que queremos para nuestra vida (porque pensamos que nosotros no las tenemos), deseamos de manera natural estar cerca de él o ella todo el tiempo. Asumamos que nuestro nuevo amigo o pareja siente lo mismo por nosotros y nos encuentra atractivos porque nuestra personalidad o nuestras habilidades cubren una necesidad específica de su vida. De este modo, mientras ambos cubrimos estas necesidades, la relación prospera felizmente y con entusiasmo. Sin embargo, tal vez un día nuestra pareja empiece a descubrir que ya no está satisfecha con lo que está consiguiendo de nosotros, lo cual le genera una carencia interna de algún tipo. Para superar esta sensación de carencia, empieza a exigirnos más atención. No obstante, si no podemos cumplir con el aumento de sus expectativas, nuestra pareja puede sentirse frustrada o enfadada. A raíz de ello, nosotros podemos sentirnos presionados o sofocados, por lo que tal vez respondamos apartándonos de ella o retirando nuestra energía para protegernos a nosotros mismos.

Al final, dar a nuestra pareja lo que antes éramos capaces de darle con amor y alegría ahora se convierte cada vez más en algo artificial y poco natural. Empezamos a evitarla cuando se vuelve demasiado exigente con nosotros, pues sentimos como si estuviera drenando nuestra energía. Sin embargo, se trata de una ilusión. Nuestro nivel energético no disminuye porque nuestra pareja lo «liquide» al exigirnos la satisfacción de sus expectativas y necesidades, sino porque nosotros cerramos nuestro corazón. El cierre «desconecta» temporalmente la conciencia de nuestro ego con nuestro Yo Superior (que nunca puede sufrir una escasez de amor o energía por ninguna razón). Nos sentimos solos, en desventaja, desconectados y/o deprimidos.

A menos que decidamos terminar esta relación, ahora podemos asumir el rol de la persona necesitada. Como nuestro corazón se siente vacío, tratamos de que nuestra pareja lo llene por nosotros. Este momento a menudo es visto por los dos como un signo de que la relación está funcionando de nuevo, y de hecho, en cierto modo es así. Los roles invertidos ahora crean un nuevo equilibrio. En el baile de las relaciones, una pareja tiende a dirigir y la otra es dirigida, hasta que los roles se invierten. El baile de dar y recibir y recibir y dar sigue desafiando la relación hasta que, por lo menos, uno de los dos alcanza un lugar libre de censuras. En cuanto sabemos cómo cubrir nuestras propias necesidades de querer ser amados y disfrutamos de la libertad de amar sin condiciones, dejamos de estar desconectados de nuestro Yo Superior y permanecemos así en nuestro corazón. En este momento nuestra pareja también deja de ser exigente con nosotros.

Empezamos a calar las necesidades de nuestra pareja o amigo y lo que vemos es su miedo a no ser lo suficientemente bueno. De modo que, en lugar de alejarnos de él y cerrar nuestro corazón, sentimos compasión y se lo abrimos todavía más. Como estamos conectados más profundamente con nuestra propia esencia, también notamos su verdadera esencia y, en consecuencia, somos capaces de aceptarlo sin condiciones ni juicios. Ya no nos sentimos sofocados sino que tenemos la libertad de amar sin condiciones. De forma similar, nuestra pareja dejará de perseguirnos para obtener satisfacción y comodidad y encontrará la paz dentro del propio espacio de su corazón.

El antiguo patrón de apartarnos y separarnos uno del otro simplemente sirve para crear separación en la vida porque impide que el amor fluya libremente. Como la separación no forma parte de nuestro carácter natural y causa dolor, seguimos buscando la relación «ideal», es decir, que sea mágica, divertida y eterna. Cuando dejamos de cerrar nuestra conexión interior del corazón, termina esta búsqueda y da lugar a las verdaderas relaciones.

Muchas relaciones se han puesto a prueba de este modo durante las últimas décadas del despertar espiritual mundial. Numerosas personas han desarrollado un interés en la búsqueda de prácticas y/o una comprensión metafísica de la vida, mientras que sus parejas se han quedado afianzadas en la antigua perspectiva puramente materialista de la vida. Esta situación a menudo se ha convertido en un motivo de distanciamiento y en el origen de problemas en la relación. No obstante, por ejemplo, un marido que ha escogido permanecer en la antigua energía o forma de vida lo está haciendo (aunque inconscientemente) a fin de ser un equilibrio para que su mujer sustente la energía opuesta. Este efecto de anclaje que ha creado el marido es sumamente necesario para que la mujer sea capaz de explorar y experimentar con seguridad y sin prisa estas nuevas áreas. En realidad, el marido está en contra de toda esta «materia espiritual» por amor y afecto para que su esposa pueda decidir con más firmeza cómo continuar su vida. Si la mujer pudiera ver el rol que su marido está desempeñando por ella, que le permite situarse en las energías del nuevo mundo, sería capaz de honrarlo por ello y disfrutar de una relación verdaderamente satisfactoria. Si no puede verlo, tal vez decida dejar a su marido y encontrar un ancla en otro lugar.

Parece que la mayoría de nosotros necesitamos desempeñar todos los roles cuando se trata de relaciones. En una jugamos a ser el necesitado y en otra precisamos ser necesitados. A menudo, en las relaciones humanas, uno escucha las palabras: «te necesito» o «no puedo vivir sin ti». Estas relaciones basadas en la necesidad no pueden durar, sencillamente porque las necesidades cambian con mucha frecuencia. Sin embargo, cuando la necesidad cambia a favor de una apertura del corazón, la relación experimenta un renacimiento basado en un flujo mutuo de amor. En cuanto uno es capaz de dejar abierto su corazón ante quien lo necesita, sea su amante, pareja o amigo, experimenta, además, una disminución de sus propias exigencias o necesidades. A menos que nos amemos por completo a nosotros mismos, desempeñamos los dos roles necesitados, aunque nos sirven de herramienta de aprendizaje sobre la naturaleza dual de la vida. Las oscilaciones frecuentes y a menudo intensas, desde querer que los demás cubran nuestras necesidades hasta ser necesitados por los demás, se equilibran gradualmente y al final terminan.

Cada relación que tenemos es una gran bendición para todos los implicados, pues nos permiten experimentar estos aspectos duales de la vida de una forma concreta y tangible. Como los brazos de una cruz que se juntan en un punto central, todos los valores opuestos encuentran su base común en la consciencia del corazón de la persona que los experimenta, independientemente de si es consciente de ello o no. En cuanto hemos aprendido lo suficiente acerca de las partes opuestas de la vida (la naturaleza dual de la separación) estamos preparados para verlas unificadas. Tal percepción crea un nuevo tipo de relación con los demás y con el mundo, una que acepta a todos y todo simplemente por lo que son.

No es necesario cambiar

No hay ninguna necesidad de cambiar a otras personas si simplemente podemos aceptarnos a nosotros mismos tal y como somos. Cuando juzgamos a otra persona no es porque no nos guste o la rechacemos, sino porque su comportamiento, sus opiniones o acciones reflejan *nuestra propia sensación* de no ser lo suficientemente «buenos». Asimismo, cuando no se cumplen nuestras expectativas de los demás, los criticamos con el fin de que nuestro dolor sea más aceptable y llevadero. En realidad, los juicios de valor no son reales. Nunca van dirigidos a nada ni a nadie, sino a nuestros propios sentimientos de culpa e insuficiencia. Y éstos también son una ilusión.

En este punto, el desafío es reclamar nuestro poder y apreciarlo, porque somos los únicos que podemos determinar nuestra realidad actual que la nueva energía está permitiendo vivir en la Tierra. Ya no sirve de nada tratar que los demás tengan un impacto positivo en nuestra vida. Cambiarnos a nosotros mismos para complacer a otra persona sólo dispersa nuestro poder sin obtener ningún beneficio. Ya se han terminado los días de los líderes políticos y espirituales que nos dicen qué camino debemos seguir. A menos que decidamos ser un esclavo espiritual que cree que hay otras personas mejores o más avanzadas espiritualmente que nosotros, no hay más Gurús ni líderes que seguir.

Los juicios de valor pierden su poder cuando remite la necesidad de ser una persona mejor de lo que somos. ¿Significa esto que una persona que no emite juicios de valor ya no tiene más deseos de aprender y crecer? No, significa precisamente lo contrario. Implica que la persona que no emite juicios de valor percibe cada momento igualmente afortunado, independientemente de si es bueno o adverso, como si fuera una bendición divina. Ni siquiera se pregunta si es bueno o malo; no siente culpa por haber hecho algo que los demás consideran que es malo. Sabe que incluso la oscuridad llegará a su fin, y por eso no la teme. Sabe que siempre hay una claridad al final del túnel y que el túnel en realidad sirve de camino hacia dicha luz. Cada uno de nosotros está, en cada instante, guiado por su Yo Superior, motivado por un poder intrínseco para completarse y dominar una de las lecciones más importantes de la vida: liberarnos de los juicios de valor. Esta liberación es la salida hacia una vida sin esfuerzos, de amor incondicional, de riquezas continuas y de potencial ilimitado.

Todas las cosas «buenas» y «malas» que experimentamos nos ocurren por una razón importante: superar la ilusión de lo bueno y lo malo y percibirlos como bendiciones divinas. No nos ocurren cosas buenas ni malas. Somos nosotros quienes atraemos y creamos todo lo que experimentamos y luego le damos a cada cosa un significado. Cuando decimos que algo es malo, estamos creando algo que aparenta dañarnos o herirnos. Si lo consideramos como algo bueno, hacemos que sea útil y beneficioso para nosotros. En cualquiera de los dos casos aprendemos a convertirnos en maestros de nuestros destinos humanos. La manera en la que juzgamos las cosas refleja cómo somos en nuestro interior. Nosotros hemos articulado esta herramienta de aprendizaje para ser conscientes, una vez más, de nuestra identidad suprema.

Estar y vivir sin juicios nos coloca en el eterno presente del «ahora». En cada momento aceptamos de manera natural lo que *sea* como algo ideal. Cuando nuestro corazón está libre de juicios no hay nada que garantice la comparación; nada es mejor ni peor. Vemos todo único y legítimo. Así es como es. Y es perfecto, pues de lo contrario no sería así. Por supuesto, esto requiere confianza en una Inteligencia Superior, *nuestra* Inteligencia Superior, pues es la que sabe lo que es mejor para nosotros y lo que necesitamos en cada momento para avanzar hacia el cumplimiento de nuestras aspiraciones de la vida. Y cuando nos preguntemos honestamente si podemos confiar en ella, nos daremos cuenta de que así es. Es importante sentir esta confianza. El gran sabio Shankara, que vivió en la India aproximadamente quinientos años antes de que naciera Jesucristo, ejemplificó a lo largo de su vida lo que significa estar libre de juicios. Un día, mientras paseaba con un grupo de seguidores suyos, llegó a un pasaje estrecho donde se hallaba un mendigo obstaculizando el camino. Uno de los discípulos de Shankara le pidió al mendigo que se apartara del camino y lo dejara libre para el santo, pero éste no se movió un solo centímetro. Los discípulos, furiosos por el asunto, intentaron apartar al mendigo con su propia fuerza, pero no lo lograron. Cuando informaron a

Shankara que el sucio mendigo de la clase más baja estaba creando problemas, el santo caminó hacia él y se postró frente a sus pies, besándolos con reverencia. Paralizados de incredulidad, los discípulos se reunieron y se preguntaron por qué el mayor sabio de la Tierra le haría una reverencia a un Shudrá, la palabra sánscrita para denominar a un paria.

Cuando Shankara se inclinó a los pies del mendigo, éste adoptó una forma divina de Dios y mostró sus bendiciones y atributos divinos a Shankara, para sorpresa de la multitud de alrededor. Shankara veía a Dios en cada criatura y así dejaba de tener la capacidad de diferenciar entre un pecador y un santo. Una persona normal tiene todas sus energías encerradas en emociones, creencias, pensamientos y recuerdos almacenados, y tiene muy poca o ninguna energía de repuesto para una percepción superior más allá de lo que presenta la mente. Shankara, sin embargo, tenía una mente «vacía» sin nada con que enredarse. Su mente estaba libre de cualquier desorden mental o emocional, desligada de los efectos confinantes de los recuerdos. Como todas las energías estaban dentro de su cuerpo espiritual, lo único que podía hacer era ver a Dios en sí mismo. Naturalmente, experimentó a Dios como un ser inseparable del él. De modo que se sintió uno con toda la Creación, y extendió con naturalidad el profundo amor que sentía por Dios en su interior. No era capaz de considerar a nadie inferior a él ni de pensar que estuviera hecho de un material distinto del suyo. Shankara había superado los juicios de valor y lo único que hacía era aceptar todo lo que él representaba en la vida como una expresión de lo divino.

Todos somos Shankaras. Nos movemos en el camino de la dualidad hasta que nos encontramos con un obstáculo o problema. Entonces, es nuestra elección si queremos ver un problema como una fuente de miseria o como una oportunidad divina para saber quién somos realmente. Podemos considerar que un mendigo es un pobre desgraciado y centrarnos en todas las deficiencias que la vida puede ofrecer, o podemos buscar el rostro que hay detrás de la máscara de la apariencia y descubrir que todo está en un orden divino beneficioso para todos. Para llegar a este estado de percepción, lo único que se requiere de nosotros es aceptar y permitir lo que *es tal y como es*, y el obstáculo se convertirá en una oportunidad de oro.

En una relación, cualquier problema es su propia solución, siempre y cuando estemos deseando verlo de esta manera. Los problemas no dejan de ser problemas por mantenernos separados de una persona o situación. Enfrentarnos a ellos o sufrir para evitarlos hace que se mantengan fuertes y vivaces. Aunque ésta ha sido nuestra forma de dirigir nuestros asuntos vitales a lo largo de los años, no ha sido la manera más fructuosa en el sentido de proporcionarnos libertad y felicidad. Los problemas en sí no son los responsables de nuestro malestar y nuestras limitaciones, sino nuestra reacción ante ellos. Si nuestra respuesta ante la lucha y el mal es de miedo y rabia, entonces la lucha y el mal nos parecerán muy reales y permanecerán con nosotros. De lo que realmente queremos deshacernos es del miedo, que es la verdadera causa de todo lo que no queremos en nuestra vida. No obstante, no podremos escapar de las garras del miedo hasta que no renunciemos a nuestra lucha contra las rarezas de la vida y las aceptemos por lo que son.

Elegir nuestras opciones

Sólo es posible jugar de manera consciente al juego de la toma de decisiones cuando nos hallamos detrás del velo del olvido y la confusión. Sin embargo, para llegar al punto en el que podamos empezar a disfrutar de la verdadera libertad, necesitamos pasar primero por un estado de confusión. El péndulo de la vida oscila, se eleva a un lado, pero antes de volverse y oscilar hacia el otro hay una pausa, este momento mágico en el que todo es posible, donde los problemas revelan sus soluciones ocultas. Este espacio mágico es lo que llamamos caos. Al principio es natural sentir ansiedad cuando cesa el movimiento familiar y no parece suceder nada. Cuando nos sentimos retenidos en un vacío parece que no haya orientación, ayuda, seguridad ni auxilio. Mientras estamos en este estado de incertidumbre podemos sentirnos fuera de contacto, frustrados, inestables y/o estresados. No obstante, esto muestra que, en realidad, estamos en el momento mágico donde está a punto de nacer algo nuevo.

La vida es de tal manera que no podemos controlar con eficacia lo que entra en nuestra cabeza. También parecemos tener muy poco control sobre lo que nos asusta, nos gusta o nos repugna, porque todos formamos parte de la corriente universal de la mente subconsciente. La mente colectiva, que es lo que *somos* incluso aunque no lo sintamos así, nos entrega el correo del karma individual y colectivo como un eco que regresa a quien lo ha emitido. El karma no regresa para castigarnos o para restaurar algún tipo de justicia, sino para dirigir nuestra atención a las pistas que contiene. Para entender las pistas necesitamos estar alerta porque así es como podemos abordarlas. Podemos escoger ver las luchas que ocurren en el campo de la dualidad o bien como una amenaza o bien como una bendición. Nunca podremos deshacer la polaridad y ¿por qué deberíamos? Lo único que importa realmente es cómo la percibimos. Aunque los polos Norte y Sur parecen tan distintos e inconexos uno con otro, ambos actúan como una energía que mantiene unido el planeta como un todo y a los organismos en constante evolución.

Dicha unión no sería posible si faltara uno de ellos. Asimismo, siempre que escojamos verlo de esta manera, todos los opuestos de la vida tienen una finalidad indispensable.

Personalmente, creo que la razón por la que experimentamos la dualidad en la vida es para descubrir o ser conscientes de la unidad subyacente de las cosas. Los opuestos de la vida no pueden existir uno sin el otro. Una ola del mar que ha alcanzado su altura máxima está destinada a llegar a su nivel más bajo con el fin de ser una ola completa. Esto es lo que le da poder. De hecho, la menor altura de la ola *define* su mayor altura del mismo modo que la sombra define la luz. Sin las sombras este mundo no tendría una apariencia tridimensional. Sería llano y terriblemente aburrido observarlo. La relación entre la luz y la oscuridad, la altura máxima y mínima de la ola, los aspectos positivos y negativos de los polos de la Tierra, etcétera sólo son posibles por la base común que comparten todos los opuestos. No hay nada en este universo que sea tan opuesto a otra cosa que no puedan reconciliarse o armonizarse en un nivel más fundamental.

El fin de los conflictos

Como seres humanos, a lo largo de los años nos hemos hecho unos a otros lo que se consideran cosas terribles y, sin embargo, muchos de nosotros nos hemos juntado otra vez en esta vida asumiendo el rol de amantes, hermanos o amigos, y hemos recreado situaciones que nos enseñan las lecciones de la compasión, el perdón y el amor incondicional.

Juntos hemos creado las situaciones negativas de la guerra y el odio para poder manifestar y desarrollar el opuesto correspondiente, los valores positivos de la paz y la amabilidad. En aquel entonces no fue malo ir a la guerra y matar a nuestros prójimos, del mismo modo que hoy no está mal ser amados por los mismos que asesinamos en los campos de batalla. La paz no tendría ningún valor práctico o, en otras palabras, no apreciaríamos lo que realmente significa si no fuera por las guerras y los conflictos que hemos tenido que soportar. Esto no significa ni mucho menos ensalzar la guerra. Lo único que muestra es que todo es un baile dinámico de valores opuestos que se mueven en ciclos alternados. Estos ciclos son sumamente útiles para nuestro crecimiento individual y colectivo hacia la consciencia unitaria.

Muchos soldados recobraron el sentido de vivir y de apreciar la vida cuando lucharon en primera línea. Matar a otras personas que como ellos eran padres, hermanos o amigos no tenía ningún sentido, y, sin embargo, se sentían atrapados entre matar a los supuestos enemigos para sobrevivir y perdonar sus vidas sólo para arriesgarse a morir en manos de sus oponentes. Muchas personas siguen alteradas hasta lo más profundo de su ser a causa de tales conflictos. ¿Cómo podría ser correcto estar forzados a matar al prójimo en contra de nuestra voluntad y deseo?

Los conflictos profundos e irresolubles a menudo nos llevan a estos momentos de total confusión, lo que a su vez nos despierta y permite notar nuestra sensación interna de unidad con todo. Al movernos con la suficiente frecuencia a través de los ciclos de los extremos, como la guerra y la paz, el odio y el afecto y el miedo y el amor, empezamos a acceder al estado de singularidad donde se unen los opuestos. Y lo más importante no es encontrar una solución al conflicto, sino experimentar conscientemente el dolor y el miedo hasta disolverlos en un estado de singularidad donde las partes o situaciones conflictivas se aceptan y acogen de una forma natural.

La consciencia es el único campo en el que se armonizan las diferencias. El conflicto sólo puede dejar de existir cuando salimos del terreno de la dualidad y accedemos al terreno de la singularidad o unidad. Si la unidad penetrara en la arena de la guerra, las partes en guerra dejarían de considerar importante definir las fronteras de la tierra que pertenece a un bando o al otro, sencillamente porque sería más prioritario compartirla que poseerla. Mientras que en la conciencia de la dualidad deben defenderse los derechos territoriales a veces, aunque ello cueste el sacrificio de miles de personas, en la consciencia de la unidad no hay nada que defender porque no existen las fronteras. Uno no puede ser atacado si está compartiendo todo lo que posee con todos. Esta situación impide el origen de los enemigos en general. Asimismo, si uno es capaz de aceptarse a sí mismo tal y como es, tampoco tiene ninguna necesidad de defenderse. Si no tiene nada que perder o por lo que defenderse, no habrá nadie a su alrededor que quiera atacarlo o herirlo de alguna manera. Este punto merece una investigación más próxima porque nos ayudará a comprender por qué cada uno de nosotros es el único creador de todas sus experiencias vitales. Además, dará luz al misterio que envuelve las relaciones humanas.

> *Es con gran fanfarria de trompetas y un vivo interés que venimos a veros hoy, deseándoos muchísima bondad y abundancia para adornar vuestra mesa y realzar vuestro banquete de naciones. Sentémonos juntos, dándonos la mano, y sintamos las palabras de la bondad y la sagrada orden entre nosotros. Porque sin nuestra hermandad, no vemos ni hablamos nada más que la verdad que viene de dentro. Nuestros corazones juegan un poderoso juego del azar, cuando bailamos alrededor de las mesas del deleite. Pero sólo en compañía de otros, del verdadero compañerismo de amigos, forasteros y amados, podemos sinceramente amar y comprendernos mutuamente del todo. Así es.*
> *Y ha sido así durante eones.*

Jeremías
Canalizado el 14 de abril de 2001

DESMITIFICAR LAS RELACIONES

¿No es hora de bajar nuestras espadas y hablar pacíficamente entre nosotros, conservando la bondad, las palabras amables y el honor que queda entre nosotros? Dejad que reine nuestra humildad libremente y llevadnos a un plano superior de autoconciencia. Ojalá las puertas de nuestras psiques y de la justicia estén siempre abiertas para que podamos entrar y salir libremente como ciudadanos de paz y encanto. Una vez estemos en armonía con nuestra alma, estaremos siempre en casa y podremos gozar en nuestra unidad. Que el cuerno de la abundancia brille sobre vuestro plato y cumpla vuestros sueños con tal abundancia que quedéis satisfechos para siempre.

Mahatma Gandhi
Canalizado el 21 de diciembre de 2000

Vivir con dos Yoes (Un coro de Wellblies[3])

Cada persona de este planeta es un ser espiritual en una forma humana, aunque ésta no sea una experiencia consciente para muchos y no lo parezca cuando pensamos en las agresiones, la codicia y el odio que prevalece en tantos lugares del mundo. Sin embargo, todos compartimos el mismo Espíritu en el núcleo de nuestro ser. Éste, nuestro yo esen-

---

3. Wellblies son un tipo de hadas.

cial o Yo Superior, está más allá de la dualidad y resta en la fuerza del Amor eterno, independientemente de lo «malos» que podamos parecer en nuestra apariencia humana. En este nivel superior de la existencia nos armonizamos y amamos unos a otros por quienes somos, mientras que en nuestras formas encarnadas podemos asumir los roles de personas enfrentadas o adversarias. Parece una paradoja que en un nivel nos amenos y en el otro nos odiemos, pero la vida física no es del todo lo que parece.

Previamente a la encarnación en seres humanos, nuestras almas individuales llegan a un acuerdo con otros seres con el objetivo de ayudarse recíprocamente a equilibrar los efectos que nos ha causado la Gran Separación y a manifestar el amor como la principal energía de la creación sobre el planeta Tierra y en el resto del universo. Hay muchas otras maneras de conseguir esto, pero ninguna de ellas tiene nada que ver con el amor directamente.

El motivo de aprender sobre el amor a través de experiencias dolorosas subyace en el mismo sistema de la dualidad tal y como se emplea en el mundo tridimensional (3D). Para ser capaces de vivir y funcionar en este mundo, tuvimos que negar nuestro origen divino o fuerza de amor. Esto es lo que hemos hecho a lo largo de la mayoría de nuestras vidas en la Tierra. El hecho de estar sin un ancla espiritual nos permite aprender todos los detalles de la dualidad hasta poder ver toda su gama, mientras estamos arraigados en el mismo Origen con el que somos uno eternamente.

Una de las formas más rápidas de alcanzar el punto de Unidad con el Todo es experimentar la dualidad en sus expresiones más extremas. A pesar de que los aspectos opuestos de la dualidad tienen un origen común, es evidente que no lo parece. Un velo abultado separa la dualidad de la unidad. Nuestro Yo Superior opera más allá de este velo, en el campo de la unidad, mientras que nuestro ego natural se halla en el campo de la dualidad. Los dos yoes, el superior e inferior, recrean su juego perfectamente. Poder cooperar el uno con el otro todo el tiempo puede ser difícil de «digerir». ¿Por qué el Yo Superior, motivado por el amor, apoyaría o aprobaría los esfuerzos del ego por conseguir poder, dominio, posesiones y gratificaciones sensoriales sin utilidad si el desarrollo espiritual es uno de los principales objetivos de nuestra estancia en la Tierra? ¿Qué tendrían de bueno los crímenes, el odio, la censura, la codicia y la furia? Sin embargo, si somos seres espirituales en formas humanas, entonces debemos considerar, como mínimo, la posibilidad de que el sufrimiento, la negatividad y la destrucción tengan algún tipo de propósito.

Si se consideran de forma aislada, las características negativas de personalidad tienen muy poco sentido, si es que tienen alguno, pero cuando se aprecian con el contexto de una perspectiva más amplia de pronto adquieren significado. Cada partícula que constituye nuestro cuerpo, el mundo y este universo sólo pueden existir porque tienen una antipartícula en algún otro lugar. A pesar de que una partícula y su antipartícula puedan estar separadas durante miles de millones de años luz, están unidas una a la otra por una fuerza que no puede romperse ni destruirse. Independientemente de la distancia que pueda haber entre ellas, si una partícula rota en una dirección, vamos a asumir que da un giro a la izquierda, su antipartícula dará un giro a la derecha. Lo más sorprendente de este misterioso acontecimiento es que los movimientos opuestos exactos de dos partículas están sincronizados con suma precisión. ¡Es verdaderamente asombroso! ¿Cómo sabe una partícula cuándo su gemela opuesta está a punto de rotar?

La única respuesta sensata a esta pregunta permanece en el campo invisible en el que residen las dos partículas y cualquier otra pareja de dualidad, como la luz y la oscuridad, lo superior y lo inferior, lo correcto y lo erróneo, lo bueno y lo malo. Este campo invisible es la *consciencia*. Une a los opuestos y los mantiene juntos. Este campo unificado de consciencia subyace a toda la dualidad. Es el punto central donde se encuentran los opuestos y se convierten en uno. Los polos de un imán, como los polos del campo magnético de la Tierra, tienen características opuestas; uno es negativo y el otro positivo; sin embargo, ambos se necesitan para existir. La Tierra no tendría la forma que tiene si desapareciera el polo Sur o el polo Norte. Como estos puntos polares dan lugar a un enorme campo magnético que polariza todo, inclusive nuestros cuerpos y mentes humanas, no podemos hacer otra cosa que hacer frente a la dualidad de la vida.

Los polos del imán de la Tierra no ejercen ninguna fuerza en el punto medio exacto entre ellos; sin embargo, este punto del interior de la Tierra es la gran fuerza que los mantiene en equilibrio. Esta fuerza es silenciosa y unificadora; sin ella, la Tierra se desintegraría como una manzana podrida que no puede seguir manteniendo su esencia. Y, hasta cierto punto, actualmente la Tierra se está comportando como una manzana podrida. La presencia y las actividades de la raza humana en este planeta han llevado gradualmente al desequilibrio del campo magnético de la Tierra. La polaridad está desnivelada. Las matanzas, los conflictos, las guerras, el miedo, la explotación de recursos, la construcción de grandes ciudades, ferrocarriles y carreteras asfaltadas, la contaminación química del suelo, el agua y el aire, etcétera, han contribuido al desequilibrio y la degradación del campo magnético de la Tierra. Hemos llegado al punto en el que muchas especies de animales están abandonando el planeta debido a enfermedades, a la falta de espacios donde habitar y a la inanición.

Nuestras vidas humanas están polarizadas como el campo de energía generado por los polos de un imán o los de la Tierra. Si el campo magnético de nuestro cuerpo estuviera en alineación perfecta con el de la Tierra, y éste, a su vez, estuviera intacto de acuerdo con su diseño original, gozaríamos de una perfecta salud y juventud eternas, tanto de cuerpo como de mente. Al mismo tiempo, la Tierra sería un paraíso. Literalmente, viviríamos una vida celestial en la Tierra. Estamos avanzando en este sentido pero, sin duda, aún no hemos llegado allí. Estamos en el proceso de dejar atrás la confusión y el caos que ocurre en el período de pausa antes de que el péndulo del tiempo tome una nueva dirección. A pesar de que el caos y la confusión son más pronunciados ahora que nunca, el amor, la esperanza y la compasión tampoco han sido nunca tan profundos ni estado tan generalizados. Estas experiencias tan intensificadas de la dualidad nos permiten llegar a algo incluso más profundo de lo que jamás hemos experimentado, eso es, a la «pasión espiritual», la pasión del espíritu, la pasión del Amor Divino.

Nos hallamos en el momento del renacimiento espiritual más importante del que jamás ha sido testigo la Tierra. La Tierra se está volviendo a alinear con su propósito original y, por consiguiente, con la fuerza central que mantiene en equilibrio sus polos. La Tierra es capaz de pasar por esta transformación porque nosotros, los humanos, estamos modificando cada vez más nuestra conciencia basada en la dualidad hacia una vida basada en la singularidad. Estamos motivados gentilmente, o no tanto, para ser conscientes del punto central de unidad que, en el campo de la dualidad, mantiene unida la vida y la hace plenamente significativa y apasionada.

Hemos llegado al último capítulo de la larga historia de la vida en la Tierra, donde todo lo que alguna vez ha perturbado nuestra alineación con nuestro Origen Espiritual está viéndose forzado a salir a la superficie. Esto no es malo, aunque a primera vista lo parezca. Muchos de los desequilibrios del pasado están regresando ahora para que los honremos y bendigamos, y sólo cuando lo hagamos nos dejarán en paz.

Desconocíamos que sería tan difícil antes de que, en el rol de nuestro Yo Superior, nos ofreciéramos voluntarios para hacer que el Amor fuera la tónica principal de la interacción personal y universal de este planeta. Apenas sabíamos que la encarnación en una forma humana y la exteriorización de la dualidad también significaría olvidar nuestro Origen y el propósito de nuestra alma. A fin de crear algo más de lo que había antes de este gran experimento, en el que la Gran Separación desempeñó un papel importante, tuvimos que encarnarnos aquí numerosas veces. Cada nueva vida nos permitió experimentar y comprender una nueva faceta de la dualidad. Estuvimos para infundir la forma más elevada de la frecuencia del amor a la forma más inferior de la materia y la energía que existe en este planeta. Esta infusión aumentó la densidad de la materia, tan común en las dimensiones inferiores, y se unió con las energías superiores de la cuarta y la quinta dimensión. Para llevarlo a cabo con éxito necesitamos sumergirnos *completamente* en la ignorancia tan típica de cualquier percepción de la realidad tridimensional. Esto significaba que teníamos que experimentar y sentir cada uno de los aspectos de la dualidad, tanto los positivos como los negativos.

La vida como una montaña rusa

Vivir en el mundo de la dualidad es como montar en una montaña rusa; en un momento nos hallamos en ascenso y al siguiente descendemos. En las numerosas vidas que hemos vivido en este planeta hemos sembrado las semillas del karma (karma es una palabra en sánscrito que significa «acción» e implica que cada acción causa una reacción). Algunas de ellas germinaron y empezaron a dar frutos durante la misma vida, pero gran parte de ellas aguardaron para otras vidas posteriores. Ya sabemos que para que el universo se mantenga unido, cada partícula debe tener una antipartícula. Este mismo principio se aplica al karma; cada acción tiene su antiacción o reacción. Se trata de una ley universal. Como actualmente estamos viviendo en el reino de la realidad espacio-tiempo tridimensional, el tiempo parece moverse de un modo lineal. Es nuestra percepción que las situaciones ocurran en una secuencia, una detrás de la otra. Una acción aquí causa una reacción allí después de que haya transcurrido cierto período de tiempo. A pesar de que sólo se trata de una ilusión creada por nuestros sentidos orientados tridimensionalmente, la mayoría de nosotros vivimos con esta noción del tiempo, que nos permite percibir las causas y los efectos como dos acontecimientos separados en tiempo y espacio. Basándonos en esta percepción ilusoria, experimentamos la dualidad como una realidad concreta, y esta falsa ilusión ocurre en todos los eventos de nuestras vidas y forma parte de cada una de nuestras relaciones.

Hemos sembrado a propósito las semillas de la felicidad, la alegría, el perdón, la compasión, la justicia, la amistad, el cuidado, la generosidad, la salud, la fuerza, etcétera, numerosas veces durante nuestras muchas existencias en la Tierra. Pero también hemos sembrado las semillas del miedo, la rabia, la depresión, la tristeza, la venganza, la severidad, la injusticia, la enemistad, la falta de sensibilidad, el egoísmo, los asesinatos, la enfermedad, la debilidad, etcétera. ¿Qué otra cosa podría motivarnos a herir a los demás y a nosotros mismos que la convicción de que somos malos por naturaleza? La respuesta se halla en el hecho de que el amor no puede asumir su rol en la vida a menos que sintamos lo que es no ser amado. Así, tuvimos que crear, juntamente con los miembros de nuestra familia de almas, los escenarios ideales que nos permitieran experimentar relaciones llenas de odio, sentimientos de rechazo, soledad y/o aislamiento, etcétera.

Todos los jugadores del drama de la dualidad de la Tierra ya sabían de antemano qué rol les beneficiaría más para acercarlos a la alineación consciente con el Espíritu. Todos hemos escogido desempeñar los roles de víctima *y* de victimario infinitas veces. Yo maté a decenas de personas durante mis vidas de soldado en los campos de batalla de la Edad Media. He tenido un papel decisivo en ocasionar penurias y tormentos a muchas personas. Sin embargo, no podría haberlo hecho si otras almas no hubieran estado de acuerdo y se hubieran ofrecido voluntarias para desempeñar el rol de víctimas, lo que posteriormente me pavimentó el camino para sembrar en otras vidas las semillas de la curación, el amor y la comprensión, como es el caso de ésta. A cambio, me ofrecí para ayudar a los demás a dominar las lecciones de su vida mediante la interpretación de víctima de un modo similar y según los principios del karma.

No existen excepciones a la ley: «lo que se siembra se cosecha». Simplemente se trata de un principio perpetuo de autoevolución que sustenta nuestra percepción de la dualidad hasta que somos capaces de trascenderla y percibirla como es. Ni Dios ni nadie nos están juzgando, a excepción quizás de nosotros mismos, por llevar la dualidad a sus extremos, es decir, por ser un santo en una vida y un pecador en otra. Al contrario, recibimos elogios de los ángeles y los maestros del otro lado del velo por obrar de un modo tan doloroso. Se necesita la visión de un santo y mucha compasión para ver a Dios como un asesino.

El amor en la maldad

Ver la fuerza de amor que hay detrás de la muestra de maldad y levantar la máscara de la dualidad es uno de los mayores desafíos al que nos podemos enfrentar en este mundo. A menudo uno logra este reto cuando experimenta lo que es ser un asesino. Sólo podemos desarrollar compasión por un asesino cuando sabemos qué se siente al terminar con la vida de una persona. El historial de nuestra alma está repleto de estos recuerdos, aunque apenas tenemos un acceso consciente a ellos. La pregunta principal es: ¿realmente somos capaces de amar a nuestros enemigos? ¿Jesús vivía en un mundo de ensueño cuando propuso sólo ver lo bueno de cada uno e ignorar lo malo que habían hecho? ¿Sería injusto si simplemente perdonáramos a aquellos que nos han hecho daño a nosotros o a otras personas y no les aplicáramos ningún castigo?

Desde el punto de vista de la dualidad no parece que estas preguntas tengan una solución satisfactoria. No obstante, en realidad, todos los puntos de vista tienen su validez y son conciliables. Cuando Jesús habló, lo hizo desde el nivel de su reino, que es la consciencia de la unidad, un lugar donde todas las relaciones tienen sentido. En la cruz demostró que incluso los asesinos son elegibles para acceder a este reino si así lo desean. Jesús le pidió a su propio Yo Superior —el Padre de arriba— que perdonara a sus perpetradores porque «no saben lo que hacen». Con esta declaración, Jesús señaló que incluso sus propios asesinos merecían compasión y perdón porque, envueltos por la ilusión de la dualidad (llamada ignorancia), no podían tener claridad alguna acerca de lo que era correcto y lo que no.

Incluso los asesinos creen que están haciendo lo correcto. De lo contrario, no matarían a nadie. Lo que hace que un asesino sea una «mala» persona únicamente es *nuestro* juicio. Un asesino, como cualquier otra persona de este mundo, tiene un Yo Superior cuya única intención motivadora es el amor. Cuando alguien asesina a otra persona por la razón que sea, los dos han acordado desempeñar estos roles previamente a la encarnación, por el amor y el deseo mutuo de ayudarse uno a otro. Una parte de su consciencia puede comunicarse telepáticamente con la del otro, mientras que la otra parte lleva a cabo su rol específico. No importa que sus personalidades no sean conscientes de su cooperación y su acuerdo. De hecho, no saberlo les ayuda a ser arrastrados a los extremos de la vida dual y, por consiguiente, a preparar el camino para ir más allá de la ilusión de las causas y los efectos. La vida y el aprendizaje no terminan con la muerte física.

Todo tiene sentido

La ley del karma es tan compleja que ni siquiera la persona más sabia podría darle algún sentido. La red del karma tiene demasiados filamentos, cada uno de ellos conectado con todos los demás. No es posible desenredarlos intelectualmente. Sin embargo, al mismo tiempo, el karma sólo tiene un origen: la fragmentación de la unidad en dos. El karma gobierna el mundo de la dualidad pero es ineficaz en el mundo de la unidad. El único objetivo del karma es restablecer la conciencia «perdida» de la unidad. Cada vez que volvemos a experimentar los aspectos dolorosos de la Gran Separación, como por ejemplo durante los momentos de soledad, miedo o enfado, en realidad nos estamos acercando un poco más al redescubrimiento de nuestra verdadera esencia. Las energías alternas de las experiencias «buenas» y «malas» de la vida son confusas y apenas tienen sentido en su propio nivel, pero en el contexto del todo, que es la *Unidad del Todo*, pueden ser verdaderamente esclarecedoras.

Una buena acción, como ayudar a una persona invidente a cruzar una carretera concurrida o darle comida a un vagabundo, parece ser más natural y propio de quien queremos ser, que el hecho de ignorarlos y no hacer nada por ayudarlos en su difícil situación. Sin embargo, ¿cuántas veces apartamos la mirada cuando vemos sufrimiento a nuestro alrededor, fingiendo que no lo hemos visto? Yo solía hacerlo, y me provocaba sentimientos de compasión y culpa. Realmente quería ayudar, pero no lo hacía. Y como no hacía lo que quería hacer, me sentía avergonzado de mi propio fracaso en el intento de ayudar a aquellos que lo necesitaban. No obstante, esta culpa, si se vuelve lo suficientemente intensa, puede ayudar a tender un puente hacia la propia naturaleza compasiva.

Una tarde fría y lluviosa, mientras caminaba por las concurridas calles de Londres, me crucé con un joven tumbado en un cartón en la entrada de una estación de metro. Era evidente que estaba hambriento y tenía frío. Traté de evitar mirarlo a los ojos y ver su dolor porque aquello me recordaría mi propio dolor, y rápidamente pasé de largo, como había hecho tantas otras veces. En esta ocasión, sin embargo, la culpa por ignorar siempre a personas como él llegó al punto culminante y algo me obligó a detenerme. Me di la vuelta y, espontáneamente, sin pensarlo, me quité mi abrigo de invierno y se lo alargué, diciéndole algo similar a: «creo que podría usar algo para entrar en calor». El joven me miró con expresión de incredulidad y me dijo con un tono de voz de auténtica preocupación: «¿y qué hará *usted* sin un abrigo con este frío?». Le respondí que me compraría uno nuevo. Después de un rato tratándole de convencer de que estaría bien, aceptó el abrigo y se lo puso. Claramente agradecido por el regalo, me dedicó una bonita sonrisa que me emocionó. Me sentí sumamente bien conmigo mismo durante varios días. Su sufrimiento y mi culpa acumulada se combinaron para abrir mi corazón de una forma que, durante mucho tiempo, no había permitido que ocurriera. Ambos obtuvimos grandes beneficios de esta experiencia sólo por el precio de un abrigo. En un breve instante me había liberado de muchos años de sentimientos acumulados de culpa, o mejor dicho, mi culpa se había transformado mágicamente en la alegría del amor. La psicología puede considerar la culpa como una emoción inútil. Sin embargo, lo que he aprendido de esta experiencia es que cuando la culpa alcanza un nivel de suficiente intensidad es sólo otra forma de ponernos en contacto con el amor siempre presente en nuestro interior.

Uno de los aprendizajes más importantes con los que dará el buscador de la verdad es que todos los opuestos no están simplemente conectados; en realidad, son *dependientes* unos de otros. La mayoría de las personas tienden a separar lo que es correcto y lo que no, y prefieren lo bueno antes que lo malo, u ocultan los fracasos para sentirse triunfadores. Sin embargo, esta separación *sólo existe en la mente*. En realidad, *ambos* forman parte de nuestro proceso de crecimiento. El positivismo nunca está solo; está sostenido por la negatividad, y viceversa. La corriente eléctrica no puede existir si falta uno de los dos voltajes. Asimismo, en la vida, no puede haber progreso o evolución si no experimentamos los dos opuestos. El desafío aparece cuando uno está dominando al otro. En una vida podemos ser mayoritariamente una «buena» persona, una persona servicial con los demás y que da amor y alegría al mundo. En otra vida podemos exhibir principalmente cualidades «malas», herir a los demás o añadir estrés y tensión al mundo. Incluso podemos pasar de ser una buena persona a una mala o viceversa en una sola vida.

¿Por qué? Hay dos principios básicos que, a primera vista, parecen contradecirse uno con el otro. El primero es el principio de: «los semejantes se atraen». Los pájaros del mismo plumaje van juntos en bandada. Si uno es una persona feliz y tierna, atraerá de forma natural a personas felices. Si sonreímos a alguien, esta persona nos devuelve la sonrisa. Cuando le entregamos algo a alguien con todo nuestro corazón, sin condiciones ni expectativas, atraemos hacia nosotros riquezas muy diversas. De forma similar, nuestros miedos atraen situaciones que nos hacen sentir incluso más miedosos. Ser una persona desconfiada o deshonesta con los demás nos acerca a personas que tampoco confían en nosotros. Aferrarse al dinero y a las posesiones refuerza nuestra necesidad de acaparar más riquezas. Y así ocurre con todo.

El segundo principio afirma que «los opuestos se atraen». A lo largo de nuestra historia hemos visto muchos ejemplos de buenas personas que han sido ridiculizadas, torturadas e incluso clavadas a una cruz por mostrar su bondad al mundo. Los mártires son víctimas voluntarias cuya extrema bondad atrae la extrema maldad. No pueden existir los mártires sin los tiranos; simplemente están representando los roles opuestos de la dualidad. La pregunta es, ¿los tiranos hacen a los mártires o los mártires hacen a los tiranos? Mi opinión es que se manifiestan a la vez. Un tirano puede tener la necesidad de exponer y demostrar su poder sobre las personas impotentes y un mártir tener la necesidad de probar su capacidad de desafiar este poder enfrentándose a la muerte con valentía e incluso con una sonrisa. De alguna manera, ambos se necesitan para desempeñar sus respectivos roles. Para hacerlo posible, se atraen mutuamente con una sincronización y precisión perfectas. Muchos de los actualmente llamados «santos confirmados» a menudo se confundieron con brujas o criados de Satanás durante sus vidas y sufrieron mucho por revelar su amor por Dios. Lo más sorprendente de todo esto es cómo los dictadores enfermizos, como Hitler o Stalin, se convirtieron en imanes casi irresistibles para millones de hombres de familia ordinarios y bondadosos, convirtiéndolos en «bestias» que sentían una satisfacción legítima por matar a millones de personas en los campos de concentración y de batalla.

Ser bueno con los demás a menudo se malinterpreta con ser inteligente o manipulador. Uno puede ofrecer ayuda a alguien que lo necesita y, sin embargo, éste puede robarle en lugar de agradecérselo. O uno puede darle comida a un vagabundo que pide dinero en la calle y, en vez de estarle agradecido por ello, éste le escupe. Por supuesto, puede desconocer que la comida que le dio no puede comprar la bebida o los cigarrillos que ansía. Las personas a menudo se preguntan por qué parece que sólo tienen cáncer las personas de buen corazón, aquellas que viven para ayudar a los demás. Todas estas situaciones muestran que los opuestos se atraen unos a otros y, aparentemente, parece muy extraño. Pero si observamos con más profundidad podemos ver los mecanismos ocultos que controlan y coordinan todos los acontecimientos aleatorios de la vida de acuerdo con un plan maestro.

Nuestro plan maestro

Cada uno de nosotros tiene un plan maestro. Este plan maestro no es de los que nos dicen cómo ir de A a B o cómo podemos ser mejores personas de lo que ya somos. Es un Plan Divino que nos ayuda a ver que no hay nada malo en la maldad ni nada bueno en la bondad. Es un guión que todos estamos escribiendo en cada momento, que nos guía a través de las experiencias aparentemente complicadas e intrincadas que dominan el inconmensurable mundo de los opuestos, hasta que llegamos al punto de «estad quietos y sabed que sois Dios». Sólo cuando finalmente se activa la unidad sabemos que el mundo de la dualidad era una ilusión que había creado la mente para ayudarnos a identificarnos con nuestro verdadero Origen. Este magnífico plan está construido dentro del núcleo de nuestro ser y el objetivo de la vida es cumplirlo.

La vida y la muerte, la alegría y la pena, lo correcto y lo erróneo, la luz y la oscuridad, etcétera. son opuestos y bendiciones, pero sólo los consideramos bendiciones cuando estamos en la quietud, que es nuestro único vínculo con nuestro yo Original infinito, cuando aceptamos plenamente el momento. En cuanto preferimos una cosa en lugar de otra, dejamos de estar tranquilos y de mostrar aceptación. Aceptar una cosa por ser buena o correcta y rechazar la otra por ser mala o errónea nos coloca en la arena de los conflictos, el campo de batalla de los juicios de valor.

Cuando las personas santas fueron ejecutadas en el pasado, a menudo murieron con una sonrisa de felicidad en sus rostros, para el enojo de sus asesinos. Estos santos no experimentaban conflictos en su interior porque habían superado las limitaciones de la vida y la muerte, lo correcto y lo erróneo, la alegría y la pena. Para ellos, la alegría era tan restringida como la tristeza, pues una estaba obligada a convertirse en la otra. La muerte física apenas tenía sentido para ellos porque ya se habían identificado con su Yo Superior Divino y reconocido que es la única vida que hay. Y lo que consideramos vida sólo tenía valor para ellos siempre y cuando no hubieran ascendido a su Yo Superior. Después de ascender, adquirir un cuerpo físico no aporta ningún beneficio (aunque la reencarnación pueda ser una opción que han escogido muchas almas para ayudar a otros que están pasando por el mismo proceso de ascensión). Los demás estamos siguiendo sus pasos. Nos lo han facilitado al mostrarnos el camino; un sendero más recorrido es más fácil de caminar. Nos están guiando sin peligros a través de la jungla de la dualidad. Sean cuales sean los giros que demos, ninguno de ellos es el bueno o el malo; todos tienen el potencial de liberarnos de los dolores de la separación.

Cada elección que hacemos crea un nuevo mundo de posibilidades que no existiría si no hubiéramos hecho esta elección. Alteramos nuestro destino futuro con cada pensamiento y sentimiento que elegimos tener, y cada destino posible o futuro probable es tan bueno para nosotros como es posible. Con ayuda de la dualidad, nuestro plan maestro halla su realización. Las personas santas lo saben y no favorecen ninguna cosa por encima de otra. Han ganado la libertad a los juicios de valor.

Más allá del velo

Algunas de las situaciones más desafiantes en nuestro ejercicio de terminar las lecciones vitales surgen en la esfera de las relaciones personales. A través de nuestras relaciones somos capaces de hurgar en el mar del amor, pero también nos ayudan a desenterrar el barro de la lucha y el dolor. Las relaciones rara vez son perfectas, y *desde la perspectiva de la dualidad* tal vez nunca puedan serlo. Si siempre fueran tiernas y hermosas, nuestro crecimiento personal en esta dimensión se detendría. De este modo, mientras experimentamos nuestro nacimiento para convertirnos en seres del campo unificado de la consciencia, necesitamos desempeñar nuestros roles duales siendo amables y crueles los unos con los otros. Incluso aunque no tengamos más «asuntos» personales que experimentar, seguimos aquí para ayudar a los demás a pasar por los suyos.

En la misión a la que nos alistamos en este planeta antes de la encarnación en la forma humana, tendría muy poca utilidad que ascendiéramos a la Luz de Dios o del Espíritu sólo por nuestro propio bien. Debemos realizar juntos el viaje para hacer que toda la vida en el Universo sea valiosa. Con el fin de cumplir nuestro objetivo colectivo aquí en la Tierra, nuestro Yo Superior siempre está preparado para ayudar a nuestro yo inferior (ego) a reconocer sus raíces. Cuando el alma se entrega al Yo Superior, el ego se convierte en un canal nítido del Espíritu y empieza a considerar a todos seres del mismo Origen de amor y luz infinitos. El velo que separa el Yo Superior se levanta del yo inferior (ego) y el acceso humano al mundo espiritual se libra de todas las restricciones. Podemos conseguirlo de un modo más efectivo cuando nos ayudamos unos a otros a representar nuestros asuntos de polaridades. Muchos de éstos existen en el plano personal, las cosas del día a día que nos hacen reír, llorar, disgustarnos, estar ansiosos o deprimidos. Otras provocaciones que nos hacen ser conscientes de estos asuntos incluyen los problemas económicos, los conflictos políticos, los actos de terrorismo, las alarmas de salud pública, los desastres naturales, etcétera Sean cuales sean, si nos perturban emocionalmente de alguna manera, se trata de oportunidades útiles para acercarnos a nuestro objetivo.

Cuando Jesucristo recomendó que amáramos a nuestros enemigos, habló desde más allá del velo de la dualidad, desde el reino del Yo Superior. Señaló que tener enemigos o adversarios en la vida tiene mucho que ver con el modo en que nos vemos y nos tratamos a nosotros mismos. Su consejo: «amarás a tu prójimo como a ti mismo» no es algo imposible porque desde la perspectiva superior *ya* somos uno; todos somos iguales. Pero, por supuesto, sólo podemos amar a nuestro prójimo o a nuestros enemigos si nos amamos a nosotros mismos. Cada relación que tenemos en la vida refleja la relación que tenemos con nosotros mismos.

En el análisis final, tanto si somos un santo, un tirano, un terrorista o simplemente una persona normal, nadie es mejor o peor ni más o menos superior que otro. Todos somos del mismo Origen y nunca estamos realmente separados de él; lo único para lo que estamos aquí es para ser conscientes de ello. Jesucristo o Joshua Ben Joseph, como se le conoce en el otro lado del velo, le enseñó a la humanidad que encarnarse en un ser humano no es un castigo ni algo que nos cause inconvenientes, independientemente de lo que ocurra. Todos somos santos o ángeles disfrazados, a pesar de que en el plano humano podamos representar los roles de ladrones o asesinos. Incluso los santos pueden tener enemigos en la vida, o así lo parece para el ojo sin discernimiento. Aunque los santos no consideran enemigos a aquellos que los persiguen, otros sí lo hacen. Las personas santas –aquellas que se han convertido en el todo– no pueden ver la dualidad como algo real. En su lugar, ven iguales a sus amigos y enemigos, donde cada uno de ellos realiza sus obligaciones asignadas por ellos mismos. Jesús sabía desde hacía tiempo la desgracia que le ocurriría, pero la consideró como parte de un plan divino que beneficiaría a todos. Despreciado y ridiculizado por muchos, representó el papel de provocador, llevando al primer plano los dogmas y las creencias falsas que las personas tenían acerca de Dios y de sí mismos. Curar a los demás o levantar a los muertos puede ser algo compasivo, pero también desafía los limitados sistemas de creencias de todos. Y este reto puede activar reacciones masivas que sacan a la luz el miedo y la furia excesiva.

Por tanto, lo malo no está muy lejos de lo bueno. Asimismo, al ser crucificado por ayudar a los necesitados, Jesús inició una ola de despertar gradual que ha durado dos mil años y ha preparado el camino para la ascensión de la humanidad hacia su naturaleza superior. Como hizo Jesús durante su tiempo en la Tierra, nosotros ahora estamos empezando a ver lo que se esconde detrás del velo de la dualidad. Cualquier interacción entre personas en el plano humano, incluidas las negativas, también tiene lugar en los planos superiores, donde el amor es la principal fuerza que subyace detrás. Estamos a punto de reconocer que *estamos* detrás del velo.

Ver con el corazón

Existe un acuerdo obligado de amor entre dos almas que han decidido representar dos roles opuestos durante sus vidas. Los dos lados están impacientes por realizar este contrato voluntario para desplegar y llevar a un primer plano lo que ha permanecido oculto y sin explotar. Aunque raras veces se percibe como algo alegre en el nivel humano de la experiencia, estas almas hacen todo lo humanamente posible para ceñirse al contrato que han hecho. Esto puede explicar por qué tan a menudo una esposa maltratada se queda con su marido sólo para que éste la maltrate repetidas veces, o por qué un niño no puede perdonar a su padre por haberlo maltratado incluso después de que hayan pasado décadas. El vínculo «negativo» permanece y a menudo se transfiere a las nuevas relaciones. Los antiguos patrones se repiten de modo que cada bando puede tratar y aprender de dichas experiencias. En última instancia, la mujer maltratada, el hijo abusado o el mártir abnegado se darán cuenta de que han desempeñado el papel de víctima por alguna razón.

¿Puede alguien afirmar honestamente que si hoy alguien le diera una bofetada no se la devolvería? He visto tanto a cristianos como a no cristianos responder a un ataque verbal o físico con un contraataque. Tales reacciones ocurren espontáneamente y están fuera del control consciente de la propia mente o intelecto, independientemente de si sigue una fe religiosa o no. Comprender lo que dicen las Escrituras Sagradas y aplicar sus enseñanzas de manera espontánea en la propia vida son dos cosas completamente distintas y tienen muy poco que ver una con la otra. Las Escrituras Sagradas ofrecen un aprendizaje que puede utilizarse para verificar o reflejar el propio proceso de crecimiento en la vida. Sin embargo, no se hicieron para sustituir la responsabilidad de nuestros pensamientos y acciones, tanto positivos como negativos. Dejar que las escrituras guíen la propia vida provoca separación del Yo o Dios Superior, porque de este modo uno confía más en unas palabras escritas que en sí mismo. La Verdad de cada uno se convierte en algo que se le ha proporcionado desde el exterior en lugar del interior y pierde confianza en sí mismo. Por otro lado, *vivir* por la «Palabra» es sabiduría que se origina en la Fuente de la vida más allá del dogma, las palabras o las interpretaciones de la Verdad. En la unidad no nos sentimos ofendidos si alguien nos da una bofetada, por lo que no tenemos ninguna necesidad de defendernos. De hecho, ni siquiera llegaríamos a una situación en la que nos sintiéramos atacados.

Para llegar al punto en el que la acción de otra persona se nos revele transparente, necesitamos ver con nuestro corazón en lugar de con nuestra mente. Observar con el corazón nos permite ver que detrás de cada acción malvada hay un impulso de amor eclipsado por el miedo y la frustración. Esta percepción, sin embargo, sólo es posible cuando sentimos este amor en nuestro interior. Al darnos cuenta de las verdaderas intenciones de alguien, aquellas que están detrás del velo de la apariencia, nos identificamos de manera natural con el amor y empezamos a tender puentes de amor. Entonces, perdonar a alguien por sus «malas» acciones es irrelevante porque no hay nada que perdonar. Uno ha superado los juicios de valor cuando es capaz de amar y apreciar a un ser humano que ha abusado sexualmente de él a una edad muy temprana, o le ha roto los huesos o le ha pegado y dejado inconsciente durante dos días. Después de esto, ningún trato injusto, ninguna indecencia ni ninguna crítica dirigida contra nosotros puede activar ninguna reacción. La ilusión de que el daño viene del exterior se disuelve en la comprensión de que cualquier animosidad externa con la que me enfrento es simplemente un reflejo de mi incapacidad aparente de amar y ser amado.

Sin embargo, no podremos verlo a menos que hayamos experimentado hasta la saturación lo que significa ofender y ser ofendido, actuar y reaccionar, sentirse atacado y vengarse. Hasta entonces, si nos dan una bofetada en la cara, tal vez necesitemos devolver la ofensa para saber lo que se siente cuando atacamos a alguien. Por supuesto, no nos gusta ni pegar ni ser pegados, porque lo vinculamos a ocasiones previas similares de nuestras vidas en las que actuamos y reaccionamos de formas parecidas y nos sentimos enfadados, dolidos o violados. Siempre que en esta vida o en otras vidas previas hemos causado dolor y angustia a alguien, hemos desarrollado sentimientos de culpa incluso a pesar de que hayan permanecido inconscientes si sentimos que lo que hicimos estaba justificado. El grado de culpabilidad que sentimos en relación al dolor infligido a los demás es exactamente igual a la cantidad de juicio que todavía llevamos por nuestro propio dolor pasado. *La culpa es una forma de juicio dirigido hacia uno mismo.* ¿Cuántas veces nos hemos dicho a nosotros mismos: «¡sé que no debería haber hecho esto!» o «¡lo que hice estuvo mal!»?

A pesar de ser conscientes de nuestros «errores» del pasado, en repetidas ocasiones nos encontramos atrapados en situaciones similares. ¿Por qué? Porque nuestros sentimientos de culpa arrastran a personas a nuestras vidas que se «merecen» nuestros ataques o críticas. Al herirlas «debidamente», estamos tratando de forma inconsciente de herirnos a nosotros mismos para así no tener la necesidad de sentirnos culpables. No obstante, esta estrategia es un círculo vicioso en el que recreamos los mismos escenarios una y otra vez hasta que al final captamos el objetivo del juego. En realidad, el juego es la búsqueda de un tesoro que se esconde en el interior de las experiencias dolorosas con los demás. Si podemos ver más allá de la apariencia de un ataque o un abuso, encontramos que hay hermosas joyas de amor detrás de cada acción aparentemente negativa.

Por supuesto, si no podemos localizar el tesoro, entonces es perfectamente normal que no veamos nada positivo en las experiencias dolorosas. Por consiguiente, o bien las pisoteamos o bien consideramos que son basura inútil. Puede que nos asustemos o nos volvamos paranoicos por no permitir el dolor en nuestras vidas. La estrategia de evitar, frenar o cambiar las cosas que no son placenteras o que son dolorosas para nosotros (en vez de aceptarlas y encontrar el tesoro que llevan) no nos beneficia y, por tanto, está destinada a fracasar. Nos están ofreciendo ayuda para sacarnos de esta trampa que hemos ingeniado. Las personas que conocemos se han ofrecido voluntarias para representar sus roles respectivos y nosotros, al mismo tiempo, hemos aceptado interpretar los roles opuestos. Además, puede que incluso intercambiemos los roles con frecuencia para saborear todo el rango de la existencia dual.

Expandirse o contraerse

En el plano de la Tierra, las relaciones se experimentan principalmente a nivel físico. Las sensaciones emocionales como la felicidad, la tristeza, la culpa, los celos, la ira, el miedo y el amor son fenómenos físicos que requieren la secreción de unas hormonas específicas. Por ejemplo, se segrega *adrenalina* para expresar el miedo, *cortisol* para la ira y *serotonina* para hacernos sentir felices. Sin estos componentes químicos no pueden tener lugar tales emociones. Las células del cuerpo se comunican con nosotros a través del lenguaje de las emociones. Mediante las emociones, el cuerpo nos dice cómo nos estamos enfrentando a ciertas situaciones con los demás y con nosotros mismos. Existen sólo dos respuestas básicas que nuestros cuerpos físicos y emocionales pueden emitir dada una experiencia cualquiera. [Aunque el cuerpo físico y el cuerpo de las emociones son inseparables, he hecho esta distinción para aclarar el efecto que las emociones tienen sobre el cuerpo]. Estas dos respuestas son la contracción y la expansión.

La contracción es la respuesta física que ocurre cuando no nos sentimos seguros. La mayoría de seres humanos evaluamos constantemente nuestro entorno y nos preguntamos: ¿tan seguro estoy aquí? Simplemente el hecho de estar con una persona que parece superior o más fuerte que nosotros puede tener un fuerte impacto en nosotros y en nuestro comportamiento. Nuestro completo ser lo sabe. El lector debe haber notado alguna vez que siempre que se siente inseguro de alguna manera, su cuerpo se retrae, su respiración se vuelve superficial o se queda helado. Esta contracción tiene lugar en cada célula del cuerpo. Nuestra estructura celular se contrae cuando sentimos que alguien nos juzga o nos critica, por lo que nos hace saber que no se siente segura. Dado que no nos sentimos seguros, es probable que no nos abramos a esta persona por el miedo a que nos hiera o nos menosprecie.

Por otro lado, la expansión ocurre cuando nos sentimos seguros y aceptados. En un ambiente pacífico y hermoso, como en la cima de una montaña, en los alrededores de un arroyo o en el mar, nos relajamos de forma natural. Las células de nuestro cuerpo no necesitan «contener la respiración» ni estar tensas para protegernos. Pueden respirar tranquilamente y entregar su luz y sus energías. Nos dirán que estamos seguros en este entorno. Aquí a nadie le desagradamos ni nos ve de un modo negativo. Nos sentimos expandidos y libres, libres para ser nosotros mismos sin tener que fingir ni interpretar un rol específico. Nos hemos quitado todas las máscaras que utilizábamos para escondernos o protegernos y mostramos nuestro verdadero yo. Nos sentimos vivos.

Sin embargo, sabemos que no podemos quedarnos para siempre en este mundo de expansión y que debemos regresar a lo que llamamos el mundo real, de vuelta a la contracción.

Las relaciones humanas pueden sacar nuestros peores miedos e inseguridades. Tenemos miedo unos de otros porque hemos pasado muchas vidas suscitándonos miedo entre nosotros. Nuestro mundo puede ser muy aterrador si lo percibimos así. Albert Einstein describió una vez este punto de un modo maravilloso en respuesta a un periodista que le preguntó: «Doctor Einstein, usted es reconocido por todo el mundo como uno de los genios más fiables de nuestro siglo, tal vez de la historia de la humanidad. Su ámbito de pensamiento ha cubierto el funcionamiento del universo desde el diminuto átomo hasta el cosmos. Ha visto evolucionar y enriquecer sus descubrimientos, y también mutilar y destruir la vida humana que tanto valora. ¿En su opinión, cuál es la pregunta más importante a la que se enfrenta la humanidad actualmente?».

Como de costumbre, Einstein miró fijamente a lo lejos durante un instante y luego bajó la mirada al suelo. Finalmente, volvió a mirar al reportero y le contestó: «creo que la pregunta más importante a la que se enfrenta la humanidad es: "¿es el universo un lugar acogedor?" Ésta es la primera y la más básica cuestión que todas las personas deben responderse».

«Porque si decidimos que el universo es un lugar hostil, entonces utilizaremos nuestra tecnología, nuestros descubrimientos científicos y nuestros recursos naturales para conseguir la seguridad y el poder, creando murallas para no dejar pasar la hostilidad y armas más grandes para destruir todo lo que es adverso. Creo que estamos llegando a un momento en el que la tecnología es lo suficientemente poderosa como para que, o bien acabemos completamente aislados, o bien nos destruyamos también a nosotros mismos en este proceso. Si decidimos que el universo no es ni acogedor ni hostil y que Dios está básicamente "jugando a los dados con el universo", entonces sólo somos víctimas del lanzamiento aleatorio del dado y nuestras vidas no tienen ningún verdadero propósito ni significado. Sin embargo, si decidimos que el universo es un lugar acogedor, entonces usaremos nuestra tecnología, descubrimientos científicos y recursos naturales para crear instrumentos y modelos para comprender el universo, porque el poder y la seguridad llegarán con la comprensión de su funcionamiento y sus motivos.»

En respuesta a este desafío, cada día depende de uno si desea retirar sus energías del mundo y fingir que está seguro en un estado de contracción, o bien expandirse y extender su energía hacia todo. La primera elección hace que nuestras células estén en tensión y siempre vigilantes ante cualquier posible agresión; la otra elección nos permite sentirnos seguros independientemente de lo que ocurra a nuestro alrededor. Cuando retiramos nuestras energías de los demás sólo lo hacemos por el dolor y por el miedo al dolor. Las células de nuestro cuerpo se contraen y dejan de estar disponibles las energías celulares de amor y luz. Por ejemplo, la contracción de las células del corazón causa dolor físico y emocional, y el amor está ausente en tales momentos.

Un corazón cerrado y contraído es la verdadera causa de los problemas cardíacos. Un corazón dolorido es puramente un fenómeno físico, no psicológico. Mientras que el miedo puede adherirse al cuerpo, no puede tocar la consciencia. Es importante que recordemos que el cuerpo emocional no está separado del cuerpo físico. Las emociones están simplemente para informarnos acerca de las células de nuestro cuerpo. Un corazón roto es el que cree que no puede volver a sentirse seguro, de modo que permanece cerrado y contraído. Las enfermedades del corazón son el intento del cuerpo de reparar el corazón roto al tratar de deshacerse de los sentimientos retraídos y contraídos. Algunas personas entienden lo que está ocurriendo y empiezan a abrir sus corazones; otras no, y mueren a causa de un corazón roto y contraído. Los últimos se han quedado atrapados en la creencia de que los demás los han herido y esto les ha hecho retirar su amor. Sin embargo, aquellos que ven más allá de la ilusión del dolor, pueden avanzar y descubrir que ellos son los responsables de crear su propia realidad y, por tanto, que pueden cambiarla.

Ha llegado la hora de crear un nuevo mensaje celular, uno que permita que las células de nuestro cuerpo se extiendan hacia un área en el que no necesiten estar aterradas. La contracción no proporciona una seguridad real. Lo único que puede ofrecernos es una sensación falsa de seguridad. Podemos cambiar fácilmente la respuesta de nuestro cuerpo si sustituimos este anticuado sistema de creencias (de sentirnos seguros con la contracción) por la creencia de que la expansión nos permitirá estar a salvo. Siempre que nos sintamos asustados o inseguros, en lugar de contener nuestra respiración podemos decidir respirar a pleno pulmón, porque nos permite expandirnos con nuestra respiración y, a su vez, que se expanda nuestro cuerpo completo. Nuestro pecho se expande con cada inspiración y nuestra columna se endereza. Incluso se expande nuestro corazón. Un corazón expandido es un corazón abierto que es capaz de compartir amor. Dar amor nunca puede herirnos, sólo su retirada. La única razón por la que nos contraemos cuando nos enfrentamos a situaciones difíciles o a personas desafiantes es porque no somos conscientes de nuestra contracción. Si reparamos en nuestra tendencia a la contracción, es sumamente improbable que sigamos cayendo en esta trampa de forma repetida.

El lector puede practicar la expansión en todas sus relaciones. Si su pareja, por ejemplo, entra y le dice: «siéntate, tenemos que hablar», ¿se expande o se contrae? O si oye que no lo han aceptado en el trabajo que solicitó, ¿se expande o se contrae? ¿Quedarse atrapado en un atasco le hace expandirse o contraerse? No está en nuestras manos cambiar nada acerca de estas situaciones, pero, sin duda, podemos modificar nuestra respuesta ante ellas. Saber que la seguridad no puede venir desde el exterior requiere un esfuerzo interior. Uno siempre está a salvo porque es Dios, el universo; uno forma uno con todo, por lo que no hay nada a lo que deba temer ni nada que le pueda hacer daño. Hemos acordado todo lo que nos ocurre por nuestro propio bien. Si no lo sentimos así es sólo porque en el fondo queremos darnos la oportunidad de cambiar nuestra creencia (falsa) de que la seguridad se encuentra en la contracción. Nuestra sensación de seguridad se verá amenazada sólo mientras sigamos creyendo que necesitamos salvaguardarnos. En cuanto nos expandamos hacia los momentos difíciles de nuestra vida, se volverán menos amenazantes y desaparecerán por completo.

La meditación regular puede ayudarnos a practicar la expansión. Sentarse en un lugar tranquilo con los ojos cerrados produce una sensación de seguridad que permite que nuestras células se relajen, estén a gusto y nos abran sus energías. Saber que cada día hay un momento de seguridad las ayuda a abrirse y liberarse, lo que hará que nos resulte más fácil extendernos a estas situaciones que no podemos cambiar. La extensión siempre trae amor, mientras que la contracción nos provoca más miedo.

Las relaciones: un proceso de doble sentido

Algunas veces, nuestras mejores intuiciones provienen de simples situaciones de la vida. En una ocasión, después de que mi pareja y yo hubiéramos disfrutado de una mañana especialmente tranquila y alegre, los dos sentimos el fuerte vínculo de amor entre nosotros que nos juntó unos años atrás; todo andaba perfectamente. Sin embargo, al término de la tarde me dijo que no quería vivir con alguien (es decir, conmigo) que tuviera unas ideas y entendimientos sobre la vida y las relaciones tan contrarios a los suyos. Básicamente, sentía que mi visión sobre las relaciones no era realista.

En una relación previa que duró quince años y terminó en matrimonio había sido frecuentemente criticado por tener mis propias opiniones acerca de varios aspectos de la vida, y me sentí herido de nuevo. Interpreté los comentarios críticos de mi pareja como un ultimátum que decía: «si no cambias tus puntos de vista no podremos seguir teniendo una relación». Sin embargo, esta interpretación era deficiente porque no podía ver detrás del velo de la apariencia. Lo que realmente hizo mi pareja fue sacar a la superficie de mi conciencia el antiguo dolor por no ser aceptado por mis creencias, haciéndome sentir nuevamente rechazado, no querido. Por supuesto, mi pareja no era consciente de su rol en esto; de lo contrario, no habría propiciado mi sentimiento de rechazo.

El destino hizo que no pudiéramos continuar nuestro intercambio y completar este «baile» porque teníamos una cena con nuestros amigos. Posteriormente, como me sentía herido y rechazado, retiré mis energías de ella. Sin embargo, esto sólo atrajo más críticas durante la cena, a lo que reaccioné señalando lo que consideraba una «debilidad» en su relación con los demás. Para puntualizar lo hice enfrente de nuestros amigos, de una manera aparentemente educada pero dolorosa. Cuando llegamos a casa no podíamos soportar el extremo malestar entre los dos y en nuestro interior, de modo que nos sentamos y expusimos exactamente cómo nos sentíamos sin tratar de justificarlo, incluso sin tratar de comprenderlo. Simplemente expresamos nuestros sentimientos, y rápidamente se liberó nuestro malestar. De pronto nos dimos cuenta de que los dos, no solamente yo, habíamos sido menospreciados en el pasado de nuestras vidas por lo que creíamos y queríamos ser. Resultó evidente que, debido a nuestra relación tan próxima y a nuestra impaciencia por liberarnos de cualquier tipo de limitación que sentíamos que nos habían impuesto en el pasado, ahora estábamos preparados para liberarnos completamente de ella.

La comunicación es, quizás, el método terapéutico más cuidadoso de todas las relaciones personales. A menudo encontramos algo en la otra persona que nos refleja nuestros propios malestares, debilidades o autocríticas. Cuando mi pareja me dijo que no podía seguir viviendo con alguien que tuviera un sistema de valores tan distinto, en realidad estaba expresando su profundo dilema con su propio sistema de valores. En esta situación en particular, actué como el espejo que le relató por qué realmente se sentía tan infeliz.

Todo lo que ocurre en una relación personal es un proceso de doble sentido. Cada persona aporta el 50% de los aprendizajes y las enseñanzas compartidas. Sin embargo, raras veces lo sentimos así porque ambos creemos que los asuntos de la otra persona «no tienen nada que ver con nosotros». Yo también tuve que examinar el espejo que mi pareja me estaba sosteniendo. Me ayudó a ver mi actitud defensiva en respuesta a lo que había considerado un rechazo personal. Como solía hacer en el pasado, había retirado mis energías de amor de ella y cerrado mi corazón para que no me volvieran a herir. Lo que experimenté fue una imagen especular de mis expectativas (incumplidas).

Por supuesto, mi pareja no me había rechazado en absoluto, sólo necesitaba liberarse de su propio sistema de creencias anticuado. Pero como el rechazo o el abandono es uno de mis problemas, necesitaba una salida para la angustia que contenía por haber sido abandonado por mis padres y por otros seres queridos durante muchas de mis vidas. Para expresar mis frustraciones acumuladas a causa de la cadena de rechazos, «tomé represalias» y señalé sus debilidades que, por supuesto, eran mis propias debilidades. Como cerrar mi corazón no me hizo sentir mejor, tuve que decirle a mi pareja cómo me sentía. Cuando los dos compartimos lo que estábamos sintiendo, nuestros corazones se expandieron de nuevo y nuestros problemas, que unos instantes antes pensábamos que eran problemas serios e insalvables que amenazaban nuestra relación, se evaporaron en el aire y nunca volvieron a surgir.

Una vez más, esta simple experiencia me mostró que realmente nunca le guardamos rencor a nadie. Los demás sencillamente nos reflejan lo que no nos gusta *de nosotros mismos*. Un antiguo proverbio francés lo expresa muy bien: «Cuando uno está enfadado, realmente lo está consigo mismo». En estas situaciones, el «yo» se identifica con «enfadado» y, en consecuencia, se manifiesta enfadado. Pero como le resulta difícil de aceptar, tendemos a buscar un chivo expiatorio o una provocación externa que pueda sacar la ira o la frustración que yace escondida bajo nuestra conciencia consciente. Mientras asumimos los distintos roles de la dualidad, como ser buenos y encantadores o malos y odiosos, se nos presenta la oportunidad de darnos cuenta de todo lo que nos lleva a interpretar estos roles. Así, señalar los defectos, las carencias y los fracasos de los demás, puede que a menudo sea la única ruta posible para detectar en nuestro interior estas mismas cosas en distintas variantes e intensidades. También puede sacar a la superficie de nuestra conciencia todos los sentimientos que hemos tenido cuando también recibimos críticas por nuestros propios errores y carencias.

Si no hubiéramos almacenado estos sentimientos dentro de nuestro subconsciente, no importaría lo mal que nos tratara alguien, porque no podría despertar sentimientos negativos en nuestro interior. Veríamos inmediatamente más allá de la apariencia del comportamiento y amaríamos y apreciaríamos a la persona por quien realmente es, un ser divino que interpreta su rol en la arena de la dualidad, tanto por su propio beneficio como por el beneficio de todos los implicados. Éste es el verdadero significado de «ama al enemigo». Cuando dejamos que el corazón gobierne en nuestras relaciones, desaparece todo tipo de animosidad. El amor que sentimos por nosotros mismos se traduce en amor que sentimos por los demás, independientemente de quiénes sean o lo que hagan.

Nuestros enemigos son nuestros mejores amigos

Algunos pueden argumentar que para que reine la paz y cese la hostilidad es necesaria la cooperación del enemigo. ¿Cómo podríamos evitar que nos hiciera daño una persona o una nación entera, presas de ira, agresividad y odio? ¿Una nación como Estados Unidos puede protegerse de los actos de terrorismo «sin sentido»? Las respuestas a estas preguntas no son evidentes; en realidad, permanecen profundamente ocultas en el mecanismo que controla lo obvio. Un enemigo deja de actuar como tal cuando vemos quién es realmente, más allá del velo de la apariencia. En la actualidad, es algo en nuestro interior lo que causa que alguien nos desee el mal. Este principio se aplica tanto a las sociedades como a los individuos, porque un grupo de individuos forma una consciencia grupal que actúa como una sola. En cualquier caso, simplemente proyectamos en los demás lo que no nos gusta ver o saber de nosotros mismos. A pesar de que pueda resultar difícil de comprender, la conclusión es que no existe nadie que pueda hacerle daño a otra persona. Nosotros creamos nuestros propios enemigos para aprender de ellos.

Les pedimos literalmente a los demás, a través de vínculos telepáticos instantáneos y perfectos que existen entre nuestro Yo Superior, que aparezcan en nuestras vidas físicas y nos ofrezcan espejos para poder ver nuestros propios sentimientos censurados y no reconocidos reflejados en su comportamiento hacia nosotros. Estos sentimientos pueden albergar deseos incumplidos que se han convertido en miedo, vergüenza, culpa, frustración y enojo. Cuando salen a la superficie a través de la interacción humana, primero los vemos en los demás. Sólo después de un tiempo nos damos cuenta de que son nuestros. Con la negación retuvimos estas energías negativas profundamente en nuestro interior. Cuando empezamos a reconocerlas a través de un proceso de autoaceptación, pierden su aguijón negativo.

Estos sentimientos son espejos vivientes que nunca mienten. Nos dan en cada momento un informe exacto de nuestro progreso y desarrollo. Nos obligan a enfrentarnos a los juicios de valor que nos hemos impuesto inconscientemente. En realidad, nadie puede menospreciarnos ni rechazarnos por nada. Nadie puede matarnos físicamente a menos que en los niveles superiores hayamos acordado abandonar la forma física. Como el juego de la dualidad está representado únicamente en el nivel de la conciencia física, que es el ego, desconocemos por completo este acuerdo con otras almas, al igual que ellas, a menos que, por supuesto, ellas o nosotros estemos viviendo y actuando conscientemente en alineación con el Espíritu.

A pesar de nuestra ignorancia sobre lo que realmente está ocurriendo en una situación conflictiva entre dos personas o grupos de personas, sólo percibimos lo necesario para completar nuestro viaje de regreso a casa; o, mejor dicho, para crear un nuevo mundo que esté libre de la influencia vinculante de la dualidad. Para poder acceder al mundo del amor incondicional, la libertad y la falta de juicios (el reino del paraíso) primero necesitamos pasar por todo lo que nos pueda provocar sentimientos de temor y restricción. Todos necesitamos juzgar a los demás para así saber cómo se siente ser juzgado, de acuerdo con las leyes del karma. Cuando no gustamos a alguien es doloroso para nuestro corazón y es una restricción para la unidad que somos. Nuestro Yo Superior no tiene las nociones de antipatía o separación; se siente naturalmente uno con la persona con la que nuestro ego presenta dificultades. Estamos asociados unos a otros a través del karma, «pegados» positivamente con esta persona hasta que nuestra resistencia humana se funde y desaparece. El único rol del karma es llevarnos de vuelta la conciencia de la unidad. Por este motivo, los acontecimientos de gran alcance, como los atentados del World Trade Center, son indicadores importantes del propio reflejo de toda la humanidad. Muchos de estos indios americanos que murieron en manos de los blancos o en Vietnam están ahora de vuelta para «saldar las cuentas» y darnos la oportunidad de devolverles lo que les hemos robado.

Después de haber juzgado y haber sido juzgados lo suficiente, al final descubrimos que perdonamos y estamos agradecidos a cualquiera que en algún momento nos haya ocasionado agitación en nuestras vidas. Aprendemos que aquellos que nos han obstaculizado el camino en realidad nos hicieron más fuertes. Nos han enseñado que podíamos apartar estos obstáculos si así lo elegíamos. Incluso si no hemos llegado allí todavía, los recuerdos acerca de lo que «nos hicieron» permanecen sólidos y vivos para servirnos de guía en el camino hacia el empoderamiento y la autoestima.

En cuanto lleguemos al lugar de tierna aceptación de todas las diferencias, la enemistad dejará de existir para nosotros, independientemente de lo hostil que pueda ser el entorno en el que vivamos. Estos elementos de nuestro alrededor que antes eran violentos, fríos, resistentes o agresivos ahora empiezan a suavizarse y a formar parte de un yo más amplio. Cuando se abre nuestro corazón estamos extendiendo nuestro campo de influencia. Empezamos a notar la unidad subyacente de todas las cosas. Para reconocer la unidad, uno primero debe tener una clara referencia sobre la dualidad. Como la unidad de la diversidad es lo que compone el universo, nada en él está desprovisto de la «Unidad con el Todo». El Origen único de la infinita diversidad de la naturaleza respalda incluso los extremos de la dualidad, desde los procesos más creativos hasta los más destructivos. De hecho, la destrucción es tan importante y útil como la construcción. Ambos integran cualquier cosa que evoluciona, inclusive la vida humana.

Mientras estamos encarnados en formas humanas, estamos desafiados a expresar más y más leyes universales de aceptación, que no rechazan nada de lo que existe u ocurre. No tienen preferencias; cada detalle de la expresión es precioso y desempeña un importante rol en la creación y la evolución de la vida en el universo. Podemos aceptar las dualidades por ser el mismo origen de la vida simplemente porque *somos* este Origen. Somos esta Unidad que es capaz de acomodar todos los opuestos y las diferencias sin dejar rastro de conflicto.

La vida es un rompecabezas

Aprender primero todo acerca de la separación, lo correcto y lo equivocado, la amistad y la enemistad, la riqueza y la pobreza, el vacío y la plenitud, la tristeza y la alegría, la oscuridad y la luz, etcétera, nos permite familiarizarnos con el aspecto dual de la vida y la naturaleza. A continuación, aprendemos a integrar las diversidades y las diferencias contrastadas en el todo armonioso que somos. El antiguo proverbio: «El todo es más que la suma de sus partes» refleja una verdad que realza las partes pero sitúa la unidad por encima de todas ellas. Las piezas de un rompecabezas no tienen ningún sentido separadas de las demás, pero en cuanto cada una encuentra su lugar designado y juntas forman una imagen, su valor individual de pronto parece convertirse en un valor colectivo de unidad. Antes del montaje, cada pieza es única y distinta de todas las demás. De hecho, el énfasis del juego se halla en descubrir cómo *es* de distinta una pieza respecto a las demás. Sin embargo, en cuanto se ha completado la imagen, las diferencias que componen cada pieza se vuelven irrelevantes. Aunque las piezas individuales no han desaparecido, se han unido para convertirse en uno con el resto de piezas y formar una imagen que es mucho mayor que una pieza separada que no tiene ningún sentido.

Somos estas pequeñas piezas en un rompecabezas de la vida. Al principio, cuando nos hallamos esparcidos en todas direcciones, nos sentimos perdidos y solitarios. A medida que buscamos nuestro propósito y valor de la vida, empezamos a buscar otras piezas que encajen con la nuestra. Tratamos de conectar y a veces fracasamos, pero en el fracaso aprendemos más acerca de por qué no encajamos con otras piezas o por qué nos rechazan. Con el tiempo conseguimos formar uniones duraderas, amistades que nos recuerdan el objetivo del juego, uniéndonos con los demás hasta completar la imagen. Sabemos muy poco en relación a lo que nos convertiremos cuando todos encontremos nuestro lugar respectivo en el rompecabezas de la vida, pero las reglas del juego dicen que la integridad es nuestro destino.

Tal vez tengamos envidia de otras personas de quienes creemos que han encontrado una posición mejor en el juego, pero este sentimiento sólo es temporal. Al final, en cuanto se nos revela la imagen completa, valoramos a todos por ser igualmente importantes. Algunas de las piezas de la imagen pueden parecernos oscuras y apagadas, pues representan los lados sombríos de la vida. A nadie le gustan, pero de alguna manera, especialmente las piezas luminosas, no pueden evitarlas ni ignorarlas. Como las sombras definen la luz, las piezas brillantes y oscuras necesitan hacerse amigas y estar una al lado de la otra para sacar a relucir sus particulares contribuciones a la imagen.

Uno de los momentos más importantes en este juego de la vida es aceptar todo acerca de nosotros; es decir, nuestra forma y tamaño particular, nuestro color, nuestras cualidades «buenas» y «malas», cómo nos comportamos con los demás y con nosotros mismos. Cuando aceptamos la utilidad y perfección de nuestro rol particular en este mismo momento, estamos listos para encontrar nuestro verdadero lugar en la imagen completa de las cosas. Empezamos a darnos cuenta de que *somos* la imagen completa junto con todos los demás. Pertenecemos a todos y todos nos pertenecen a nosotros. A pesar de mantener nuestra individualidad, también nos volvemos universales. Todo lo que hay allí fuera es tan importante como todo lo que hay aquí dentro.

Nuestras luchas en los campos de batalla de las diferencias no han sido en vano ni sin propósito. Cada dificultad ha servido de jalón en nuestro camino hacia la realización. Todas las personas que hemos conocido en cualquiera de nuestras vidas han tenido un papel decisivo en la creación de este mismo momento de nuestra vida. Como las piezas del rompecabezas, los distintos eventos y las numerosas relaciones y experiencias de nuestra vida no han tenido una relación evidente las unas con las otras. Sin embargo, cuanto más cerca estamos de convertirnos en la imagen completa –la Unidad del Todo– empezamos a ver con más claridad que jamás malgastamos una gota de amor o una lágrima. Todo fue necesario y todavía lo es en este momento para llevarnos al lugar al que estamos destinados. Hay casi infinitas formas de completar un rompecabezas, del mismo modo que hay casi infinitas decisiones que podemos tomar para ser conscientes de nuestra naturaleza esencial. Cómo y cuándo lo consigamos no tiene ninguna importancia. Lograrlo es lo que realmente importa.

Existe una fuerza poderosa detrás de todos los pensamientos y las acciones «buenas» y «malas»: el poder unitario de amor que une los asuntos y los puntos de vista más controvertidos y nos permite percibir la unidad subyacente. Todos vamos en la misma dirección, aunque a menudo caemos presos en la ilusión de que los demás no, especialmente cuando parecen herirnos. Cada una de las personas con las que hemos tenido un contacto personal no se encontró con nosotros accidentalmente. Todas las relaciones están basadas en un acuerdo mutuo de almas encarnadas con el fin de ayudarse unas a otras en su viaje de la vida, y es así independientemente de la imagen especular que él o ella pueda reflejarnos y del tipo de imagen que supongamos que tienen. Todas las imágenes especulares nos brindan oportunidades para crecer. Al mismo tiempo que otras personas nos muestran cómo somos, nosotros mostramos a los demás cómo son. La verdadera motivación detrás de todo esto es el amor puro.

Descifrar el código de la ignorancia

Tras decir esto, ha llegado el momento de que honremos a todos y cada uno de nuestros represores, críticos, maltratadores, competidores y adversarios injustos por los roles realmente útiles que han desempeñado y que puede que todavía desempeñen en nuestras vidas, porque son algunos de nuestros mejores maestros. Ninguno de ellos es lo que aparenta. Todos son reflejos de distintos aspectos de nosotros. Han hecho y siguen haciendo el trabajo que nosotros les hemos pedido. Al señalarnos nuestras supuestas debilidades, incluso exponiéndolas dolorosamente hasta que hemos empezado a acogernos a nuestra verdadera fuerza y poder, nos han ayudado a crecer más fuertes. Este proceso, a su vez, ha marcado el recorrido para retirar el velo de la dualidad que ha mantenido a este planeta y a sus habitantes sepultados en la oscuridad durante eones. Hemos venido aquí por este motivo: para crear algo sumamente significativo que no se ha logrado en ninguno de los mundos.

Tan simple como suena, no existe otra manera más efectiva de retirar el velo de la ignorancia y ser el poder infinito que somos y compartimos, que aceptando que cada una de las facetas de nuestras diversas relaciones son Regalos Divinos del Momento. Puede parecer muy difícil mientras estamos en nuestro modo dual (en contraposición al modo unitario) de pensamiento y actuación, pero somos perfectamente capaces de aceptar la igualdad tanto de las cosas «buenas» como de las «malas». Sólo aceptando lo que es real podremos vivir en paz y con tranquilidad. Forma parte de nuestra naturaleza esencial incluir los aspectos duales y saber que todo lo que está ante nosotros es, ahora y en última instancia, por nuestro bien. Junto con la ayuda basada en el amor de otros seres humanos, la Tierra y todos los seres etéreos, hemos creado cada uno de estos elementos de aprendizaje con un valor y un propósito específicos, sin dejar nada al azar. Además, dado que nuestra situación vital es el resultado de nuestra propia creación intencionada y determinada, realmente no hay ninguna necesidad de juzgar o dividir.

No tenemos que aprender nada, ni siquiera tratar de liberarnos del juicio. Todo ocurrirá por sí solo. Cada momento viene con todo lo que necesitamos para seguir el camino de la propia evolución. Uno de los mayores descubrimientos con que estamos a punto de dar es el siguiente: «vendrá por sí solo». Hasta ahora, lo único que hemos hecho es tratar de cambiar las cosas porque pensábamos que eran un error o que no eran lo suficiente buenas. Lo que estamos aprendiendo *ahora* es a rendirnos al momento y ver los tesoros que nos proporciona. Si nos permitimos experimentar los cambios duales de correcto a erróneo, de sí a no, de bueno a malo, etcétera, lo suficiente y con suficiente intensidad, encontraremos que la confusión que se genera en su interior de pronto se disipa y se convierte en claridad.

Así es como podemos liberarnos de las influencias de los disgustos emocionales:

Inmediatamente o poco después de que aparezca una emoción, expresamos cómo nos sentimos acerca de una situación o de alguien en

particular (si no hay nadie que pueda escuchar, lo grabamos en una cinta o lo anotamos) sin tratar de explicar ni razonar por qué nos sentimos de esta manera. Así eliminamos rápidamente el malestar y le quitamos un peso de encima a nuestro corazón. Observar el símbolo de la contraportada de este libro nos ayuda a conectar con nuestro Yo Superior y a permanecer centrados en el interior de nuestro corazón.

Friedrich Nietzsche señaló muy acertadamente que: «La voluntad de superar una emoción es en última instancia la voluntad de otra emoción o de varias». Tratar de controlar las emociones sólo lleva a una cadena infinita de emociones nuevas. Si alguien espera algo de nosotros que no deseamos cumplir, como acompañarlo a ver una película, entonces en lugar de buscar excusas simplemente debemos decir que no nos apetece. Es tan simple como esto; sin motivos ni excusas. Con los argumentos desplazamos la situación a nuestra cabeza, mientras que esto es un asunto de emociones o sentimientos, un asunto del corazón. Dejarlo en su sitio ayuda a resolver fácilmente cualquier conflicto emocional sin dejar cicatrices.

Cuanto más a menudo apliquemos este método de introspección honesta, más pronto empezaremos a darnos cuenta de que es absolutamente correcto tener cualquier tipo de sentimientos y, lo que es más importante, realmente nadie puede ofenderse por ello. Las personas sólo se ofenden cuando intentamos *justificar* nuestros sentimientos. Nosotros justificamos o explicamos nuestros sentimientos por el miedo a las críticas o a no ser queridos. Pero el miedo atrae personas hacia nosotros que señalan nuestra baja autoestima, de modo que parece que nos menosprecien. Cuando nos enfrentemos a una situación temerosa, simplemente debemos sentir y expresar este miedo. En vez de combatir el miedo –esto le da poder– cedemos a él o nos sentamos con la ansiedad. Está destinado a desaparecer. Debemos saber que nosotros hemos creado estas situaciones para poder eliminar el miedo completamente gracias a su simple experimentación.

Los miedos siempre representan algo que no existe. Son mentiras que nos dicen que son reales. Cuando las dejamos expresarse, desaparecen. Podemos reconocer cómo nos sentimos, tanto a nosotros mismos como a los demás: «está bien, tengo miedo» o «me temo que he cometido un error», lo que sea. No es necesario hacer nada cuando estamos presos del miedo, sino estar con él. La única razón por la que está es para liberarnos y situarnos en nuestro poder. **Sumergirse *en* el miedo en lugar de tratar de *evitarlo* es el primer paso para atravesar el puente de los juicios de valor y acceder al mundo de la libertad.**

Ha llegado el momento de aceptar nuestra humanidad, pues si lo hacemos, ascendemos de forma natural a la naturaleza de nuestro Yo Superior. La época de juzgar a los demás por sus supuestas malas acciones fue un método útil de supervivencia y de interacción con el karma, pero está llegando a su fin. Estamos dándonos cuenta, a menudo de un modo doloroso, de que nadie más es nuestra responsabilidad. Nuestra única responsabilidad en la vida es alinearnos con nuestra Fuente de Amor. El resto son detalles que deben tratarse por su cuenta. Sin la Fuente de Amor, estamos perdidos en el caos y la confusión como hojas caídas en el viento, sin dirección ni objetivos. Como invidentes dirigidos por invidentes, sin saber nuestras verdaderas raíces, vivimos por lo que las masas dicen y quieren. Ser esclavos de los juicios de valor no nos permite sentir nuestra libertad, y esta carencia de libertad se convierte en un grito desesperado de justicia. Sin embargo, la justicia sigue siendo un sueño evasivo.

> *Eres luz, soy luz; todos somos ondas de luz sobre este plano. Vemos la piel efervescente de los demás, la emoción de la naciente era brillando en nuestros ojos. Como mirar la superficie de un lago, vemos el reflejo y también sentimos la chispa de la luz y las imágenes cuando se repite en nuestro propio mecanismo de visión. No somos más que espejos recíprocos. Los fijamos y nos los llevamos. Desempeñamos este papel con belleza y con fe porque estamos en el vestidor de mañana, probando un surtido de vidas y posibilidades recíprocas.*
>
> **George Washington Carver**
> **rememorando su pasado en una cochera en Alabama**
> **en la década de 1860.**
> Canalizado el 5 de enero de 2001

CAPÍTULO 7

LA INJUSTICIA: LA MAYOR ILUSIÓN

Es época de paz y ecuanimidad. Sed como hermanos unos con otros; serviros a vosotros y a vuestro país. Empuñad las armas únicamente con pensamientos rebeldes, porque con las prisas a menudo tomamos decisiones imprecisas que pueden dañar nuestra fortaleza y quitarnos el aire de nuestro sustento y nuestro espíritu. Tomaros el tiempo y tened la voluntad de perseverar, porque en efecto es un gran y noble don que nos ha sido dado a cada uno de nosotros.

Thurgood Marshall
(Corte Suprema de Estados Unidos)
Terminó la segregación suprema en la vida americana
Canalizado el 5 de enero de 2001

La ley de la no interferencia

La ley universal de la no interferencia tal vez sea la que pueda explicar mejor el significado de la justicia. Sin ella, siempre nos estaríamos preguntando por qué algunas cosas se consideran correctas y por qué otras cosas se consideran erróneas. Esta ley universal se puede aplicar a todas las áreas de la vida, inclusive en las relaciones humanas y en el campo de la justicia en particular. Como seres del Espíritu en formas humanas, esta ley nos enlaza a todos, aunque nos supone una ventaja. La ley universal de la no interferencia es nuestra única clave para la libertad eterna, porque sin ella estaríamos siempre enredados en la red del karma. Es más, la interferencia es una completa imposibilidad en el universo. A menos que invitemos a la interferencia (y entonces ya no la podemos llamar interferencia), sólo estamos con lo que creamos nosotros mismos o junto con los demás. De hecho, como nada ni nadie puede existir totalmente aislado, la creación conjunta es lo único que existe. Además, todas las personas implicadas en ella han dado su consentimiento sobre lo que les está ocurriendo a ellos y a todos los demás.

La percepción de la justicia, en cualquier área o de cualquier tipo, está basada en el concepto de interferencia. Implica que existen personas, situaciones, leyes, organizaciones, sociedades e incluso naciones enteras que tienen el poder de impedirme cumplir mis necesidades y deseos o de afectarme de un modo negativo. Desde una edad muy temprana se nos ha enseñado que siempre ha habido y siguen habiendo grandes injusticias en el mundo. Cuando abrimos un libro de historia, observamos que todos los acontecimientos hablan de matanzas despiadadas y terribles sufrimientos en casi cada sociedad que ha vivido en este planeta. Millones de personas aparentemente inocentes han perdido sus vidas a causa de guerras llevadas a cabo por la codicia de poseer más tierras y tener más influencia mundial, o a causa de actos de delincuencia y terrorismo.

Hemos llegado a creer que muchas personas sólo tienen una cosa en mente: robar a los demás para enriquecerse. Además, un gran porcentaje de ellas ni siquiera duda en quitarle la vida a alguien con el fin de tener acceso a más riquezas o a mayor poder. Algunos simplemente quieren vengarse por la injusticia que creen que se ha cometido contra ellos o sus seres queridos.

El atentado más reciente llevado a cabo el 11 de septiembre de 2001 contra miles de civiles por parte de terroristas que utilizaron aviones comerciales como armas de destrucción masiva pareció ser uno de los actos de odio más insensatos de la historia, que iba más allá de la comprensión humana. Los escándalos que surgen en cada sector de la sociedad revelan cómo unas pocas personas con intenciones enfermizas pueden manipular y engañar al resto. El cártel de la droga se ha infiltrado tanto en los sectores pobres como en los sectores ricos de la sociedad, e incluso utiliza a los niños como distribuidores baratos de drogas que alteran la vida. Millones de niños inocentes son víctimas de la esclavitud o de la prostitución. Las historias de injusticias en este mundo son infinitas. La injusticia parece haberse infiltrado en todas partes, desde el simple acto de robar un chicle en una tienda de comestibles hasta la explotación a gran escala de los países más pobres del mundo.

Nacido en Alemania nueve años después de la segunda guerra mundial, me convertí en testigo de las dolorosas secuelas de la guerra y de la división forzada de mi familia y mi país en dos partes, y así aprendí a creer en la injusticia como todos los demás. Además, me sentía tan avergonzado por lo que los alemanes nazis habían hecho al resto del mundo que apenas acabé la escuela secundaria me marché de Alemania. Durante años, traté de ocultar mi identidad alemana y me deshice de cualquier cosa que tuviera que ver con mi país. Si alguien me hubiera dicho entonces que en este mundo no había injusticias, le habría dicho que estaba loco; tendría que ser alguien que viviera en un mundo fantástico de paz y armonía. Hoy, sin embargo, pienso de manera completamente distinta. Soy consciente de que éste es uno de los conceptos más difíciles de comprender y aceptar, pero también es uno de los más liberadores y, tal vez, puede que sea el único que realmente tenga sentido.

La injusticia es una ilusión que actualmente está en proceso de desmitificación. Los antiguos sistemas de mantenimiento de la justicia ya están empezando a desmoronarse. La ley y el orden todavía se mantienen, pero las leyes ya no pueden garantizar la justicia. Muchas naciones han tenido un elevado nivel de ley y orden, pero al mismo tiempo, sus gentes sufrían muchas injusticias; por ejemplo, en Alemania Oriental, en la Unión Soviética, en el Tíbet y en China. Estamos a punto de ser testigos del nacimiento de un nuevo sistema de justicia que no está basado en leyes humanas, sino en la Ley Divina.

Las leyes artificiales son muy necesarias en una época en la que el pensamiento polarizado domina la consciencia colectiva de la población. Siempre que sigamos inyectando la idea de que hay algo «correcto» y algo «erróneo» en la atmósfera del pensamiento colectivo a través de nuestros propios pensamientos y acciones, lo único que estaremos haciendo es crear «injusticia» en el mundo. Si esta forma más básica de censura —considerar una cosa correcta y la otra errónea— dejara de dominar nuestra conciencia, habría muchas menos injusticias a nuestro alrededor.

Esto ya está ocurriendo. Las leyes artificiales están siendo sustituidas gradualmente por leyes naturales, y un número de personas cada día mayor se centra en la naturaleza, el ambiente natural y su espíritu para saber cómo vivir sus vidas. Muchas de las batallas y disputas actuales son el resultado de esta transformación. La búsqueda de fuentes de energía alternativas naturales, la limpieza de nuestros ríos, lagos y atmósfera, los intentos de salvar y preservar especies que se están extinguiendo, la emergencia de formas alternativas de medicina, etcétera, son indicadores definitivos de que la ley natural ya se está despertando en la población. Esta situación, sin embargo, crea conflictos a causa del esfuerzo de tener que abandonar lo antiguo para poder aceptar lo nuevo.

Una persona experimenta injusticias en la vida debido a la necesidad de llevar a la superficie de la conciencia cualquier tipo de injusticia que se alberga en su propio corazón. Carece de relevancia si esta injusticia está arraigada en esta vida o en vidas previas. Como no ha llegado a un acuerdo con las discrepancias internas, esta persona, literal aunque inconscientemente, busca una situación que le permita entrar en contacto con sus sentimientos y opiniones implacables. Los humanos no se equivocan, mienten, engañan, roban, etcétera; sólo lo *aparentan*. Interpretan estos roles sin saberlo por el aprendizaje mutuo acerca de ellos mismos.

Como la ley de la no interferencia no puede romperse bajo ninguna circunstancia, nunca puede haber una verdadera víctima. Y si no hay víctima no hay victimario. Una supuesta víctima y su victimario correspondiente crean juntos una situación que aparenta ser un conflicto pero que, en realidad, es un baile espiritual. Es un proceso de despertar gradual que implica la eliminación de la percepción dual y la apertura a la Fuente de Amor que es cada uno. Esta difícil tarea nos ha llevado a muchos de nosotros a enfrentarnos a innumerables vidas. Ahora que la percepción de la dualidad está perdiendo su frecuencia basal, nos estamos moviendo colectivamente a través de la ilusión de la injusticia. La creación de la ilusión de la injusticia ha tenido un objetivo magnífico para todos los que se hallan en este planeta. Nos ha brindado la oportunidad de aprender sobre nuestro mundo tridimensional y de conocer todos los rincones que lo componen hasta poder encontrar nuestro yo esencial (El Espíritu Eterno) reflejado en él. El reconocimiento del Espíritu en materia *es* nuestro proceso de ascensión, y provocará el cumplimiento del sistema de justicia natural del mundo (sustituyendo las ilusiones de injusticia) y restaurará la paz y la armonía en la Tierra.

La consciencia de las masas está experimentando una gran transformación que requiere la experiencia de la injusticia. Cualquier persona que todavía tenga raíces y creencias de separación siente un dolor y sufrimiento agonizantes cuando se expone a calamidades personales y colectivas. Cuando los terroristas atacaron y destruyeron el World Trade Center en Nueva York y el Pentágono en Washington D.C., la pérdida insensata de vidas humanas fue incomprensible para la mayoría de la población del mundo entero. Sacudió la fundación misma de la seguridad y a la creencia en la bondad como tal.

Por otro lado, nos demostró a todos que la vida humana que habita la Tierra es el producto más preciado que hay y que sólo podemos sobrevivir y vivir a las catástrofes como ésta cuando nos unimos y nos convertimos en una única fuerza unificada. Nos dimos cuenta de que las cosas y las diferencias mezquinas que tanto han ocupado nuestras vidas en las áreas de la política, las finanzas y las relaciones humanas ya no son tan importantes. La gran «injusticia» del Ataque a Estados Unidos trajo una bendición de amor incondicional y hermandad a las masas que, de lo contrario, nunca habrían experimentado. Muchas almas valientes y honorables se ofrecieron voluntarias (en el nivel de su Yo Superior) para iniciar esta urgente transición necesaria en el mundo al abandonar sus vidas físicas en el infierno de los eventos del 11 de septiembre, tal vez la llamada de emergencia más importante del mundo jamás realizada.

La llamada de emergencia fue y sigue siendo una llamada de despertar para todos. Nos urge a encontrar respuestas a las siguientes preguntas: ¿Seguimos apoyando y fomentando la injusticia con su condena o empezamos a perdonar y a respetar a aquellos que la provocan? ¿Acaso aquellos que cometen tales crímenes no son también personas que se han dejado llevar por increíbles cantidades de miedo, rabia, engaños, abusos u otros motivos a los que no hemos prestado atención? ¿Realmente creemos que los ataques ocurrieron indiscriminadamente y que no tuvimos nada que ver con ellos, sino que solamente fuimos víctimas inocentes? ¿Estos jóvenes que se quitaron la vida para destruir la de los demás no fueron también en alguna ocasión niños hermosos e inocentes que querían ser amados y protegidos pero que no lo fueron? ¿Quién los hizo tan implacables y por qué? ¿No hemos contribuido de manera directa o indirecta a los desequilibrios económicos que han ocasionado la extrema pobreza y la angustia que se experimentan en el mundo de hoy? ¿Cuánto nos preocupamos realmente por aquellos que viven en terribles condiciones de pobreza y explotación?

Cuando viví en la India y en otros países pobres vi cientos de miles de personas que, literalmente, no tenían más posesión que su piel desnuda y sólo sobrevivían (o morían) comiendo sobras en descomposición en enormes montones de basura que contenían, entre otras cosas, alimentos sobrantes. Niños, perros, vacas y millones de moscas ingerían los mismos «menús gratis». Esta situación es incluso peor en Afganistán. ¿No hemos estado engendrando a estos mismos terroristas (con nuestro deseo insaciable de tener riquezas y poder) que ahora entran en nuestro espacio como si fueran tiburones enfadados que vienen a nuestras playas a matar? ¿Las represalias son la única solución a este problema? Cuando Mahatma Gandhi dijo: «Ojo por ojo y el mundo acabará ciego» sabía que tomar represalias contra las injusticias de otros en realidad no hacía otra cosa que fomentarlas todavía más e iniciaba nuevos ciclos de karma, dolor y sufrimiento. Nos hemos cegado tanto que creemos realmente que cuando se nos acerca una adversidad, algo o alguien es responsable de ello, pero no nosotros. Sólo nos liberaremos de la ira, el terror y el miedo cuando nuestros llamados enemigos también se liberen de la ira, el miedo y el terror. Y esto sólo podrá ocurrir cuando veamos a las demás personas y países en la Unidad que subyace a todos ellos.

Mientras sigamos *viendo* injusticias en el mundo, seguiremos *creando* injusticias en él. Y estaremos creando más y más hasta que descubramos la naturaleza engañosa de esta percepción y superemos la necesidad de juzgar. La justicia y la injusticia son términos opuestos que parecen tan reales que lo pasamos mal si no tomamos partido. Sin embargo, tras su apariencia forman una unión común. Ambas ayudan a nuestro Yo Superior Espiritual a convertirse en la única referencia acerca de cómo vivir nuestra vida.

La justicia no es más que un latido

Durante mi participación en el Movimiento de Meditación Trascendental (MT) entre 1970 y 1992, me fascinaba el hecho de que los reclusos incondicionales pudieran rehabilitarse y convertirse en personas amables y de buen corazón simplemente enseñándoles a meditar durante veinte minutos dos veces al día. Recuerdo vívidamente haber escuchado la historia de un recluso que estaba cumpliendo tres cadenas perpetuas (si eso es humanamente posible) en una cárcel de máxima seguridad en California. Me referiré a él como Nick. Este hombre, que había matado a tres personas por rabia y venganza y herido a tantos otros, nunca sintió remordimientos por sus acciones y, a pesar de su encarcelamiento, seguía siendo un «delincuente curtido». Un día, Nick y otros reclusos acudieron a una conferencia en el auditorio de la cárcel que daba un profesor local de Meditación Trascendental.

Cuando Nick oyó al profesor de MT hablar sobre los efectos beneficiosos de la meditación, se sintió tan emocionado por la dulce y tierna amabilidad de este profesor que empezaron a caerle lágrimas de los ojos. Nunca a lo largo de su vida había visto a alguien que estuviera tan interesado en él y a quien no le importara las malas actuaciones de su vida. Delante de él había alguien que lo valoraba por quien era, sin emitir ningún juicio sobre él. ¿Por qué alguien querría entrar en el peligroso y oscuro mundo de una cárcel de máxima seguridad y, sin pedir nada a cambio, ofrecerle algo que le ayudaría a encontrar paz y alegría? Al término de la conferencia, Nick se acercó al profesor y le preguntó si podría enseñarle a meditar. Lo que inspiró a Nick a acercarse a él no fue lo que éste había dicho durante el discurso. Cuando le preguntaron sobre aquello unos años más tarde, Nick dijo que fue el resplandor interior de paz, gloria y falta de juicio del hombre lo que más lo intrigó, tanto que se preguntó si había alguna posibilidad de que pudiera convertirse en alguien como él.

Nick se apuntó para dar clases y, literalmente, durante los primeros segundos de su primera meditación se sumergió en un mar de amor y paz que cambiaría su vida para siempre. Durante los veinte años que he ejercido de profesor de MT por todo el mundo, había visto cambios internos sumamente drásticos en algunas personas, pero nunca pensé que sería posible que un asesino se convirtiera en un santo en un instante. Lo que sucedió fue una historia que sólo podía alegrar corazones. Muestra que la maldad no es real, sino el amor, y éste se halla en todos nosotros. Para Nick, la justicia no era más que un solo latido.

La belleza en la bestia

Nick nunca había sentido respeto por sí mismo y, en consecuencia, no había forma de que fuera capaz de valorar nada ni a nadie en su vida. Como sentía que no había nada por lo que valiera la pena vivir, creía que la vida como tal, la vida de cualquiera, no tenía ningún valor. Y dado que para él la vida no valía la pena, no sentía remordimientos por matar a alguien. Al no haber nada de él que le gustara o que apreciara, sólo atraía de forma natural a personas y circunstancias que le mostraban el reflejo de lo que veía en sí mismo. En consecuencia, no había existido nadie en su vida a quien le hubiera gustado o lo hubiera apreciado. Todas las personas que había conocido lo habían tratado como un pedazo de suciedad o lo habían evitado para no meterse en problemas. Este trato sólo confirmaba y reafirmaba su idea de que la vida era un puro desperdicio, sin alegrías ni propósitos. Era una bestia en la jungla de la vida donde la «ley del más fuerte» era la única regla que sabía obedecer.

Ahora, por primera vez en su vida, después de haber alcanzado los límites del poco respeto que tenía por sí mismo y de haberle quitado la vida a tres personas, el péndulo empezó a oscilar y a abrir un nuevo y apasionante capítulo en el libro de su vida. Una pequeña chispa de amor que le provocó un cosquilleo en el corazón durante su primera inmersión en sí mismo accionó una avalancha de eventos que nadie podría haber anticipado. Los momentos de paz que experimentó durante su primera meditación fueron momentos sin censuras, de aprecio por sí mismo y autoestima. Nick, a partir de ese momento, tuvo el extraño deseo sumamente poderoso de compartir lo que había experimentado con sus compañeros de la cárcel. Aquellos que unos instantes antes consideraba que eran sus adversarios más fuertes, ahora de pronto los sentía como si fueran sus mejores amigos. Ya no quería controlarlos ni herirlos; en su lugar, quería que sintieran lo mismo que él.

Para resumir la historia, Nick dedicó varios años a enviar cartas continuas al gobernador de California, a los miembros de los medios de comunicación, a los líderes de la organización MT y otros centros de rehabilitación para conseguir el apoyo de incluir cursos de MT en los programas de rehabilitación de su cárcel. Varios años después, tras muchas decepciones y rechazos, su persistencia condujo al primer estudio estadounidense sobre los cambios psicofisiológicos que tienen lugar en los reclusos que practican meditación. Su cárcel se convirtió en su hogar y sus compañeros reclusos en su familia. De hecho, en aquella época se convirtió en el recluso más respetado de su cárcel. Según él, esto ya era más de lo que jamás podría haber deseado, pero incluso esta situación mejoró.

Una buena mañana, una profesora de MT que había oído la exitosa historia de Nick fue a visitarlo. Se enamoraron y les dieron permiso para casarse dentro de las paredes de la cárcel. Poco después, Nick salió de la cárcel, algo de lo que no se habló dadas las tres cadenas perpetuas que debía cumplir. Pero en lugar de mantenerse alejado de la cárcel y disfrutar de su libertad, decidió formarse para ser profesor de MT y volvió allí para enseñar a sus amigos reclusos cómo encontrar el mismo amor y paz dentro de ellos que lo habían convertido en una persona valiosa. Esta vez, sin embargo, fue a la cárcel como un hombre libre.

Por increíble que parezca, se trata de una historia real. Creo que ocurrió para que otras personas puedan ver que la vida no es algo perfectamente definido, que nuestro futuro no está escrito en una piedra, incluso aunque parezca desesperanzador y desolador. Los juicios de valor no nos permiten percibir la bondad que está oculta en la maldad. Existe una Belleza en cada Bestia. Todos tenemos todas las partes. En nuestro interior llevamos recuerdos escondidos de experiencias de esta vida y de otras vidas relacionados con una baja autoestima, en las que nos sentimos menospreciados, rechazados o humillados. Cada uno de nosotros, de una forma u otra, ha sufrido abusos, ataques, torturas o asesinatos por parte de alguien. Entonces, aparece alguien cuyo comportamiento activa la liberación de estos sentimientos reclusos y hace que los llevemos a la superficie de nuestra conciencia. Y de pronto, sin tener el control de la situación, exteriorizamos estos sentimientos hasta el punto de criticar, atacar o incluso matar a alguien, como le ocurrió a Nick. Sin embargo, no hay ninguna persona que sea peor que otra, independientemente de lo que haya hecho. Todos hemos abusado de nuestro poder, herido a otros, librado batallas y asesinado. Carece de importancia si lo hicimos ayer o hace mil vidas.

Sólo juzgamos recuerdos

El hecho de que la mayoría de personas en la Tierra perciba el tiempo de forma lineal no significa que se comporte de esta manera. Cualquier evento que haya ocurrido en nuestro pasado puede trasladarse al momento presente. Por eso, Nick, cuando actuaba en el campo de la dualidad, simplemente estaba reactivando sus experiencias pasadas, hiriendo a los demás del mismo modo que lo habían herido antes. El pasado y el futuro sólo son conceptos que hemos creado en la Tierra para poder percibir la separación o dualidad. Mientras que nuestra mente divina únicamente puede percibir la eternidad del momento presente, nuestra mente humana subdivide la intemporalidad en pasado, presente y futuro. Nuestra mente humana tiende a permitir que los recuerdos y las experiencias pasadas conformen la realidad presente. En cambio, nuestra mente divina escoge permitir que el futuro cree el presente. *Y el futuro es lo que hacemos en cada instante.* Nuestro desafío en la Tierra es liberarnos de los grilletes de la memoria a raíz de comprender que el tiempo es una invención de nuestra consciencia, que puede cambiar siempre que así lo escojamos.

Cuando Nick trascendió el terreno de la dualidad y se entregó al de la unidad durante su primera meditación, dejó de sentirse una persona culpable. Había dado un paso fuera del tiempo, incluso aunque sólo fuera durante un breve instante, y supo quién era realmente. Todavía recordaba que había matado a personas, pero este recuerdo ya no le parecía real. Ya no se veía como una persona egoísta que vivía para herir a los demás. Los recuerdos de su pasado habían dejado de influirle porque quien era entonces ya no estaba allí. Haber sido un asesino antes no le hace ser un asesino hoy. Ahora se identifica con su verdadero yo, y no con los recuerdos de malas acciones que son tan irreales actualmente como mi recuerdo de haber matado un mosquito en la India hace quince años. Los recuerdos son imaginación de la mente, no algo real. Nick fue capaz de cambiar su pasado impidiendo que éste influyera en sus pensamientos, sentimientos y acciones del presente.

Cuando juzgamos a los demás por lo que han hecho en el pasado, en realidad sólo podemos juzgar *lo que recordamos* de su comportamiento, pensamientos o roles que han desempeñado. Nunca podemos juzgar a la persona porque, verdaderamente, no es ninguna de estas apariencias. Así, nuestro juicio de los demás en realidad sólo está relacionado con recuerdos, con nuestros recuerdos de ellos. Y estos recuerdos están contaminados por la subjetividad, las impresiones subconscientes que tenemos de nosotros. El resultado es una comprensión muy distorsionada de la realidad.

Cualquiera puede tener pensamientos negativos y perversos, pero eso es todo lo que son. Muchas personas tienen estos pensamientos, pero eso no las hace malas, incluso si convierten estos pensamientos en acciones perversas. Los pensamientos son simplemente el resultado de no saber la verdadera identidad de uno mismo, lo cual es la causa de todos los tipos de miedo que experimentamos en la vida. Observarse a uno mismo puede disipar este miedo y junto con él todas las identidades falsas, por ejemplo, la de ser una víctima de abusos, un ladrón o un asesino. En cuanto se vuelve a instalar de alguna manera esta conexión con la verdadera esencia de uno mismo, la vida toma automáticamente una nueva dirección.

Los *Upanisad* afirman: «Aquel que ve en sí mismo el mundo entero de objetos animados e inanimados y el que también se ve a sí mismo en todos los objetos animados e inanimados no odia a nadie...». De pronto, Nick sintió amor en su corazón, amor por sí mismo. Y en el instante en el que abrió los ojos después de su primera meditación, se dio cuenta del amor que sentía por los demás. Aquello supuso el fin del odio a los demás y al mundo. Se había *construido su propia cárcel* al denegarse y provocar que los demás le hicieran lo que él se estaba haciendo a sí mismo. Luego, *creó su propia libertad* al aceptarse a sí mismo. Como Nick, todos somos creadores de nuestros propios problemas y soluciones.

Espejo, espejo en la pared...

Ver defectos en los demás, es decir, emitir juicios sobre ellos, muestra la compulsión de una persona por juzgarse a sí misma. La crueldad tiene lugar cuando nos juzgamos a nosotros mismos y luego tomamos medidas con los demás por este motivo. Jesús planteó esta cuestión cuando un grupo de gente «honorable» se reunió alrededor de una prostituta con la intención de lapidarla. Las personas desean herir y castigar a los demás sólo para justificar sus propias acciones del pasado. Jesús desafió la consciencia pasada y presente de todos cuando les pidió a aquellos que jamás habían cometido un pecado que le tirasen la primera piedra a la mujer. Lo único que hizo Jesús fue «colocar un espejo» delante de todos para permitirles ver que sus opiniones sobre la mujer y el deseo de matarla provenían de su interior, como resultado de ser inconscientes de sus propios pecados pasados y desviaciones del camino del amor. Les ayudó a ver que nadie es mejor ni peor y que todos estamos atrapados en la red de la dualidad y cometemos «errores». No hay nadie, ni siquiera Dios, que tenga el derecho de juzgar a nadie, porque ello sería violar la ley universal de la no interferencia. Existe una ley supervisora del karma que se asegura de que esta ley sea inviolable: «Aquel que juzga a otra persona también será juzgado».

Por otro lado, las leyes artificiales no reconocen el sistema jurídico natural de la ley natural. Singularizan a aquellos que perjudican a los demás o que van en contra de unas normas y regulaciones específicas que mantienen la ley y el orden en una sociedad o país particular y los castigan por ello. Emitir una sentencia contra alguien en un tribunal de justicia u otros lugares se fundamenta en la creencia profundamente arraigada de que hay individuos o grupos de personas que hacen daño intencionadamente a los demás para enriquecerse o adquirir más poder de alguna manera. Esta suposición, sin embargo, sólo es verdad en el nivel dual de la percepción.

Las personas que han sufrido un robo tienen muchas dificultades para aceptar que fueron ellas quienes lo provocaron, pero el universo no podría funcionar si la interferencia fuera posible. Por muy duro que pueda sonar, las víctimas causan su propio crimen; el victimario se limita a facilitarlo. Si ahora le contamos esto a las personas que caminan por la calle, podemos causarles un gran enfado; en realidad, podemos ocasionar mucha ira. ¿Por qué? Porque en lo más profundo saben que es verdad. De lo contrario, no les molestaría. Ver la propia sombra en el espejo puede ser una experiencia abrumadora. Cuando alguien es asaltado, es casi imposible que vea que él es el coautor del delito. ¿Por qué tantas esposas maltratadas abandonan a sus maridos maltratadores y luego vuelven con ellos para ser maltratadas de nuevo? ¿Quién o qué las obliga a hacer algo tan autodestructivo? ¿Por qué tantas personas se sienten culpables cuando han sido víctimas de abusos sexuales? ¿Por qué muchos tratamos de defendernos cuando recibimos críticas y por qué nos sentimos tan molestos o avergonzados cuando alguien revela nuestros defectos o debilidades a los demás? Por extraño que parezca, estas preguntas tienen sus propias respuestas.

Nick creía que era una *víctima* desde una edad muy temprana. Esta creencia o pensamiento atrajo a personas y situaciones destructivas, reforzando así su creencia. Como no le gustaba nada de sí mismo, hizo que los demás (sin su consentimiento consciente) apoyaran y ejecutaran este veredicto autodestructivo sobre él. Pero en cuanto empezó a percibir la chispa de amor y paz de su interior, la misma fuerza que había manifestado «problemas» en su vida se transformó instantáneamente en una energía incesante para manifestar *amor*. «Lo que se hace por amor está más allá del bien y del mal», decía Nietzsche. El amor de Nick transformó el ambiente carcelero frío y hostil en un lugar de paz y esperanza donde todos podían encontrar un significado interno más profundo de la vida *si así lo deseaban*. No todos respondieron a la llamada de Nick, pues necesitaban encargarse de sus problemas de víctimas como Nick había hecho. Cada persona encuentra su propia imagen especular reflejada en el comportamiento de aquellos a quienes quiere conocer y con quienes quiere interactuar, y ocurre para permitir un mayor crecimiento y aprendizaje y para desplegar el amor incondicional.

Algunas personas se disgustan mucho cuando oyen hablar de todo esto. Argumentan que es imposible que un niño inocente que ha sido víctima de abusos y ha sido asesinado tenga problemas de víctima sin resolver y atraiga a su propio asesino. Aquí es donde no saber nuestra «historia de vidas pasadas» se entromete en el camino. Dado que no hay un espacio entre el pasado y el presente, o el presente y el futuro a excepción del que nos imaginamos en nuestra mente, los acontecimientos de una vida pasada (o futura) están ocurriendo ahora mismo de una forma paralela a la realidad. Pero como la mayoría de nosotros no somos conscientes de esta realidad paralela, a la que nos referimos convenientemente como «vidas pasadas», nos asaltan muchas dudas y confusión siempre que somos testigos de una situación aparentemente injusta, como el asesinato de un niño inocente. Estos asuntos vitales pasados, sin embargo, están conectados intrínsecamente con las experiencias presentes y las lecciones vitales de una persona, incluso si implican la muerte a una edad temprana.

No obstante, la confusión que surge por no ser capaces de tener recuerdos conscientes de nuestras situaciones de «vidas pasadas» y de las de otras personas es necesaria para que exterioricemos las emociones que necesitamos experimentar como parte de nuestros contratos con almas. Si hubiéramos sabido lo que se esconde detrás de todo, la verdad de que no hay ninguna interferencia y, por tanto, ninguna víctima, estaríamos privados del desarrollo de emociones negativas y no habríamos aprendido sobre la separación y sobre cómo unirla mediante el poder del amor y la compasión. Nuestra misión colectiva en la Tierra es comprender totalmente el mundo dual de la separación de todas las formas posibles y, a través de esta experiencia, infundir nuestra esencia divina en la densidad de la tercera dimensión.

Desconocer la gran perspectiva de la vida puede provocarnos desesperanza y desilusión sobre el destino del mundo. Cientos de millones de niños viven de la prostitución, la esclavitud y la explotación, y millones de personas se mueren de hambre cada año. Muchos de nosotros nos sentimos horrorizados ante estas flagrantes transgresiones de la justicia. Aquellos que han perdido la fe en su religión a menudo lamentan: «Dios no puede ser un Dios de justicia, amor y compasión si permite que ocurran estas cosas». Pero, entonces, necesitan experimentar la separación del Dios ficticio que han creado en sus mentes *para encontrar el verdadero Dios en su interior*. Incluso puede que necesiten juzgar a Dios por ser injusto y despiadado antes de poder ver y aceptar que es su amor omnipresente lo que une a los «enemigos» a fin de que puedan aprender unos de otros sobre las formas de dualidad y unidad.

Lo más importante que debe comprenderse acerca de la justicia es que uno nunca puede interferir en los asuntos vitales de otra persona a menos que así se lo haya pedido y lo haya invitado su Yo Superior. Lo más lejos que uno puede llegar sin una invitación para ayudar a otra alma es servirle de catalizador o de espejo. De todos modos, uno no lo hace por puros motivos desinteresados. El premio por ser el catalizador o el espejo de alguien es verse a sí mismo, permitiendo así aprender y desplegar el propio gran potencial interno. Visto desde una perspectiva más amplia, la idea de que alguien está haciendo daño a otra persona es pura ficción, así como la noción de injusticia.

¿Dónde se halla la justicia en el Holocausto y las limpiezas étnicas?

Actualmente, muchas personas aceptan que el papel del karma (a menudo indicado como «lo que se siembra se cosecha y no al revés» o «lo que se da se recibe») desempeña un papel innegable en la esfera de las interacciones humanas. Para ellas, la idea de que las víctimas crean conjuntamente su propia persecución no sólo es plausible sino que además es la única explicación que puede haber. Sin embargo, la comprensión de este sistema universal de restablecimiento de la justicia se ve desafiada cuando unos pocos individuos con enormes poderes a nivel mundial afectan negativamente a grandes porciones de una población. La historia registrada está repleta de ejemplos de matanzas masivas, como el genocidio de millones de armenios, el Holocausto de la segunda guerra mundial, la erradicación de los kurdos, la matanza de miles de argelinos y tibetanos o los conflictos de Kosovo y Bosnia, por nombrar unos pocos. En la mayoría de estas situaciones, se culpa a una o a varias personas como causantes de tales atrocidades.

Todos estos ejemplos pueden crear grandes dudas sobre el papel del karma como sistema fiable de justicia natural. Considerando el Holocausto, por ejemplo, ¿cómo podría haber algo en el mundo que justificara el asesinato de millones de personas inocentes que sólo tenían una cosa en común, eso es, ser descendientes de judíos? Sin embargo, la cuestión plantea si fue el odio de sólo un hombre fanático de Austria lo suficientemente poderoso, lo que hizo que cientos de miles de alemanes creyeran que los judíos eran una plaga que debía ser exterminada. ¿Cómo millones de personas pudieron ser asesinadas por unas pocas y no pudieron hacer nada por salvarse? ¿La justicia natural es tan injusta como para dejar que cualquiera se quite de en medio en un asesinato masivo? Estas preguntas no tienen una respuesta satisfactoria, del mismo modo que un problema físico no puede resolverse con la comprensión de sus síntomas. Las *causas* de ambos permanecen ocultas y aparentemente no relacionadas con sus *efectos*. Sin embargo, tras las escenas de lo que ocurrió en los campos de concentración y de batalla de la segunda guerra mundial, se escondía un significado más profundo, uno que tejía los complicados hilos de los karmas individuales y colectivos a fin de sembrar el terreno para un despertar espiritual sin precedentes que tal vez, de lo contrario, nunca habría ocurrido.

El gran sufrimiento que experimentaron y al que finalmente sucumbieron los judíos alemanes fue parte de un drama de proporciones sin precedentes representado por alemanes y judíos, así como también por muchas de las naciones mundiales. Tan horrible como fue, el holocausto se experimentó con el permiso de todas las almas implicadas. El trauma colectivo fue, de hecho, una tremenda liberación de ideas, dogmas y comportamientos destructivos, restrictivos y juiciosos de las personas que vivían en la Tierra en aquel entonces.

La guerra no fue por culpa de una sola persona, a pesar de que prefiramos verlo de este modo para evitar sentirnos responsables. Incluso aquellos que resistieron, odiaron y juzgaron a los alemanes nazis, los estaban alimentando con energía negativa. El Holocausto recibió su energía para poder manifestarse porque había demasiada energía destructiva flotando alrededor de la Tierra. Hitler y aquellos que lo ayudaron fueron alimentados por esta energía; dependía de ellos cómo y dónde centrar la destrucción. Dada la intensidad del estrés y el miedo colectivo en el momento previo a la guerra, la destrucción habría tenido un impacto similar incluso a pesar de que no hubiera habido un Hitler.

Casi todas las personas del mundo sufrieron de una u otra manera a causa de la guerra, tanto si fue debido a dificultades económicas, a la pérdida de sus seres queridos o a la destrucción de sus casas y sus ciudades. Su sufrimiento ocurrió como respuesta directa a los conflictos y guerras dentro de sus propias mentes. No experimentaron estas increíbles dificultades porque se merecieran sufrir, sino porque sus almas habían pedido ser liberadas de esta carga de tensión colectiva a la que habían contribuido, cada uno a su propia manera. Aquellos que perdieron la vida no perdieron nada; simplemente escogieron avanzar al siguiente nivel de su búsqueda espiritual y, al mismo tiempo, eliminar gran parte de las energías colectivas e individuales que estaban impidiendo que la humanidad en general aumentara su nivel vibracional.

Hasta la erupción de la mayor guerra de la que jamás ha sido testigo esta Tierra, la población mundial no estaba preparada para una revolución espiritual. Los nudos kármicos estaban demasiado apretados para poder desatarlos más cuidadosamente. Fue necesario cortarlos, y a pesar de que esto fue doloroso para todos, acercó a la humanidad más que nunca al extremo del péndulo, representando la noche oscura del alma o el estado más extremo de la dualidad. Casi todos los que vivían en aquel entonces participaron en los terribles dolores del parto que acompañaron al nacimiento de una nueva era y a la destrucción de la antigua, la cual ya no era apropiada para el progreso de la humanidad. En el período relativamente corto de la guerra, se deshizo gran parte de la carga kármica que se había acumulado en la Tierra durante miles de años de abusos. Fue una operación de gran envergadura conseguir cientos de millones de almas para encarnar en la Tierra a fin de representar el drama de la segunda guerra mundial y pavimentar el camino hacia la liberación de la dualidad.

La muerte: nuestra mejor maestra

Lo que consideramos vida y muerte simplemente forma parte de la ilusión de la dualidad que estamos aprendiendo a desmantelar. Si deseamos estar en nuestra verdadera esencia durante nuestra estancia en la Tierra, es necesario abandonar por completo la idea de que la vida empieza cuando nacemos y termina cuando morimos. Todos tuvimos que morir en la forma física numerosas veces a lo largo de nuestra experiencia humana en este planeta. Mientras sigamos temiendo nuestra muerte y la de otras personas, necesitaremos seguir experimentando los ciclos de vida y muerte. Si no aceptamos la muerte, no comprenderemos lo que es la vida. Si bien la muerte no es un castigo, generalmente se ve de esta manera.

La mayoría de las personas niegan que exista la muerte o la «posponen» hasta que se encuentran con ella cara a cara. Nos esforzamos tanto en evitar la muerte que, en realidad, dejamos de vivir mientras seguimos en un cuerpo físico. En otras palabras, si tratamos de alargar la vida, ya estamos muertos. Gran parte de nuestro tiempo y nuestros esfuerzos a lo largo de la vida lo gastamos en salvaguardarnos de lo inevitable. Nos esforzamos en ahorrar dinero para no tener que morirnos de hambre cuando envejecemos. Nos aseguramos contra las enfermedades para no tener que morir por falta de un tratamiento médico eficaz si surge la necesidad. Los médicos hacen todo lo posible por prolongar la vida de un paciente incluso aunque éste prefiera morir. Nuestra relación con la muerte está tan arraigada en el miedo que incluso la economía lleva el estigma: «si no tienes suficiente dinero no puedes ganar en este mundo».

En realidad, las personas no tienen miedo de la muerte en sí; temen vivir porque constantemente les recuerda a la muerte. Tienen miedo de perder lo que tienen: su familia, sus casas y posesiones. La incertidumbre de la vida puede causar el miedo a la muerte en muchas personas. En cada instante nos enfrentamos a la incertidumbre de la vida. Un terremoto mortal podría ocurrir en cualquier lugar y a cualquier hora, además de haber muchas otras maneras impredecibles que pueden terminar con nuestra vida. Millones de personas de todo el mundo abandonan el planeta Tierra de este modo cada día. Es necesario que experimentemos y tratemos la vida y la muerte como parejas iguales porque representan extremos de la dualidad. Al pasar por suficientes ciclos de vida y muerte, aprendemos a aceptarlas de buena gana y sin miedo. Finalmente descubriremos que la vida no tiene principio ni fin. Nunca morimos; simplemente *estamos* evolucionando siempre. A fin de romper la ilusión del ciclo de vida/muerte más rápida y fácilmente, nuestro Yo Superior ha acordado dejar que nuestro yo humano (ego) muera numerosas veces y con más frecuencia. Esto requiere más dramas colectivos de hambrunas y guerras. La primera y la segunda guerra mundial fueron dos de los más importantes.

La muerte que experimentaron muchísimas personas en los campos de concentración nazis y aquellos que murieron durante los bombardeos en las ciudades alemanas y europeas, así como en los campos de batalla, por un lado eliminaron de la mente colectiva de las masas moribundas una gran cantidad de miedo a vivir y, por otro lado, generaron una gran ola de miedo a la muerte en las mentes de aquellos que se quedaron. Hoy la ola todavía no se ha detenido. La población mundial nunca había estado tan cerca de las emociones nucleares de la separación como durante aquellos años de guerra. Esta etapa fue muy importante para la emergencia de un nuevo orden mundial que ayudaría a las futuras generaciones a trascender finalmente las limitaciones impuestas por el estigma dual de la vida y la muerte y ascender a las estructuras inmortales de sus verdaderos seres.

Vivir en la burbuja de Maya

Todo el asunto de la justicia es dolorosamente difícil de comprender porque estamos viviendo una época muy complicada en el mundo tridimensional. Mientras vivimos en la dualidad estamos completamente engañados por la apariencia de los eventos concretos en espacio y tiempo, y tardamos muchas vidas de experiencia en la arena física para finalmente concluir que la verdad de las cosas es exactamente lo contrario de lo que parece. Casi cada persona en el mundo ha visto amanecer en el este y atardecer en el oeste. Si a los niños que han visto el movimiento diario del Sol de este a oeste les decimos que no es verdad, al principio pueden quedarse perplejos. Se están confrontado con un desafío de difícil solución. ¿Creo lo que veo? ¿O creo lo que es totalmente contrario a lo que veo? Si el Sol fuera realmente estacionario y nosotros nos estuviéramos moviendo a su alrededor, tendría sentido que jamás hubiera un amanecer ni un atardecer; no obstante, mi sentido de la vista y mi experiencia diaria me dicen que tenemos amaneceres y atardeceres cada día.

Ver el Sol moviéndose alrededor de la Tierra es una ilusión que ha creado el sentido de la vista; saber que el Sol no se mueve alrededor de la Tierra es una realidad. Al final, debe reconciliarse la comprensión de este fenómeno con lo que vemos aparentemente. Aunque se contradigan uno con otro, una vez comprendidos podemos vivir cómodamente con la ilusión y con la realidad. Sin embargo, por motivos prácticos, seguimos los ciclos del día y la noche creados por el aparente amanecer del Sol en el este y la puesta de Sol en el oeste. Incluso nuestras glándulas endocrinas están engañadas para creer que existe un movimiento del Sol; lo llamamos ritmo circadiano. Las secreciones cíclicas de hormonas están vinculadas precisamente con los «movimientos» del Sol, y proporcionan la base fisiológica para seguir un fenómeno que en realidad no está ocurriendo.

El mismo principio puede aplicarse a todo lo que existe en nuestro universo físico. El mundo tal y como se nos muestra con todos sus distintos fenómenos es una enorme burbuja de ilusión que los antiguos llamaban *Maya*. Mientras sigamos en esta burbuja debemos jugar a su juego; algunas veces parece que perdemos y otras que ganamos. Sin embargo, si saliéramos de la burbuja, sabríamos por qué jugábamos y perder dejaría de ser una posibilidad.

Jugar al juego de la dualidad durante el suficiente tiempo y con bastante frecuencia nos ayuda a profundizar en nuestra comprensión sobre la naturaleza de la burbuja. Se nos ha concedido la experiencia de la desilusión para que podamos liberarnos de nuestras ilusiones y aumentar nuestra capacidad de discernir la realidad. De no aferrarnos primero a las impresiones falsas, es posible que jamás descubriéramos cómo se siente uno al estar libre de ilusiones. En cuanto sabemos cómo funciona Maya, podemos hallarnos fuera de la burbuja observándola desde la distancia. Solamente con observar el mundo de nuestro alrededor con tranquilidad y discernimiento nos ayuda a ver la finalidad de la burbuja de Maya. A primera vista, ver a alguien que pega a un inocente transeúnte nos hace creer que se trata de un acto evidente de violencia que justifica la acusación y el castigo del agresor. Por otro lado, creemos que la víctima debería recibir ayuda y protección. Sólo podemos tener una respuesta de reacción cuando observamos la escena desde el interior de la burbuja de Maya. Al contrario, si observamos la situación desde el espacio sagrado de nuestros corazones, sólo podemos sentir amor y compasión tanto por la víctima *como por* el agresor. Empezaremos a darnos cuenta de que aquellos que muestran inconscientemente una energía negativa en sus pensamientos y acciones son como una vacuna que hace que el resto nos volvamos inmunes a los estímulos dramáticos.

Una respuesta crítica no revela nada acerca de la verdadera naturaleza del evento que ocurrió. Si no observamos con los ojos del corazón, no podemos comprender la realidad subyacente del evento, sus verdaderas causas. Esto nos convierte en participantes automáticos. Sentir ira hacia el agresor está más relacionado de lo que creemos con nuestros propios asuntos pendientes sobre la ira. En realidad, cuando nos implicamos emocionalmente, añadimos más velocidad e intensidad a la situación.

La física cuántica nos dice que en el mundo real, el observador de un evento particular, como el movimiento de un electrón, ejerce una *influencia directa apreciable* sobre aquello que observa. La ley que describe este fenómeno se conoce como «relación observador-observado». La realidad cambia con el punto de vista del observador. Se han llevado a cabo estudios sobre soluciones acuosas, comportamiento animal y modelos de ordenador que han mostrado que los resultados de los experimentos científicos están muy determinados por las expectativas subjetivas y las nociones preconcebidas de los científicos que los llevan a cabo. Como todo lo que llamamos mundo «real» es una forma de energía, nada es realmente predecible; cada situación o cosa está sujeta al cambio. Y según las últimas investigaciones, incluso se pueden alterar los efectos que tienen los eventos pasados sobre los eventos futuros. Nick, por ejemplo, cambió drásticamente su futuro predecible de tener que cumplir tres cadenas perpetuas a uno lleno de alegría y libertad al infundir su cruel yo pasado con perdón y compasión. Nuestras actitudes, perspectivas, sentimientos y emociones cuentan más de lo que creemos y pueden explicar parcialmente todo lo que ocurre a nuestro alrededor.

Ni víctimas ni agresores

Dentro de grupo de personas que haya sido testigo de un crimen, muy pocas pueden considerarse transeúntes inocentes; todas son participantes.

Generalmente, participamos al añadir nuestro propio combustible de rabia a la rabia que ya existe en el delincuente incluso antes de que cometa el crimen. La ira es una vibración, un campo de influencia que nos rodea y que se acopla con el de aquellos que tienen una vibración similar. Este acople ocurre especialmente en las ciudades muy pobladas donde muchas personas viven muy cerca de otras. Los delitos tienen lugar con mucha más frecuencia e intensidad en áreas donde el campo de ira está más concentrado. La rabia combinada alcanza un punto de saturación y luego estalla en una ola de violencia liberándose así del campo de energía de esta área. Esto hace que los delitos sean un fenómeno colectivo en lugar de un fenómeno aislado en el que sólo participan unas pocas personas.

En la mayoría de los casos de violencia, la persona que hiere a la otra no tiene un control consciente de la situación y más tarde se arrepiente de lo que ha hecho. Incrédula por su propia acción, no puede comprender qué le ha ocurrido. Apenas sabe que no era la única persona implicada en el delito; simplemente era la candidata más adecuada para llevar a cabo este acto debido a su conexión kármica con la víctima.

Al estar en la burbuja de la dualidad no tenemos demasiada elección sobre nuestra reacción bipartidista en relación al delito que hemos presenciado porque ésta viene de nuestro cuerpo emocional. Las emociones pueden suprimirse durante un tiempo, pero no pueden controlarse. Si tratamos de controlarlas se vuelven más intensas. Lo que *es* nuestra elección es cómo tratar con ellas en cuanto han aparecido, y aquí es de gran ayuda el conocimiento y la comprensión.

Cuando vemos a alguien que le hace daño a otra persona entramos en contacto con dos tipos de emociones. Mientras se abre nuestro corazón y sentimos una compasión abrumadora por la víctima del delito, estamos simpatizando con el rol de víctima que tantas veces hemos desempeñado en esta vida o en otras. Al instante siguiente, mientras dirigimos nuestra rabia hacia el agresor, nuestro corazón se cierra de nuevo y seguimos la naturaleza dual del cambio. Se cierra porque nos estamos enfrentando al conocimiento inconsciente de que hemos sido agresores en esta vida y/o en otras. Podemos resonar con estos roles porque los hemos desempeñado muy a menudo en el pasado (que es simplemente una realidad paralela).

Ser testigos de un delito es una oportunidad no casual que nuestro Yo Superior ha creado junto con otras almas para aceptar y abarcar la compasión y la ira en nuestras propias vidas. En este universo no hay nada que no tenga una utilidad o un significado y propósito específicos. Lo mismo puede decirse de nuestra infinita corriente de pensamientos y respuestas emocionales que tenemos en cualquier situación del área de las relaciones personales, la salud, Dios y la religión, las riquezas, la economía, la política o la justicia. La impaciencia de ver al culpable de un delito recibir un castigo apropiado es nuestro propio asunto personal y no deja de ser así mientras sigamos sintiéndonos enfadados con nosotros mismos. Expresamos nuestro deseo de castigar a otra persona porque aún nos sentimos culpables por haber desempeñado un rol similar en numerosas ocasiones previas. Y como no podemos escapar de nuestro cuerpo emocional, que es una colección de todas las emociones que hemos creado durante todas nuestras vidas, al final debemos afrontarlas y equilibrarlas.

Si nos atrevemos a tirar la primera piedra a la prostituta que ha «arruinado» tantas familias con su seducción, lo único que estamos haciendo es expresar o llevar a la superficie el «pecado» de haber hecho algo similar. *Somos el delito que juzgamos.* Si vemos injusticia en los crímenes, entonces estamos siendo injustos porque no hay ningún otro delito que el que vemos. Cuando no tenemos más sentimientos enfermizos en nuestro corazón que necesiten ser dominados o eliminados, podemos dejar de tener cualquier deseo de castigar a los demás por cualquier «error» que puedan haber cometido. En la historia de Jesús y la prostituta, Jesús no emitió ningún juicio sobre ella. Simplemente la aceptó por quién era. Y también vio y señaló el motivo que se escondía detrás de los sentimientos de venganza que la multitud albergaba contra esta mujer. Cuando se dieron cuenta de que no eran distintos que ella porque todos habían pecado antes, las mismas personas que estaban a punto de asesinar a la mujer de pronto tomaron consciencia de lo que estaban haciendo y se marcharon avergonzados, aunque más conscientes de ellos mismos. En un instante, Jesús les había mostrado que la prostituta representaba una imagen especular de sus propios comportamientos del pasado. Traban de encontrar errores en otra persona porque no se atrevían a exponer sus propios defectos. El pasado cuenta porque siempre es presente. Todos tuvimos que ser agresores en alguna etapa para poder aprender cómo detenerlos; mentalmente con nuestros pensamientos críticos, emocionalmente con nuestros sentimientos de repugnancia y físicamente de cualquier manera.

Jesús dijo una vez: «Perdonadles porque no saben lo que hacen». Donde hay perdón, juzgar se queda anticuado. Al perdonar a la prostituta, la multitud preparó el camino para perdonarse a sí misma, o lo que es lo mismo, para aceptarse. Perdonar a otra persona es lo mismo que aceptarla. Aceptar a otra persona no es distinto de aceptarse a uno mismo. Sólo tenemos dificultades con los demás cuando no podemos sobrellevar algún aspecto de nosotros mismos. Este círculo atraviesa todas las relaciones prósperas. Todas las posibles relaciones que podríamos tener en la vida son un reflejo perfecto de la relación que tenemos con nosotros mismos.

En esta historia, no sólo la multitud aprendió su lección. La prostituta, que desempeñó el rol de víctima, perdió su miedo al victimismo. El hecho de que el Hijo de Dios no la juzgara debió significar para ella que era merecedora de su amor y perdón/aceptación. Aumentó su autoestima y vio que su vida tenía valor y propósitos. Al conseguir sentir aprecio por sí misma, fue capaz de cambiar sus costumbres y dejar de abusar de su cuerpo y de ella. Se curó y rehabilitó casi de forma instantánea. La situación de Nick tampoco fue muy distinta. El profesor de MT que tanto lo impresionó no era el Hijo de Dios (o tal vez sí), pero sin duda *fue enviado* por Dios. Llegó en el momento oportuno al lugar adecuado, justo cuando Nick había alcanzado el peor período de su miserable vida. Lo que Nick vio en este hombre fue que él mismo era merecedor de paz y amor, algo que ningún castigo podría lograr.

El castigo: ¿una causa de crimen e injusticia?

Si se consideran superficialmente, los delitos parecen tratarse de un «hierbajo» de la sociedad muy persistente debido a que no los castigamos lo suficiente. Las estadísticas sobre delitos muestran que desde la introducción de penas más duras y tecnología informática, algunos delitos han descendido hasta los niveles más bajos mientras que otros han permanecido igual o incluso han aumentado. En realidad, es muy difícil determinar lo que hace aumentar o disminuir los delitos. Las personas cometen actos delictivos a causa de emociones como el miedo, la insatisfacción, la infelicidad, la codicia, la baja autoestima, la rabia, la agresión o el odio. Independientemente de lo poderosa que pueda ser la disuasión, cuando las personas no son capaces de retener sus emociones buscan una manera de liberarlas. Atracar un banco, por ejemplo, puede proporcionar una sensación de éxito a personas que nunca triunfaron en nada. Utilizar una pistola puede darles una sensación de poder que nunca tuvieron; al no ser «nadie» antes, un acto delictivo les hace sentir que son «alguien». La conclusión es que la falta de valía –la causa principal de todos los delitos– no puede resolverse con ninguna forma de disuasión ni castigo, porque el verdadero problema sigue estando allí. Y cuando la frustración no se puede expresar exteriormente, se interioriza. Una persona en tal situación puede sufrir una gran depresión, consumir drogas, volverse alcohólica, contraer una enfermedad grave o suicidarse. Tanto si la frustración se exterioriza a través de un delito o se interioriza mediante la autodestrucción, sigue estando allí mientras exista el castigo.

En el caso de la prostituta, fue capaz de cambiar sus costumbres sólo porque no fue juzgada ni castigada por sus acciones pasadas. De haberla castigado, le habrían lanzado piedras hasta matarla. Sin embargo, su espíritu habría continuado y en una vida futura habría tenido que desempeñar nuevamente el rol de víctima o convertirse en alguien que lanzara piedras a los demás, dependiendo de su reacción en el momento de su muerte física.

Mientras vivimos en la dualidad, castigar a alguien por cometer un delito es igual que cometer un delito que, a su vez, recibirá un castigo. Aquellos que juzgan a los demás serán juzgados por otras personas; el proceso es automático e infalible. Por consiguiente, los jueces actuales están en una posición provocadora porque han creado una situación que los obliga a emitir juicios sobre los demás. Incluso aunque se les llama «Su Señoría», en realidad son las víctimas de sus propios juicios, y así será hasta que empiecen a reconocer y a desarrollar conscientemente un sentimiento de «honor» y respeto por aquellos a quienes juzgan. El juez se sentirá realizado si los considera Hijos de Dios, seres iguales independientemente de lo que hayan hecho, e inspirará a aquellos que son sentenciados a ponerse en contacto con su integridad innata. Es más, aquellos que juzgan a sí mismos, juzgan a los demás del mismo modo. Debemos recordar que el castigo y el juicio sólo *aparentan* ser negativos, y aunque aquellos involucrados lo sienten de forma negativa, son simplemente instrumentos de aprendizaje y crecimiento. La verdadera prevención de los delitos empieza en la reparación del corazón, que puede conseguirse en un instante.

¿Se ha preguntado el lector alguna vez por qué los programas de rehabilitación de las cárceles tienen una proporción tan alta de reincidencia (número de presos puestos en libertad que cometen nuevos delitos y regresan a la cárcel)? Una de las principales razones es que no hay ningún programa disponible para los presos que abra sus corazones. Hay más de seis millones de personas encarceladas en todo el mundo y muchas de ellas cumplen cadenas perpetuas. Sólo en Estados Unidos hay más de un millón de presos. Los presos están prácticamente obligados a defenderse de otros presos. Las agresiones y los ataques violentos se convierten en un medio de supervivencia. Un preso normal tiene numerosas cicatrices de apuñalamientos que le asestan sus compañeros con lanzas, cuchillos y otros objetos fabricados por ellos mismos capaces de causar lesiones. El abuso de drogas también ha proliferado en todas las cárceles. Alrededor de veinte mil pandillas controlan las vidas de los presos. No pertenecer a ninguno de estos grupos criminales organizados, que operan tanto dentro como fuera de las cárceles, es una amenaza contra la propia integridad. El sistema de la cárcel no ofrece una verdadera protección a sus reclusos. «La ley del más fuerte» y ser extremadamente vigilante de los movimientos de los demás son las principales normas que controlan la vida en la cárcel. Incluso los sistemas de vigilancia más rigurosos de las cárceles de máxima seguridad no pueden cambiar el hecho de que hay *más delitos violentos dentro de las paredes de una cárcel que en las calles.*

Muchas personas piensan que estos delincuentes merecen estar encarcelados y que deberían permanecer allí muchos años como pollos en pequeñas jaulas, incluso toda la vida. Este patrón de pensamiento es exactamente como aquellos que se sienten de este modo, que forman parte de una conciencia colectiva de la sociedad, se convierten en participantes activos de los dramáticos crímenes. La excepción es que no terminen en la cárcel por sus ideas, por lo menos no físicamente. Las cárceles de todo el mundo seguirán siendo los lugares del planeta más estresantes e inquietantes siempre que el resto de personas sigamos teniendo una actitud de castigo en nuestro interior. Como todavía cargamos con mucha culpa en nuestros corazones por todas las cosas que hemos hecho mal en esta y en otras vidas, nos sentimos mejor de alguna manera si la proyectamos externamente y condenamos a los demás por no ser tan perfectos como a nosotros nos gustaría ser. Uno puede sentirse culpable casi por todo lo que hace y lo que no. Tal vez se sienta mal por no haber hecho lo suficiente por ayudar a un amigo que lo necesitaba, por haber criticado a los demás, por haber manipulado o engañado a un cliente, por haber roto una relación, por haber herido a aquellos que más quiere, etcétera.

El mundo del sufrimiento sirve de recordatorio de que todavía albergamos estos juicios en nuestros corazones. *Los juicios mantienen cerrado el corazón* hasta que estamos preparados para abrirlo y que lo vea y comparta el mundo entero, incluso aquellos que creemos que se merecen un castigo. Esta creencia es una *limitación autoimpuesta* del corazón, un encarcelamiento; si queremos liberarnos, la limitación debe dar paso al amor por *todas* las formas de vida. Si vemos maldad cuando una persona trata de herir a otra, sólo somos capaces de verla como tal porque no hemos aceptado nuestra propia «maldad» de algún momento del pasado. Todas nuestras vidas están repletas de eventos de mayores y menores injusticias, y ahora nos enfrentamos a ellos de nuevo mientras otros los crean para que los veamos y tratemos.

Los medios de comunicación, internacionales y casi instantáneos, nos permiten saber lo que está ocurriendo en cualquier parte del mundo en el mismo instante que ocurre. Sólo con apretar un botón aparecen en nuestras casas imágenes de guerras, noticias sobre desastres, epidemias, ataques terroristas, etcétera. Muchas personas dicen que los medios de comunicación nos manipulan cuando nos dan su opinión censurada y nunca nos proporcionan la verdadera visión de las cosas.

Sin embargo, esta manipulación es exactamente lo que necesitamos *en este momento*. A nivel colectivo, todavía necesitamos un espejo que nos refleje constantemente lo que nos estamos haciendo. Lo que nos disgusta no es lo que ocurre, sino lo que aún tenemos almacenado en nuestro interior. La situación actual provoca que nos perdonemos y aceptemos por haber hecho algo que en algún momento creímos que estaba mal y construimos culpa a su alrededor. No tiene ninguna importancia lo que hayamos hecho en el pasado; lo que importa es cómo nos enfrentamos a ello *ahora*. Incluso si fuimos un embustero, un ladrón, una prostituta o un asesino, independientemente de si fue ayer o hace doscientas vidas, es sólo lo que hicimos y no quiénes somos. En cuanto Nick sintió que el lugar dentro de él era sagrado, en un momento de paz y amor era un hombre distinto. Lo único que había hecho era aceptar esa parte de él que nunca había sabido que tenía; es decir, la capacidad de sentir amor y respeto *por él mismo*.

Nick hizo las paces consigo mismo y enseguida quiso compartir su amor recién encontrado con sus enemigos. El deseo de ser amigo de enemigos que estaban allí sólo para herirlo y dominarlo no surgió del castigo, de asistir a un programa de rehabilitación ni de estudiar la palabra de Dios. Ocurrió de forma natural cuando alcanzó la máxima saturación posible de negatividad, agresión y odio hacia sí mismo y hacia el mundo. El péndulo tenía que oscilar de nuevo. En ese mismo instante, el destino, que es sólo otra palabra para designar el cálculo divino, decidió que tenía que aparecer alguien en su vida para poder provocarle un sentimiento de esperanza. Esta persona tenía que estar libre de juicios y temores para entrar en el infierno viviente de una cárcel de máxima seguridad. Lo único que esta persona vio en Nick y en otros presos fue el potencial de amor y paz.

Después de que amplios grupos de presos se sometieran a las clases de meditación, la anécdota más sorprendente que destacaron los vigilantes de la cárcel fue la expresión de tranquilidad y libre de tensiones que se reflejaba en los rostros de los presos y la completa falta de miedo de éstos de recibir una puñalada por la espalda. Nunca antes habían visto filas de reclusos sentados pacíficamente con los ojos cerrados ni siquiera un minuto, y mucho menos dos veces al día durante veinte minutos. Tampoco se habrían imaginado jamás trabajar en una cárcel que tuviera tan poca violencia y tensión como aquella durante la época del experimento. Desgraciadamente, como la mayoría de las cárceles se han privatizado, a sus propietarios no les interesa rehabilitar a los reclusos. Las cárceles se han convertido en uno de los negocios más rentables, mucho más «prósperos» que todas las cadenas de los hoteles más lujosos juntos. Sale rentable mantener las cárceles como lugares peligrosos porque ello asegura que los presos tengan más probabilidades de volver finalmente a la cárcel. Pero incluso esto forma parte de la visión más amplia.

El castigo es un proceso de doble sentido. En uno participan aquellos que tienen la necesidad interna de juzgar por razones personales, es decir, de llevar a la superficie lo que no les gusta de ellos mismos. El segundo obliga a aquellos que se sienten juzgados a enfrentarse al rol de víctima, que es tener una baja autoestima que atrae de forma natural ataques o críticas. Todo palo tiene dos extremos que señalan en direcciones opuestas. La consciencia de una víctima necesita a un agresor para aprender sobre sí misma, y la consciencia de un agresor necesita encontrar una víctima para saber qué se siente al desempeñar este rol. Un asesino puede que por un instante sienta el poder que acarrea ser el autor de un crimen, pero en cuanto lo detienen siente la vulnerabilidad de una víctima. El abogado de este delincuente ahora se convierte en perpetrador, es decir, en el que trata de castigar o discriminar a otro por cualquier motivo «justificado». Uno sigue al otro. Todos hemos desempeñado estos roles numerosas veces. Y ambos son necesarios mientras sigamos viviendo en nuestra propia creación de la dualidad. De hecho, el castigo de los perpetradores les sirve hasta que finalmente llegan al punto de aceptarse a sí mismos por lo que son, independientemente de sus actos pasados. El castigo de otro les da la oportunidad de liberar algunos de sus sentimientos contenidos de culpa. Las mujeres maltratadas a menudo sienten alivio cuando sus maridos las pegan. Sin embargo, en cuanto ven un momento para obtener ventaja, asumen el rol de victimarias, a menudo con sus propios hijos.

Por consiguiente, incluso las cárceles han cumplido su objetivo en la sociedad hasta ahora. Los presos han permanecido «adheridos» a los roles de víctima y victimario alternativamente. Todo victimario ha sido una víctima y toda víctima ha sido un victimario. Todos poseemos los dos roles de alguna forma posible y todos los hemos expresado de alguna u otra manera a lo largo de nuestras vidas. Los medios de comunicación reflejan este drama en las noticias de cada día y a través de películas, novelas, telenovelas, etcétera. Afortunadamente, el péndulo del tiempo está cambiando de dirección. Pronto seremos capaces de abandonar la necesidad de castigar como método para obtener la justicia.

Aunque la verdadera justicia prevalece en todos los tiempos porque nadie puede violar la ley de la no interferencia, la *ilusión* de la injusticia pronto se disolverá ante todos. Los delitos simplemente dejarán de servirnos como medios de aprendizaje y de vernos reflejados. En su lugar, los humanos se reconocerán recíprocamente por quiénes son en realidad: Seres Divinos en formas humanas. Sólo con descubrir y reclamar nuestra propia divinidad, la unidad con nuestro Origen, la veremos automáticamente en los demás, independientemente de si se hallan en el cuerpo de un criminal o de un sacerdote. Cuantas más personas experimenten esto, se aplicarán menos castigos como medida para corregir el comportamiento. Si no llevamos a cabo acciones punitivas, aumentará nuestro poder para ver la verdadera naturaleza de los demás. Esto, a su vez, creará la condición previa para que se rehabilite cualquier criminal en un período muy corto de tiempo si así lo elige. Los delitos serán mínimos. Al mismo tiempo, las noticias de los medios de comunicación tendrán una tendencia menor a informar sobre noticias negativas, porque la población tendrá muy poca necesidad de ver imágenes especulares negativas. En el nuevo orden mundial, remitirá la emisión de juicios sobre los demás para darnos cuenta de la propia culpa e insatisfacción porque la autoestima y la autoaceptación dominarán el comportamiento de casi todos. Estamos justo en el medio de una transición colosal de una vida de juicios y aparentes injusticias a una vida libre de censuras; una vida con verdadera justicia y paz. Sin embargo, todavía no hemos llegado, y es nuestro reto descubrir el camino que nos conduce a trascender la dualidad de la apariencia.

Ganar el poder de la aceptación

Sólo podemos ver, percibir, sentir, oír y comprender lo que más nos conviene. Cada momento es un momento divino. *Aceptar lo que es* en vez de controlarlo, manipularlo o rechazarlo es quizás una de las cosas más eficaces que podemos hacer para solucionar cualquier problema que podamos tener en la vida. Con ello no quiero decir que resistirse o juzgar esté mal, porque nos sirve de ayuda para comprender la finalidad de la dualidad. Pero al *aceptar lo que es* trascendemos la dualidad. La aceptación es la clave para desarrollar esta serenidad interior que nos permite deshacernos del pasado, con todos sus errores y arrepentimientos, y ser libres de todas las expectativas que nos atan a acontecimientos futuros que ni siquiera han ocurrido. Nos conduce al camino del presente eterno. Proyectar nuestros pensamientos y deseos en el futuro es la antigua manera de crear la realidad. La nueva manera de crearla está basada en estar en el momento y emanar energía, no en el futuro *per se*, sino en todos los momentos del tiempo.

Una de las principales leyes de la vida es la ley de la libre voluntad. Según esta ley, cada alma es libre de aceptar, rechazar o ignorar todas las almas de su alrededor o incluso ignorar la Creación. Pero ignorar o rechazar la responsabilidad de nuestras propias necesidades y las de los demás puede afectar enormemente nuestro bienestar. Por ejemplo, fracasar a entregarse a la pérdida de control de la vida puede provocar entumecimiento en las manos y los brazos e incluso parálisis. El deseo de controlar es lo contrario de aceptar lo que es. Surge del miedo por no estar en el momento, el único lugar realmente seguro que puede haber. El cuerpo físico representa el drama espiritual o mental de no hacerse responsable de uno mismo para aprender de la experiencia. El deseo de evitar llevar la propia carga mental o espiritual y no aceptarla por lo que es es la principal razón de las enfermedades físicas y mentales.

La aceptación de todo lo que se presenta en la vida es la clave para curar cualquier tipo de enfermedad, incluso el cáncer; tratar de controlar las cosas que nos ocurren es una forma segura de crear enfermedades. Estas almas que, desde la profundidad de su ser, buscan amor y unidad en sus vidas humanas fortalecen su progreso con un efecto multiplicador enorme. Lo único que hacen es aceptar la responsabilidad del potencial de un aprendizaje espiritual en cada momento de sus vidas. Dan un significado espiritual a todo, incluso a la ira, el odio y el sufrimiento. Buscar amor nunca puede ser infructuoso porque cada momento contiene amor, independientemente del disfraz que pueda adoptar.

La magia del «sí»

Aceptar lo que ocurre en cada instante sin categorizarlo inmediatamente ni decidir si es algo bueno o mano nos permite abrir el corazón. La aceptación no implica que siempre seremos perfectos. Lo que significa es que el corazón nunca necesita retraerse ni cerrarse porque sabe que *todo* lo que se presenta es aceptable. Este modo permanente de «sí» del corazón nos permite ver el mismo valor en la imperfección que en la perfección.

Cuando amamos y aceptamos todas nuestras experiencias, reflexiones y las de nuestro cuerpo, ascendemos a un nivel del corazón completamente nuevo, el corazón de la unidad. No podemos liberarnos de los miedos y las limitaciones hasta que decimos «sí» a todos nuestros dilemas, angustias y penas. Aceptar y querer a nuestro cuerpo con todos sus defectos y dificultades nos acerca a pasos agigantados a la libertad interna y externa. Como cada célula e incluso cada pequeña arruga es una creación de nuestro Yo Dios, tienen un propósito divino incluso aunque no tengamos la menor idea de qué propósito se trata. De este modo, al aceptar y amar cada centímetro de nuestro cuerpo, nos alineamos con nuestra Divinidad.

Es fácil adorar las cosas bellas de la vida. De hecho, es difícil no tener estima por las flores, los árboles, los delfines y las mariposas o los atardeceres y los arco iris. Pero es un verdadero reto amar lo que se nos refleja en cada instante. Decir «sí» a todas las elecciones y decisiones que hemos tomado en nuestra vida nos permite ver su propósito divino. Una vez hecho, no tenemos ninguna necesidad de juzgarlas, criticarlas, analizarlas o censurarlas. La aceptación se lleva instantáneamente las razones que hayamos podido tener para juzgar a alguien o preocuparnos de si nuestra pareja, hijo o amigo está haciendo lo correcto. Sabremos que cada persona debe tener sus propias experiencias de aprendizaje para poder aceptar también su naturaleza divina.

Asumamos, por ejemplo, que nuestra madre o suegra nos culpa por todo lo que le sale mal tanto a ella como a nosotros. Una posible reacción ante sus persistentes críticas es defendernos, decir que está equivocada y que somos inocentes. Al defendernos, sin embargo, lo único que estamos haciendo es devolverle lo que nos ha lanzado, sin resolver el conflicto. En cambio, ver todos sus asuntos reflejados en nosotros hace que se sienta todavía más implacable en su búsqueda de encontrar nuestros fracasos en cualquier ocasión. ¿Qué podemos hacer para terminar con este ciclo vicioso?

La próxima vez que nuestra madre o suegra arremeta contra nosotros en lugar de rechazar sus energías negativas probemos a decirle «sí». La invitamos a nuestro espacio a sabiendas de que sólo está allí para superar los juicios de valor y expandir nuestro corazón. Si le decimos:

«Sí, soy culpable por todo lo que me has dicho», independientemente de que sea así, algo mágico empezará a ocurrir. La primera experiencia que tendremos es que dejaremos de sentirnos culpables por cualquier mala acción, lo que a su vez significa que dejaremos de sentir la necesidad de defendernos. La segunda experiencia será que nuestra madre o suegra también se liberará de su culpa y de la responsabilidad de sí misma y de sus acciones porque habremos dejado de devolverle sus acusaciones. Al aceptar las críticas le estamos dando la oportunidad de experimentar por primera vez cómo se siente al no tener el deseo de menospreciarnos. Esta situación le enseña mucho sobre ella misma. Nos convertimos en un modelo para ella porque aceptamos la responsabilidad de algo que ni siquiera hemos hecho. En lugar de ponernos a la defensiva o de sentir lástima por nosotros mismos, nos quedamos allí con el corazón abierto y simplemente decimos: «sí».

El «sí» mágico es sumamente efectivo porque en realidad, es decir, desde una perspectiva espiritual, todo lo que aparece en nuestro camino nos pertenece. Para nuestro Yo Superior no es casual que nos estén criticando. Escogemos a las personas que desempeñan el papel de «provocadoras» en nuestra vida para liberarnos de toda culpa y de la baja autoestima. Decir que sí a todo lo que nos resistimos es nuestro camino hacia la libertad y las posibilidades infinitas. Y aceptar a aquellos cuyas energías parecen atraernos (que desde una perspectiva superior sólo es una ilusión) nos convierte en personas invencibles ante cualquier ataque.

La aceptación es la mejor defensa del corazón. No hay más necesidad de protegerse; cada momento es bienvenido y no necesita ser juzgado. Esto no significa que renunciemos a nuestra capacidad de discernir. Al contrario, en cuanto somos capaces de aceptar todo lo que nos ocurre, podemos seleccionar sin temores lo que deseamos o necesitamos para nuestra felicidad y realización. Empezamos a darnos cuenta de que todo lo que ocurre en nuestra vida está entallado a la perfección. Sabremos intuitivamente que las personas, los guías espirituales, los ángeles, los entes o los animales con que nos encontramos nos ayudan en nuestro crecimiento y evolución hacia la plena conciencia de nuestra naturaleza esencial. Todos somos maestros de la creación conjunta y nada de lo que nos ocurre nos perjudica, teniendo en cuenta el resultado final. Se trata de uno de los secretos mejor guardados de los humanos y se refiere a todas las personas y a todas las formas de vida.

Cada momento de nuestra vida está santificado y bendecido con intención divina, incluso aunque sintamos que estamos pasando por un infierno. Las circunstancias de Nick, haber asesinado a tres personas y haber causado daños físicos a muchas más, fueron un comienzo nefasto. No tenía respeto por sí mismo y, por ende, por nadie más, lo que tal vez sea el «peor» lugar aislado en el que uno puede estar. Sin embargo, experimentar en esta vida lo que era vivir en el infierno al final le permitió saborear el paraíso, y le otorgó el fantástico regalo de dar esperanzas y propósitos a los demás que vivían con el corazón cerrado. Cada prueba que superamos nos premia con un obsequio. El regalo que recibió Nick fue la oportunidad de dar un paso al lugar de su interior donde el infierno y el paraíso pueden encontrarse sin estar en conflicto. Cuando los aceptó, fue capaz de traer amor a su mundo, que se hallaba arraigado en el miedo, y de transformar su vida. Cuanto más vacío hayamos creado en nuestras vidas, mayor será el empoderamiento y la realización. El cambio que tiene lugar es lo que llamamos milagro.

Uno es lo que siente

Una de las ideas más reveladoras de la vida es que nosotros, es decir, nuestra consciencia, se convierte en lo que percibimos. Somos la persona que amamos y a la vez la persona que tememos. Adoptamos cualidades como la belleza, el coraje y la honestidad que tanto admiramos en un amigo pero, al mismo tiempo, manifestamos aspectos como culpa, odio o agresividad que no nos gustan en un enemigo. Nuestra consciencia puede asumir cualquier rol en la vida que esté en conformidad con su mayor beneficio. Si conocemos a una persona que está enfadada o bien con nosotros o bien con otra persona, es porque *nosotros* tenemos la necesidad de enfrentarnos a nuestra ira interna. La ira, sin embargo, no es más que una expresión del miedo, el miedo a la separación. Es nuestra desconexión de nuestro propio Origen de la Vida lo que nos hace buscar sustitutos para llenar el vacío de no saber quién somos; sin embargo, no poder conseguir lo que deseamos, por ejemplo, dinero, poder o romances, nos provoca frustración y rabia.

Si hemos ido más allá de la apariencia ilusoria de la ira, prácticamente no hay forma de identificarla en otra persona; sencillamente no tenemos más referencias de ira en nuestra consciencia. Para alcanzar este lugar de paz y armonía, sin embargo, primero necesitamos exponernos a esta emoción a través de los demás. Reconocer la ira en otra persona es nuestra experiencia personal, y nos convertimos en lo que experimentamos porque resonamos con ello. Además, no resonamos con ello porque nos sintamos resentidos o enfadados, sino porque nos activa lo que yacía dormido en las subestructuras de nuestra consciencia. Ver la ira en los demás es una forma de llevar nuestra propia ira a la superficie de la conciencia y verla como es realmente: amor disfrazado. Como siempre, podemos escoger darle un significado negativo o positivo a la ira. Si elegimos apreciar a los demás por entregarnos mensajes de ira, no podemos hacer nada sino estar enamorados del mundo.

No hay formas correctas o erróneas de vivir nuestras vidas, independientemente de cómo nos comportemos con los demás, cómo nos vistamos o qué comamos. Las etiquetas de «bueno» y «malo» que asociamos a todo y a todos provienen de la proyección mayoritariamente inconsciente de lo que hemos aprendido que es bueno y malo. Existen numerosos recordatorios que tratan de mantenernos a raya, conforme con la norma. Algunas normas, como las leyes o los medicamentos, pasan de moda, se descartan y reemplazan por unas nuevas. Otras están influidas o sujetas a la opinión personal.

Todos estamos juntos en esto

Consideremos el ejemplo del deporte de la caza de animales. Algunas personas sienten repulsión ante el hecho de matar animales por ninguna otra razón que por el disfrute personal. Los defensores de la caza afirman que es un deporte maravilloso que hace que uno se sienta bien consigo mismo. Esto es cierto; matar hace que uno se sienta bien cuando tiene la necesidad de superar un punto débil de su personalidad o eliminar una sensación de victimismo. Una pistola no es simplemente un instrumento físico capaz de terminar con la vida, sino también un símbolo de poder, más fuerte y más poderoso que un oso o incluso un elefante. Usar una pistola hace que el cazador se sienta responsable, que controla, que es invencible y está protegido, mientras que en su vida normal puede sentirse precisamente al contrario. Los cazadores tienen la necesidad de experimentar estas cualidades para así poderse sentir bien consigo mismos y, al mismo tiempo, eliminar sus sentimientos de baja autoestima e insuficiencia. Dado que la euforia por haber dado en el blanco –es decir, demostrado su poder– es un momento fugaz y la vida real sigue esperando a la vuelta de la esquina, no obtienen la realización que buscan, lo cual desemboca en ira y frustración, que los lleva a seguir matando. Las emociones acumuladas se liberan en el momento de disparar a un animal (como si el animal fuera un enemigo). Pero liberar ira de esta manera sólo la disipa temporalmente. Todavía tienen que afrontar que a quien realmente quieren matar es a los animales de su interior, y por esta razón el juego los atrae una y otra vez. La caza le proporciona al cazador lo mismo que las drogas a un adicto.

Este principio también puede extenderse a la matanza o el perjuicio de los seres humanos. Sólo hay una diferencia de valor entre matar un insecto, un animal o una persona. La principal razón sigue siendo la misma. Los asesinos pueden sentirse más atraídos por matar a una víctima inocente que no le ha hecho daño a nadie, que a otro criminal, probablemente porque han estado en el rol de víctima inocente en esta vida o en otras pasadas. Por ejemplo, sufrieron abusos por parte de sus padres cuando eran pequeños, estarán desesperados por liberarse de este sentimiento interno de victimismo. Al matar a un niño inocente creen que han conseguido justicia. Incluso puede que estén orgullosos de ello durante un tiempo, pero como la satisfacción no dura mucho tiempo, a menudo buscan de nuevo otra víctima.

Sin embargo, esto no los convierte en delincuentes merecedores de un castigo. No son personas depravadas incapaces de amar. Su máxima dificultad es enfrentarse y aceptar el miedo a convertirse otra vez en víctimas. Ser severo y poderoso parece ser su única manera de salir de esta situación. Cuando tener estas cualidades deja de funcionar, al final están obligados a enfrentarse de otras formas. El encarcelamiento a veces puede provocar autorreflexión, aunque raras veces es así. Aceptar a este tipo de personas por quienes son realmente en lugar de por lo que han hecho tiene más probabilidades de abrir su corazón al amor que los castigos. Pero abstenerse de castigarlos o de encerrarlos sin darles la oportunidad de liberar su corazón del odio representa un grave riesgo para los demás. Sin embargo, mientras la sociedad siga teniendo miedo de ellos o siga enfadada por lo que han hecho, es probable que continúen teniendo un comportamiento agresivo.

Provocar la muerte de otra persona intencionadamente puede ser suficiente para conmocionar al asesino y despertarlo de la ilusión de haber tenido que ser una víctima previamente, una noción inconsciente que usaba para justificar sus acciones. Tras el impacto de darse cuenta de lo que han hecho, muchos asesinos han acudido repentinamente a Dios, a su propia bondad interna, y pedido el perdón. Simplemente son tan buenos como todos los que hemos pasado por situaciones similares durante otras vidas. Cada persona, independientemente de lo que haya hecho en el pasado, tiene posibilidades de trascender sus propias limitaciones y juicios autoimpuestos y saber que es tan valiosa y digna de amor como todos los demás. Con este reconocimiento empieza una nueva fase de la vida.

Desafortunadamente, todo esto resulta difícil de aceptar, particularmente para aquellos que todavía creen que *realmente son* víctimas. Por ejemplo, cuando un niño «inocente» se convierte en víctima de un terrible delito, muchas personas se disgustan mucho porque un incidente así activa todos los recuerdos celulares de victimización que se han guardado intactos en su inconsciente. Cualquier asunto de una vida pasada relacionado con un trato injusto entra en erupción en forma de ira, que a su vez obliga a las personas a enfrentarse a estos asuntos ocultos. De modo que cuando se comete un delito así, si nuestra reacción es la ira, es conveniente darse la oportunidad de ver más claramente de qué trata la tragedia.

Sólo es nuestra perspectiva

Hemos visto que posicionarnos nos sitúa en nuestro modo de polaridad. Primero nos identificamos con una víctima pasada nuestra, una persona maltratada de un modo similar. Esto genera miedo. Al siguiente instante asumimos el rol de perpetrador y queremos ser testigos del castigo o incluso la muerte de la otra persona. En este caso, nos ponemos en contacto con nuestra ira más profunda. Una vez más, desear la muerte o el castigo de alguien por cualquier motivo que sea, proviene de una profunda sensación de baja autoestima o del juicio de la personalidad de su interior. Realmente no atacamos al atacante, sino sólo lo que no queremos ver o reconocer en nosotros. Cuando queremos ayudar a una víctima lo hacemos no sólo por nuestros sentimientos de amor y compasión, sino también por nuestros recuerdos de haber pasado por situaciones similares. Y condenamos al agresor o bien porque todavía no hemos perdonado a nuestros agresores, o bien porque no nos hemos aceptado a nosotros mismos por haber desempeñado un rol similar en algún momento de nuestro pasado. En este sentido, la situación de «injusticia» sólo lo es exclusivamente para nosotros. La injusticia es una experiencia fundamentalmente subjetiva, y no tiene nada que ver con motivos objetivos. Que muchas personas estén de acuerdo con nuestra perspectiva (de la injusticia) sólo significa que también tienen problemas de víctima similares por resolver.

Ayudar a los que nos necesitan sin tener ninguna opinión personal del acontecimiento o de las personas involucradas es un acto de amor incondicional. Sin embargo, si sentimos amor y compasión exclusivamente por la víctima y fomentamos ira y hostilidad contra el agresor, no hay mucho amor verdadero implicado. Tal comportamiento sesgado está arraigado en el propio deseo de ser una mejor persona de lo que se es (juicio de uno mismo) y, al mismo tiempo, trata de reducir los sentimientos de culpa por no ser suficientemente bueno con los demás o con uno mismo. El verdadero amor no discrimina entre dos grupos. Para la persona que mira con los ojos del amor y la compasión, tanto la víctima como el agresor son almas igualmente valiosas y avanzadas que se limitan a llevar a cabo sus respectivos roles. De hecho, se están ayudando mutuamente a darse cuenta de todo el rango de la dualidad; las partes creativas y destructivas, la atracción y la repulsión, la supresión y la liberación. Aprenden a dar, a tomar, a ser receptivas y poco receptivas. Finalmente, ambos roles están destinados a despertar de su patrimonio de amor incondicional, tal y como hizo Nick.

Los conflictos terminan con el fin de la consciencia de las víctimas

Los conflictos de cualquier tipo perdurarán siempre y cuando siga habiendo personas con consciencia de víctimas. La víctima necesita un agresor igual que un paciente necesita un doctor o un estudiante precisa un profesor. En el nivel de su alma, las víctimas *piden* literalmente que se cometan pecados contra ellas porque condenan o juzgan los mismos aspectos agresivos de ellos mismos y necesitan que otra persona desempeñe este papel y les sirva de espejo. Todos los que tienen una autoestima baja, sienten culpa o creen que son pecadores que no se merecen el amor de Dios o de otras personas tienen posibilidades de que se manifiesten enemigos en sus vidas.

Aunque esto ocurre inconscientemente, *siempre* tenemos el control de todo lo que nos ocurre. Nosotros hacemos que ocurra. Puede que nos roben porque hemos robado o porque hemos condenado a ladrones por lo que nos han hecho, cumpliendo así la ley: «Te conviertes en lo que criticas».

A mí me tuvieron que robar tres veces para llegar a renunciar a la ilusión del victimismo. La primera vez que me ocurrió me llevé un susto enorme. Justo quince minutos antes de embarcar en el aeropuerto de Frankfurt para volar a la India, un ladrón me robó una pequeña bolsa con dos mil dólares en efectivo (todo el dinero que tenía entonces), uno de mis dos pasaportes y mi única agenda de direcciones. Cuando contacté con la policía del aeropuerto, se encogieron de hombros y dijeron que no podían hacer nada. Únicamente con un pasaporte y un billete de vuelta, decidí irme de todos modos. Al final todo salió bien, pero en el momento me sentí muy disgustado y enfadado con el ladrón.

La segunda vez, durante una estancia de cuatro meses en Nueva Zelanda, me robaron la tarjeta de crédito y unos pocos cientos de dólares, pero el daño fue mínimo en comparación con la primera vez. Esta vez entré en contacto realmente con mi propia ingenuidad y sensación de víctima, este sentimiento de «pobre de mí».

La tercera y última vez, en 1992, me robaron en una estación de ferrocarril en Roma cuando dos niños gitanos extraordinariamente «calificados» (de unos siete y diez años) me quitaron diez cheques de mil quinientos dólares, el pasaporte y mi billete de vuelta a Chipre, donde vivía. A pesar de que es prácticamente imposible y, en realidad ilegal, que alguien vuele a otro país (especialmente Chipre) sin llevar el pasaporte, la policía italiana no sólo me dejó embarcar, sino que, sorprendentemente, la oficina de inmigración de Chipre me permitió la entrada al país sin el pasaporte. Aparte de los gastos de un nuevo billete de avión, esta vez el robo no me ocasionó más daños. La banda criminal organizada de Roma, para la que trabajaban los niños gitanos, se las arregló para cobrar mis cheques enseguida. Afortunadamente estaba asegurado y me devolvieron el dinero.

Durante esta tercera vez que me robaron me liberé de buena parte del temor que sentía ante la pérdida de lo que consideraba esencial o importante en mi vida. Al mismo tiempo, gané la comprensión de que la vida siempre continúa y de que cuida de mí, independientemente de lo difícil que pueda parecer una situación. También vi con claridad que, en distintas vidas, había sido todos los actores en cada uno de estos episodios.

En una vida anterior fui un joven monje en un monasterio en el norte de la India; era el guardián. Aunque mis superiores me dijeron que era un trabajo muy importante, no compartía su perspectiva. Debía asegurarme de que sólo las «buenas personas» entraban en el monasterio. En aquella época, en la India era una costumbre (y todavía lo es hasta cierto punto) ofrecer a los viajeros comida y refugio. Un día, con mi naturaleza ingenua y confiada, le abrí la puerta del monasterio a un grupo de matones que fingían ser viajeros cansados que buscaban refugio. En cuanto entraron en el monasterio nos robaron todos los objetos de valor. Me sentí muy culpable por esto porque era responsable de la seguridad de mis hermanos y del monasterio. Unos años más tarde, todavía a cargo del monasterio, dejé una vez más entrar a un grupo de ladrones, pero esta vez mataron a todos los monjes y me lanzaron por un precipicio.

En esta vida he tenido la misma naturaleza ingenua que entonces y que me ha llevado a situaciones con ladrones similares, si bien menos severas. No obstante, las situaciones fueron lo suficientemente destacadas para permitirme sentir lo que es ser la víctima de un delito. Después de mi regreso de la India a Chipre, tras el primer robo, todavía estaba tan furioso que incluso le pedí a un buen amigo mío, el famoso vidente, médium, cirujano y curandero Daskalos, también llamado «The Magus of Strovolos», sintonizar con el ladrón para descubrir quién era. (Durante mi vida previa en la India, Daskalos fue como un tío y cuidador para mí. Mi madre me había abandonado a los dos años en el monasterio porque sentía que era demasiado joven para criar sola a un hijo.) En vez de ayudarme a encontrar al ladrón, Daskalos señaló que el robo había ocurrido para que pudiera dominar una de mis mayores lecciones en esta vida. Dijo: «No te interesa buscar justicia por algo que ya ha pasado». Cuando me robaron los niños gitanos en Roma apenas tuve sentimientos de ira ni me sentí culpable porque me hubieran vuelto a tomar el pelo, sino que me sentí eufórico y casi invencible cuando entré en Chipre sin una identificación válida. Estoy convencido de que no me han vuelto a robar hasta hoy, a pesar de haber viajado por muchos países «inseguros», porque ya no me siento una víctima cuando «me ocurre» algo. No experimento más culpa en mi corazón por haber hecho algo malo en mi vida.

Durante una sesión de curación en una terapia de regresión a vidas pasadas, los monjes que fueron asesinados en el monasterio a raíz de lo que asumí que había sido «mi culpa», de pronto aparecieron en círculo, sonriéndome y mostrándome que todo estaba donde debía estar y que nadie podría jamás ser una víctima. No fueron asesinados por mi culpa del mismo modo que tampoco fui asesinado realmente por los ladrones. También me mostraron que no estaban muertos, que nadie que aparenta morir lo hace realmente. Sin embargo, nos sentimos culpables por causarles la muerte a otras personas cuando, en realidad, la muerte es un producto de la imaginación humana. La culpa también es una ilusión que entra sigilosamente en nuestra conciencia cuando participamos en modo dual y no podemos ver la perspectiva más amplia. Vemos la muerte porque creemos que existe. Estamos tan apegados a nuestra forma física que cuando la abandonamos creemos que la vida se ha terminado. Sin embargo, a la vida no le ocurre nada, continúa como siempre y para siempre. Para los monjes simplemente fue otra oportunidad para acercarse al descubrimiento de la verdad de la vida eterna; para mí fue el descubrimiento de que las víctimas no existen realmente.

Percibimos tanto a la víctima como al agresor como los dos roles principales que desempeñan la conciencia de nuestro cuerpo o ego a fin de integrarnos y completar los extremos de la experiencia del crimen y los conflictos en nuestra vida. Simplemente con darnos cuenta de que, cada vez que un rol parece dominar al otro, en realidad desempeñamos los dos, el de carcelero y el de prisionero, se cancelan automáticamente los dos roles y nos liberamos. Mientras sigamos expresando cualquier aspecto polar, estaremos destinados a someternos a los cambios del ego de víctima a agresor y viceversa. Aceptar que todo esto es sumamente útil elimina el estigma del crimen y la necesidad del castigo. La época del castigo como forma de restablecer la justicia está llegando a su fin porque las víctimas y los agresores se están quedando sin combustible para los conflictos. El combustible del conflicto es el karma, y el karma está terminando.

De hecho, estamos experimentando los últimos restos de todos los conflictos que han ocurrido en este planeta. Las nuevas energías que nos están desplazando a nosotros y al planeta Tierra a las frecuencias más elevadas de las siguientes dimensiones no pueden sostener la dualidad y el karma. Estas energías sacan a la luz todo lo que encuentran en su camino para poderlo comprender y liberarlo. Aquellos que no están preparados para abandonar su culpa y sus acumulaciones kármicas es probable que se «autodestruyan», pues estas nuevas energías sólo soportan la unidad. Su decisión de no abandonar la dualidad es una elección del alma, tomada en niveles que no conocen conscientemente. Sin embargo, también hacen lo que es mejor para ellos. Aquellos que queremos avanzar o ascender conscientemente a nuestras formas más elevadas al mismo tiempo que permanecemos en una forma física, estamos en proceso de una gran liquidación y sanación. Finalmente nos estamos deshaciendo de las pesadas cargas que hemos llevado a nuestras espaldas a lo largo de nuestras existencias en la Tierra. Cuando estemos preparados para la libertad, estará allí esperándonos.

La verdadera posesión yace en el interior

Luchar por la libertad no es la forma de conseguirla; es sólo una manera de agarrarse a algo que deseamos tener. Establecemos vínculos con cosas o personas para poder aprender lo que es estar sin ellas. Ahora mismo estamos pasando, quizás, por una de las épocas más dolorosas de la historia de la humanidad porque debemos abandonar todos los vínculos que hemos creado. Renunciar a lo que creíamos que era verdaderamente nuestro provoca miedo, codicia e incluso violencia. El conflicto entre israelíes y palestinos por el mandato de Jerusalén no es sobre derechos históricos de un territorio o de lugares religiosos. Es más bien un reflejo de la profunda división que existe dentro de los corazones de aquellos que afirman que no pueden vivir con los demás pacíficamente. Dado que no se sienten uno con su propio Yo Superior, están desesperados por identificarse con un hogar ajeno a ellos. Esta separación interna está expresada en sus creencias. Insisten en que tienen derechos sobre la tierra a la que pertenecían sus ancestros, llamándola tierra natal. Si no pueden poseer esta tierra, o por lo menos tener un libre acceso a ella, sienten que tienen el derecho a quedársela por la fuerza. Debido a la falta de posesión de sí mismos, se unen a algo exterior a lo que puedan llamar propiedad. La unión a cosas materiales, como una casa o un terreno puede volverse tan intensa que, cuando hay peligro de perderlos, cunde el pánico. Esto sacude la unión.

La verdad es que no hay ninguna solución que pueda satisfacer a nadie, excepto la que une a todos. Esta unidad, sin embargo, no puede dictarse ni darse; aparece de forma natural cuando se afloja el agarre de la unión. Ambos bandos consiguen lo que quieren sólo cuando son capaces de renunciar a su limitado enfoque y hacer las paces primero *consigo mismos*. Entonces, independientemente de quién viva en qué parte de la ciudad, uno no amenazará al otro porque éste diga que es la capital. Cuando domina la unidad, en nuestra conciencia cesan todas las oposiciones y todos encuentran su lugar adecuado.

La violencia en Oriente Medio es una parte necesaria del proceso de liberación de la consciencia de separación que ha prevalecido en esta región durante miles de años. Los conflictos parecen muy reales, pero no lo son. El verdadero asunto es el doloroso abandono de los grandes vínculos que la humanidad ha establecido durante eones. Cuando desaparece la consciencia de separación, puede ocasionar resentimientos y luchas por la supervivencia. Si la unidad está a punto de amanecer y la paz a punto de crearse, la separación debe desvanecerse. Precisamente es lo que está ocurriendo ahora. No resulta beneficioso para ninguno de los bandos reclamar la propiedad de la tierra o de los lugares sagrados que existen allí. Es imposible poseer algo a excepción de uno mismo, tanto si se trata de propiedades, de tierras o incluso del propio cuerpo.

La verdadera posesión se halla en el interior. Cuando se es uno mismo, también se puede ser uno con los demás, con la tierra, con la Tierra madre y con el universo. En cuanto se poseen todas estas cosas en el corazón, deja de ser importante poseerlas de cualquier otra forma. Termina con los conflictos de cualquier tipo. Pero no todos están preparados para acceder a la unidad. Aquellos que han decidido permanecer en la consciencia de la dualidad, en alineación con sus roles asignados por ellos mismos que promueven la división y el sufrimiento, es más probable que «autodestruyan» su existencia física en la Tierra porque las nuevas energías ya no pueden sustentar la consciencia de la separación. Este acto de autodestrucción es lo que la televisión muestra cada día ante el mundo. Lo mismo puede aplicarse a todos los conflictos armados, como las guerrillas, los bombardeos suicidas y los desastres naturales que causan pérdida de vidas.

No importa en qué roles estén abandonando el planeta, en el de víctimas o agresores. Aquellos que secuestraron aviones comerciales y los emplearon como armas de destrucción masiva en el «ataque contra Estados Unidos» habían perdido su verdadero yo y los había vencido la ilusión de la separación. Cuando murieron junto con sus víctimas y sus almas abandonaron sus cuerpos, observaron la destrucción que habían causado con mucha tristeza y confusión porque sabían que, después de todo, nada de esto les había guardado un lugar en el Cielo. Vieron que la vida y sus lecciones no terminan cuando destruyen el cuerpo físico. Muchas de las víctimas del ataque hicieron su transición con facilidad y alegría en sus corazones, porque (su Yo Superior) había escogido esta ruta como una posible vía para reunir a la humanidad. Los dos grupos aprendieron a raíz de este acontecimiento que la verdadera posesión se halla en el interior.

Aquellos que se quedaron recibieron la oportunidad de fortalecer su capacidad de perdonar, amar y ser compasivos. Nos pidieron a cada uno de nosotros que tomáramos la decisión de mantener la barrera de la separación y quedar atrapados en el mundo de la culpa y las amenazas externas continuadas, o crear una nueva realidad basada en impregnar de amor, perdón y aceptación a aquellos que parecen hacernos daño. Así, cuando digamos «que Dios bendiga Estados Unidos», por ejemplo, o a cualquier otro grupo de humanos, también podemos dar bendiciones a Afganistán, Iraq, Irán y al planeta entero. Pedirle a Dios que nos bendiga en nuestro intento de vengarnos de nuestros enemigos es inútil y disparatado. Según las palabras de Jesús, ejecutar y enviar un espíritu negativo al éter hace que regrese al plano de la Tierra; pero no viene solo, sino que trae a otros siete. Matar a terroristas *engendra* terrorismo. Muchos de estos «enemigos» que murieron en manos de los americanos durante la guerra contra los nativos americanos o durante la guerra de Secesión, la segunda guerra mundial, la del Vietman y la guerra del Golfo están ahora de vuelta para poner las cosas en su sitio. El resultado del conflicto se ve influido por nuestros pensamientos, palabras y acciones individuales y colectivas. Es nuestra decisión si queremos frenar el ciclo del karma o perpetuarlo.

Muchas personas rezan continuamente a Dios para seguir los pasos de Jesucristo y asemejarse a él. Pero si su deseo se cumple, es posible que se enfrenten a situaciones sumamente desafiantes que pongan a prueba su fe. No es un logro real sentir amor por aquellos que son amables con nosotros. A la estela de un ataque terrorista, como del que fuimos testigos en Nueva York en septiembre de 2001, ¿cuántas personas son realmente capaces de actuar como Jesús, que en el momento de su muerte física le pidió a Dios que «los perdonara porque no saben lo que hacen»? Las mayores catástrofes ocurren de vez en cuando para poner a prueba el grado de amor verdadero y libertad interna que hemos conseguido y para aplicarlos de manera práctica.

Buena parte de la población mundial pasó las pruebas del 11 de septiembre, otros no y todavía están siguiendo las antiguas maneras de tratar con estas amenazas externas en sus vidas. Todavía creen que la persona física de un Osama Bin Laden o de un Saddam Hussein es una fuerza malvada y que al destruir a esta persona, también destruirán el mal. Pero el cerebro humano o el cuerpo no son los que idean actos de odio y terror. Es la consciencia, la inteligencia o la mente que se halla entre bastidores que utiliza un cerebro o un cuerpo para llevar a cabo sus intenciones. Este ser de luz (alma) es indestructible por cualquier medio físico. El deseo y la voluntad de erradicar todos los males y los seres malvados del planeta es un concepto antiguo que tentó a César, Hitler, Stalin y Mao Tse Tung. Cada uno de ellos quiso limpiar el planeta de lo que consideraban «mugre». Pero tratar de erradicar el terrorismo matando a aquellos que tienen puntos de vista sobre la justicia radicalmente distintos de los nuestros sólo crea el escenario para más violencia y sufrimiento.

Aquellos con los vínculos más fuertes y los sistemas de creencias más estrechos son los que, con menor probabilidad, pueden soportar el profundo poder de las nuevas energías que han empezado a infundirse en la vida humana y en la Tierra. En menos de veinte años, es probable que desaparezcan de la superficie de la Tierra la consciencia de separación y el poder de la manipulación, la explotación, los abusos y los conflictos, junto con aquellos que tratan de mantener con vida el dualismo. Esto afectará a todas las áreas de la vida de la forma más gloriosa. Descubriremos que las apariencias externas de nuestra naturaleza física, las riquezas acumuladas y las capacidades intelectuales no se pueden comparar con nuestra verdadera fuerza interior. Todos, independientemente de las circunstancias, somos un embrión de Dios esperando nacer.

La fuerza de otro hombre se mide por su fuerza interior. Se puede contar cada pelo, cada fibra de su ser, pero esto no se sumará a la fuente de capacidades que lleva en su interior. Porque lo que se muestra al mundo, lo que se exterioriza, nunca puede ser un reflejo fiel de lo que yace en el interior. Es simplemente un desplazamiento, una imagen resonante de lo que está almacenado y encerrado dentro del cuerpo humano. Pero la verdadera fuerza y tenacidad interna son inconmensurables.

Aquiles
Canalizado el 26 de diciembre de 2000

NUESTROS PLANES OCULTOS

La guerra de la mente es un campo de batalla feroz que debemos trabajar en nuestro interior. Las escaramuzas son muchas, las batallas son pocas y ferozmente ganadas, pero somos soldados y guerreros firmes y sólidos por derecho propio. Podemos detener la corriente o acelerar su furia a voluntad. El poder de nuestras intenciones es enorme, el poder permanece dentro de cada uno de nosotros y ganaremos esta guerra interior y saldremos victoriosos. Estoy seguro de ello.

Winston Churchill
Canalizado el 21 de diciembre de 2000

El retorno a la unidad

Una mañana, mi pareja se puso una camiseta y unos pantalones negros, un color que me había repugnado durante muchos años. Hacía unos dos años le había mostrado con una simple prueba que vestir ropa negra tenía un efecto debilitante en la mente y el cuerpo y que era más conveniente evitarlo. Estuvo de acuerdo conmigo y cambió todo su armario, excepto unas pocas prendas.

Mientras me estaba preguntando por qué mi pareja querría vestir una prenda negra, recibí instantáneamente la respuesta de que el color que había elegido para vestirse ese día era el color exacto que ella y las personas con las que se iba a encontrar necesitaban ver, bien para ver su propio reflejo, bien para volverse vulnerables de alguna manera o bien para liberarse de emociones ocultas. Ni siquiera supe por qué. En aquel momento se me permitió echar un vistazo detrás de lo obvio y ver que nada de lo que hacemos, pensamos o deseamos puede ser un error o estar en conflicto con nuestro bien.

El regreso a la unidad es el único software que los seres humanos hemos construido dentro de nuestras almas, y no hay nada que este programa pueda borrar de forma permanente o impedir que consiga su objetivo. Todas las situaciones de la vida, independientemente de su naturaleza, están orientadas para alcanzar y encontrar la unidad que abandonamos. No importa cuán difíciles parezcan en la superficie, pues debajo son simples y sencillas. Las dificultades con que nos encontramos en el camino de regreso a la unidad nos pueden proporcionar algunos de los mejores peldaños hacia una vida llena de significado. Una vida libre de conflictos no indica necesariamente una mayor evolución o iluminación. Muchos de nosotros nacimos en un entorno hostil y nada cariñoso y maduramos y nos convertimos en personas con mucha fuerza y amor. No nos volvemos fuertes buscando aquellas situaciones que nos hacen sentir seguros y protegidos; nos volvemos fuertes cuando navegamos por todas las tormentas posibles, encontrando nuestra dirección y propósito en ellas.

Algunos de los hombres y mujeres más excelentes que vivieron en la Tierra a menudo sufrieron más que la media. Pensemos en Mahatma Gandhi, Van Gogh, la Princesa Diana y Jesucristo. Sus refriegas moldearon sus personalidades y los condujeron a los logros, que unieron a millones de personas en el espíritu del amor, la compasión y el perdón. En particular, la Madre Teresa ejemplificaba el amor, como otras personas que han vivido en la Tierra. El principal tema que repasaba en cada pensamiento y acción era: «regresar a la unidad». Realmente «acompañó su charla» cuando nos dio este consejo:

«A menudo, las personas son irrazonables, ilógicas y egocéntricas; cabe perdonarlas igualmente.

Si uno es amable, las personas pueden acusarlo por motivos egoístas y ocultos; cabe ser amable igualmente.

Si uno es triunfador, ganará algunos falsos amigos y algunos verdaderos enemigos; triunfará igualmente.

Si uno es franco y honesto, las personas pueden engañarlo; cabe ser franco y honesto igualmente.

Lo que uno emplea años en construir puede destruirse en una noche; cabe construirlo igualmente.

Si uno encuentra serenidad y felicidad, los demás pueden estar celosos; cabe ser feliz igualmente.

Lo bueno que uno hace hoy, las personas mañana lo olvidarán; cabe actuar bien igualmente.

Si damos al mundo lo mejor que tenemos, puede que nunca sea suficiente; cabe dar al mundo lo mejor que tenemos igualmente.

El análisis final, como veremos, es sólo entre uno y Dios; nunca fue entre uno y los demás».

Todos éramos uno en Espíritu antes de permitir que la percepción de la separación dominara nuestras vidas en la forma humana. Por supuesto, antes de encarnarnos en la Tierra no sabíamos cómo sería perder esta conexión íntima y este vínculo de amor que nos mantenía unidos en una unidad, similar a las células del cuerpo que se unen y crean un organismo. Nuestras mentes funcionaban en armonía con las demás y no contra las demás, y nuestros corazones eran crisoles de felicidad donde todos nos sentíamos bienvenidos. Entramos en un cuerpo físico para evolucionar hacia una plena consciencia, pero el camino era peliagudo. Un árbol sólo puede dar frutos si las flores mueren primero. Para crear un nuevo mundo, primero fue necesario que nos convirtiéramos en una raza humana no resonante y destructiva, una capaz de destruir el antiguo mundo. Para trasladar la raza humana entera y su planeta tridimensional a las frecuencias superiores de la cuarta y la quinta dimensión es necesario un gran cambio de energías. La humanidad ha infligido mucho dolor en la Tierra, contra sus especies y contra ella misma. Es necesario eliminar y abandonar todos estos recuerdos para que la nueva Tierra se convierta en un lugar de amor y pureza. Colectiva e individualmente, estamos borrando este recuerdo en este mismo instante.

Terminar con las divisiones de la Tierra

Los recuerdos de injusticias y discordias ahora se están haciendo más vívidos de lo que han estado jamás. Algunas personas no pueden remediar el hecho de señalar públicamente las malas acciones de los demás.

Creen que tratar los problemas que todavía perturban a la humanidad con levantamientos, manifestaciones o grupos anti-esto y anti-lo otro pueden obligar a los «responsables» a buscar soluciones. Pero todos somos responsables de todo lo que ocurre en este planeta. La raza humana, aunque esté segregada en la superficie, debajo es una raza humana unida. Las manifestaciones masivas en la antigua República Democrática Alemana resultaron en la caída del muro de Berlín, pero no fueron capaces de crear el sentido de unidad entre las dos partes que todos habían esperado después de la «reunificación». La división necesita unir los corazones de las personas. Ya no es suficiente con derrumbar las murallas; debemos deshacer los recuerdos de la división que hay en nuestro interior.

Cada ser humano sólo es responsable de su propio yo, no del de los demás. Una nación que acusa a otra de estar violando los derechos humanos y que considera, por tanto, que debería ser objeto de embargo internacional y de aislamiento, como Iraq o Cuba, está haciendo exactamente lo mismo: violar los derechos humanos. Crear división entre naciones o personas es un signo de mucha debilidad e incompetencia de aquellos que tratan de «ayudar a los demás». Las tácticas de unificación son mucho más poderosas, pero sólo pueden provenir de un lugar de unidad. Y la unidad empieza en cada individuo. No tiene ninguna utilidad tratar de cambiar a los demás. Los problemas que parecen estar bajo control a través de la manipulación tienden a reaparecer en otro lugar pero con más intensidad.

Ha llegado la hora de resolver todos los pensamientos y creencias de separación y división del pasado y presente de todos. Si no lo hacemos, las aceleradas energías que están llegando a nuestros centros de energía y a los de la Tierra exacerbarán estos bloqueos mentales y emocionales hasta el punto de manifestar muchas más enfermedades físicas. La mayoría de las personas que en este momento caen enfermas son aquellas que han albergado formas de pensamiento y creencias persistentes que respaldan la división, los enfrentamientos, la competitividad y/o el apego a las riquezas, las tierras o los logros pasados.[4] Cuanto más rápido aumente la vibración de la Tierra hacia una densidad menor, más

---

4. Para comprender mejor la conexión entre la mente, el cuerpo y el espíritu, léase el libro del autor *It's Time to Come Alive!*

rápido enfermarán o se enfrentarán a otros problemas de supervivencia aquellos que todavía se resisten a la unidad. Si todavía son incapaces o no desean hacerse responsables de sus vidas y de los cuerpos físicos, es probable que mueran de enfermedades, accidentes u otras causas «no naturales». Esto es lo que está ocurriendo en todo el mundo, especialmente en Oriente Medio, Asia, África y América del Sur.

El nuevo mundo sólo puede nacer después de la liberación del antiguo. El antiguo mundo existe en forma de recuerdos del pasado. Si no podemos perdonar a aquellos que han causado un holocausto, una explosión nuclear o una guerra del Golfo, no podemos dirigirnos la «tierra prometida». Tendremos que representar en algún lugar nuestros problemas de separación para que esta Tierra sólo sea de unidad. Ahora debemos elegir entre la dualidad y la unidad. Si escogemos la unidad, debemos saber todo acerca de la naturaleza de la dualidad. Ésta ha sido nuestra historia en el planeta Tierra. Aunque ahora está terminando, puede ayudarnos a comprender por qué ocurrió realmente para así poder aceptar y liberarnos de ella con alegría y entendimiento.

Cómo empezó todo

Nuestras primeras experiencias en el plano de la Tierra fueron de gran armonía y felicidad. Las dualidades de la vida tenían muy poco impacto en nosotros y disfrutábamos de nuestro paraíso con respeto por todas las formas de vida. La primera raza que habitó la Tierra tenía una conexión tan íntima con los reinos de la naturaleza, los animales, las plantas, el agua, las montañas, el aire y los planetas, etcétera que prácticamente no existía el miedo y, por tanto, tampoco el conflicto entre ellos. En este organismo gigante de humanidad no había células rebeldes ni cánceres. No había nadie que atacara, por lo que nadie necesitaba defenderse o esconderse. Pero a medida que vivimos más tiempo en el plano de la Tierra, los opuestos eclipsaron gradualmente nuestro sentido de unidad, dando lugar a la apariencia física y a la naturaleza diversa del mundo.

Al estar constantemente en un entorno físico muy denso, empezamos a «descubrir» más y más diferencias entre nuestra naturaleza femenina y masculina, entre nosotros y las estrellas, los animales, la tierra y nuestro Origen de Dios. Estas diferencias, que al principio no amenazaban nuestro sentido de Unidad con el Todo, finalmente dominaron tanto nuestra conciencia que empezamos a sentir una emoción procedente de la percepción de la separación: la emoción del miedo. Aprendimos a distanciarnos del mundo e incluso a temer a todo y a todos los que creíamos que eran demasiado distintos a nosotros. De modo que, con el miedo, creamos nuestros propios enemigos, bestias que empezaron a atacarnos, desastres naturales que destruían nuestros cultivos, personas que nos robaban nuestros sustentos y tragedias mundiales que han perdurado hasta la actualidad. Para sobrellevar el miedo buscamos poder, pero a cambio nos sometimos al dominio de los que eran más poderosos. Buscamos maneras de enriquecernos, motivados por la codicia, pero nos sentíamos pobres a pesar de las riquezas que habíamos acumulado. Criticábamos y subyugábamos a los demás y luego nos dábamos cuenta de que no podíamos seguir confiando en ellos. Por la culpa de haber «pecado», incluso creamos un «Dios del Castigo», alguien que nos juzgaba desde el Cielo, que nos expulsaba del paraíso y nos lanzaba a la confusión emocional de la existencia polarizada.

El viaje a través de los valores opuestos de la vida, sin embargo, fue un paso necesario hacia la integración de nuestro yo humano con nuestro yo de Origen Divino. Esta nueva vinculación con el Origen (*religere*, en latín) pasó a formar parte de la vida y formó lo que hoy conocemos como creencias religiosas, que se convirtieron en nuestras muletas, sin las cuales no habríamos sabido qué camino escoger. Menos en tiempos de crisis, las religiones atraen actualmente a menos seguidores de los que jamás han atraído. Esto no se debe a que nos estemos volviendo menos espirituales, sino a que estamos encontrando nuestro Origen de Dios en nuestro interior. Estamos descubriendo que el dominio de Dios permanece en nuestro interior, algo que Jesús predicó hace más de dos mil años. Estamos empezando a darnos cuenta de que tenemos un vínculo directo con el Espíritu y de que no necesitamos libros de texto, muletas ni doctrinas que nos digan cómo vivir. Cuando Jesús enseñó que todos debían buscar primero el reino de Dios, destacó que lo único que necesitábamos era *ser*, como los niños. No hay necesidad de rogar ni suplicar nada más, porque vendrá hacia nosotros sin ningún esfuerzo. *Ser* es nuestro estado más natural, es quien somos y somos uno con Dios. Rezar a Dios nos ha mantenido alejados de ser uno con Él/Ella/Ello.

Aprovechar nuestro banco de memoria eterna

Durante nuestro viaje a través del territorio inexplorado de la vida de la dualidad, empezamos a pensar y a actuar como seres separados del Espíritu, de los miembros de nuestra familia de almas y de nuestros alrededores. Aprendimos a apreciar y rechazar las cosas, a acumular riquezas y a perderlas, a adorar la vida y a destruirla, a utilizar la sabiduría para permitir y a usar la fuerza para controlar. Cada experiencia que hemos tenido a lo largo de nuestras muchas vidas, tanto las pasadas como las futuras, es un registro con vida que tenemos disponible a cada instante. La colección de estos registros es el libro de la vida, también llamado «registro akásico», y son las infinitas realidades paralelas o líneas de tiempo que reaparecen en cada momento. Estos acontecimientos «eternos» existen fuera de la realidad física tridimensional y, por consiguiente, no están atados a la ilusión del tiempo y el espacio.

David Cousins, un buen amigo mío, curandero y clarividente muy conocido de Gales, no solamente ve la realidad del presente de una persona, una casa o un lugar; a lo poco, puede ver literalmente docenas de realidades paralelas relacionadas recíprocamente. Un día, mientras paseábamos frente a un edificio antiguo y deshabitado, David fue capaz de describirme las personas que solían vivir en aquella casa hacía unos cincuenta años y lo que hacían allí. Para él no se trata de una experiencia del pasado, sino de algo que ocurre ahora mismo. Simultáneamente, sin que le causara ningún conflicto, fue capaz de ver la casa tal y como era hacía cien años y como era el lugar antes de que la construyeran. Vio las batallas que se libraron, los cultivos que crecieron y cualquier cosa que tuvo lugar allí, a través del corredor de los años. Para David, el tiempo ha perdido su apariencia surrealista. El tiempo es todo el tiempo, y no al revés. No está atrapado en la ilusión de que algo empieza en algún momento y termina un rato después. Para él, el tiempo no tiene principio ni fin, simplemente es eterno. Todos los acontecimientos están entretejidos a la perfección. En cualquier momento, al mismo tiempo que está en el presente, puede estar en el futuro o en el pasado, dependiendo de lo que escoja ver o ser.

En otra ocasión, fuimos a ver una hermosa cascada en Chipre. Mientras estábamos en la orilla de una de ellas, vio las distintas cosas que habían ocurrido en aquel lugar, una de las cuales fue la muerte de una mujer que se sintió tan atraída por las energías de la cascada que saltó del acantilado y murió. Cuando más tarde pedí información sobre aquel suceso, resultó ser verdad. Aquel mismo día, mientras volvíamos a casa, me comentó las muchas actividades «inacabadas» que estaban ocurriendo debajo de la casa de nuestro vecino. Dijo que había un antiguo cementerio con muchas almas atrapadas que le pedían ayuda para avanzar. Cuando pregunté a los vecinos sobre el cementerio, volvió a confirmarse que era verdad.

Mi amigo tiene un acceso ilimitado a los registros akásicos de cualquier persona o de cualquier lugar. Es como si pudiera ver una película entera de una vez, no sólo una imagen después de otra, sino la secuencia entera de imágenes, mientras que la mayoría de nosotros sólo puede ver una imagen al mismo tiempo. En la vida normal, hacemos una fotografía después de otra y le damos un lugar a cada una. A esto lo llamamos nuestro pasado: «nací en... cuando tenía 20 años me formé para ser... luego a los 25 me fui a... me casé cuando tenía 32 y ahora vivo en...».

En las formas tradicionales de preservación de los registros omitimos completamente lo que hicimos antes de nacer, y a menudo tampoco nos acordamos de nuestras vidas previas. Si tuviéramos acceso al registro completo del tiempo, al final regresaríamos a los recuerdos del Big Bang del universo. Luego querríamos saber lo que ocurrió antes del Big Bang. En este punto, simplemente perderíamos nuestro concepto del tiempo lineal. Estaríamos donde siempre hemos estado, pero que desconocíamos: en el momento eterno de la inexistencia del tiempo, donde los recuerdos de todos los pasados y los futuros posibles se experimentan en un solo momento. No habría más límites impuestos de tiempo o espacio, y la mente consciente tendría acceso a infinitas posibilidades.

La razón por la que cada alma guarda un banco de memoria de cada momento de la vida es bastante simple. Los registros akásicos funcionan como un ordenador gigante que organiza la vida de una forma tal que ninguna de las palabras que pronunciamos, ninguna de las personas que conocemos, ninguno de los muchos eventos de nuestras vidas, ninguno de los «accidentes» que nos ocurren están desajustados con nuestro objetivo último. Nada ocurre por casualidad dado que nada puede escapar de la ley de causa-efecto. Si me ocurre algún efecto, tanto «bueno» como «malo», es porque he creado una causa para éste, hace un tiempo o en una vida previa. Todo está disponible para nosotros en todo momento y cada pequeño paso; tanto si es feliz como doloroso, está diseñado para llevarnos adonde pertenecemos: para ser maestros del tiempo y el espacio en lugar de sus esclavos.

A nivel colectivo, ahora nos estamos desplazando hacia una zona sin huso horario. Más y más personas experimentan el tiempo como si «volara» o «se gastara». De hecho, hay menos tiempo en un día del que solía haber hace incluso dos años. En lugar de haber veinticuatro horas en un día, ahora hay menos de veinte a nuestra disposición. Lo que solía ser una hora, ahora la sentimos como si fueran 45-50 minutos. Esto nos da la inoportuna sensación de que cada vez disponemos de menos tiempo. La aceleración del tiempo es un precursor del inminente cambio dimensional que la Tierra y sus habitantes están a punto de experimentar. A fin de que tenga lugar el cambio, el tiempo se está colapsando para crear un nuevo espacio dimensional. Asimismo, el espacio tal y como lo conocemos se está colapsando para crear un nuevo tiempo dimensional. Hasta hace poco, el tiempo y el espacio en la Tierra habían formado una relación que nos permitía percibir la dualidad y experimentar el pasado, el presente y el futuro como cosas aparentemente separadas. El colapso del tiempo y el espacio significa que las dimensiones finalmente pueden relacionarse. Esto, a su vez, nos permitirá vivir más y más en el momento presente. El *ahora* será nuestro patio permanente, porque activará el ADN para que mantenga la vida física tanto tiempo como deseemos. Sin embargo, el cambio genético sólo puede ocurrir si experimentamos por completo la dualidad (tal y como se ha creado a partir de la ilusión o apariencia del tiempo y el espacio).

Gracias Dios por la dualidad

La dualidad es un concepto peculiar. Aunque está en la raíz de todo el sufrimiento que jamás ha ocurrido en el mundo, la esencia ilusoria de la dualidad nos permite crear y explorar nuestra propia voluntad libre. Sin la libre voluntad, no seríamos capaces de escoger una unidad mayor de la que conocemos. La misma voluntad libre que nos impulsó a escoger los pares de opuestos como la alegría y la tristeza, el miedo y el amor y lo correcto y lo erróneo, es la misma voluntad libre que nos brinda la oportunidad de dar un paso hacia la unidad de nuestro yo esencial. En esta ocasión, sin embargo, la unidad es más rica. El todo es más que la suma de sus partes. Para conseguir tal plenitud, primero tuvimos que conocer cada una de las partes, tuvimos que aprender todo sobre la separación. Aprendimos que ser un rey, un presidente o el líder de un país o comunidad no nos hacía más poderosos porque teníamos que renunciar a todo de nuevo, incluso aunque sólo llegáramos a comprenderlo en el momento de la muerte física. También aprendimos que ser vagabundos deambulando por las calles no significaba *realmente* que fuéramos menos valiosos que un rico comerciante o un rey, aunque durante algún tiempo necesitamos experimentarlo de este modo. La ley del karma es también la ley de «la historia que se repite». Nos enseñó que si les quitamos forzosamente a los demás lo que no es nuestro, tenemos la elección de deshacer esta acción en el futuro, en una situación similar, al darle a alguien algo en lugar de quitárselo.

Los registros akásicos se aseguran de que una vez aprendida cualquier lección no sea necesario repetirla. Las oportunidades se siguen presentando una y otra vez hasta que finalmente las equilibramos. Entonces, podemos pasar a otra situación y guardar ésta en la unidad que somos. Gradualmente vencemos nuestra esclavitud con el mundo de la dualidad y accedemos al alegre conocimiento de que somos poderosos creadores y no recipientes pasivos que no tienen ninguna otra elección que aprovechar cualquier cosa que aparezca en su camino. En cuanto salen a la luz nuestros planes ocultos e irresueltos y los identificamos como nuestros guías personales que nos ayudan a conseguir la integración y la plenitud, entonces realmente representamos lo que hace el universo tan elocuentemente: estar en unión con toda la diversidad. El verso de la un-idad pertenece a la canción de la dual-idad, la total-idad de los dos.

Sentir y saber con *qué* somos uno es completamente diferente que *ser* sólo uno, la condición que fuimos antes de empezar nuestro viaje a la separación. Es distinto regresar a casa después de haber viajado por todo el mundo que estar en casa sin ni siquiera haber salido a experimentarlo. Una mujer embarazada y el feto comparten el mismo latido del corazón y viven de la misma sangre. Prácticamente son uno, al compartir el mismo cuerpo y el mismo aliento. Durante el parto, sin embargo, la unidad se divide y el proceso de separar una vida en dos también se convierte en un proceso de crear un nuevo tipo de unidad. Indudablemente, la unidad que comparten una madre y su bebé durante el embarazo es gratificante, pero no es suficiente para ninguno de los dos. La nueva unidad que surge de su dolorosa separación durante y después del parto puede ser mucho más maravillosa y enriquecedora para ambos. La experiencia de crecer juntos en amor y alegría crea una plenitud más poderosa que la anterior. La palabra *love* al revés se lee *evol*, que significa evolución. El amor, que es la fuerza unitaria de la creación, crece cuando evolucionamos. Evolucionamos cuando ahondamos en la división, la separación que constituye la dualidad, y luego descubrimos el puente que conecta todos los opuestos y que armoniza todas las diferencias. Este puente es el amor. En cuanto se crea tiene lugar la evolución. El amor y la evolución ocurren simultáneamente.

La evolución también se refiere a la destrucción de algo antiguo para que pueda emerger algo nuevo. En el ejemplo de la madre que da a luz a su bebé, ésta necesita desprenderse de la placenta, que en un momento es absolutamente vital para la vida del bebé y al siguiente deja de serlo. Con el tiempo, los átomos que constituyen la placenta se disocian unos de otros y se unen para formar otra composición, por ejemplo, tierra, alimentos, aire o incluso tal vez otro ser humano. Una vida nueva, que es uno de los objetivos de la evolución, sólo es posible con la destrucción de una antigua. Ambas son necesarias. En nuestro interior tenemos todos los opuestos posibles que podríamos experimentar en el exterior. Uno marca el tono de la fuerza creativa y el otro de la fuerza destructiva. Mientras vivimos en la consciencia de la dualidad, tendemos a exhibir una modalidad por encima de la otra y pasamos a un estado de desequilibrio en el que consideramos que una cosa, una situación o una persona es «mejor» que otra. Tener la consciencia dividida nos impide ver los valores opuestos igualmente importantes y valiosos. Una cosa debe ser peor o mejor que otra. Esta necesidad interna de establecer preferencias es lo que permanece en la raíz de los juicios de valor.

Los juicios de valor: un defecto de la percepción

La mejor manera de describir nuestra obsesión con las preferencias es, tal vez, con una historia simple pero esclarecedora de las antiguas enseñanzas de los Vedas. Dice así:

Érase una vez un aguador que vivía en un pequeño pueblo en la India. Tenía dos grandes cubos que colgaban cada uno del extremo de un palo, con los que cargaba encima de sus hombros. Cada día recorría un largo camino desde el hogar de su patrón hasta un pequeño arroyo para llenar los cubos de agua. Uno de los cubos, sin embargo, tenía una fisura, mientras que el otro estaba en perfectas condiciones. Cuando regresaba a casa, el cubo perfecto llegaba lleno de agua, pero el roto llegaba sólo a la mitad.

Así habían pasado dos años. Cada día, el aguador llegaba a casa de su patrón sólo con un cubo y medio de agua. Por supuesto, el cubo perfecto estaba sumamente orgulloso de sí mismo por el buen trabajo que hacía, porque cumplía el objetivo por el que se fabricó. Sin embargo, el cubo roto estaba avergonzado de su propia imperfección, y se sentía despreciable por ser sólo capaz de lograr la mitad de lo que se requería.

Después de dos años de lo que percibió como un amargo fracaso, finalmente, un día, el cubo roto reunió el valor para hablar con el aguador a orillas del arrollo.

—Estoy muy avergonzado de mí mismo y quiero pedirte disculpas.
—¿Por qué? –preguntó el aguador–. ¿Por qué estás avergonzado?
Con un tono triste, el cubo respondió:
—En estos últimos dos años sólo he sido capaz de ofrecer la mitad de mi carga porque la fisura que tengo en un lado hace que se salga el agua a lo largo del camino de regreso a casa de tu patrón. Estás esforzándote mucho para llevar esta carga, pero mi defecto te impide ganar el valor total de sus esfuerzos.

El aguador, que sabía mucho sobre la vida, se sintió mal por el viejo cubo roto, y dijo con lástima:

—Cuando volvamos a casa del maestro quiero que repares en las hermosas flores que hay junto al camino.

En efecto, mientras subían la cuesta, el viejo cubo roto observó las hermosas flores a un lado del camino y alivió parte de su angustia. Pero al término del trayecto se sintió culpable por haber perdido la mitad de su carga, y de nuevo se disculpó ante el aguador por no ser un cubo suficientemente bueno para el trabajo. El aguador le dijo:

—¿Te has dado cuenta de que sólo había flores en tu lado del camino y no en el lado del otro cubo? Siempre he conocido tu defecto y lo he aprovechado. Planté semillas en su lado del camino y, cada día, mientras regresamos del arroyo, las ha estado regando. Durante dos años he podido recolectar estas bonitas flores para decorar la mesa de mi patrón. Si no fuera por como eres, él no podría adornar su casa con esta belleza.

En este mundo todos somos «cubos rotos». Puede que tengamos cualidades que los demás y nosotros mismos consideramos defectos, pero sólo son defectos de la percepción. Lo que yo pueda considerar una imperfección mía puede convertirse en un talento maravilloso que enriquece la vida de otras personas. Una flor necesita sol, agua, tierra y aire para crecer. No se siente incompleta porque no puede suministrarse todo esto por sí sola. Florece a sabiendas de que forma un todo con todos los elementos y de que éstos son los que la sustentan y la nutren. Sólo nos sentimos incompletos y defectuosos porque creamos una barrera de separación entre nuestro alrededor y nosotros. Nos privamos de los nutrientes, las riquezas y la felicidad que siempre están para nuestro gozo. Tenemos la capacidad de amar y apreciar a todas las distintas personas que habitan en esta Tierra, pero no nos lo permitimos porque, como el cubo roto, creemos que no la tenemos. Sin embargo, incluso una hendidura puede ser una bendición.

Ver la perfección en todas las relaciones

Como a menudo es muy difícil detectar nuestras propias grietas o planes ocultos, nuestro Yo Superior se encarga de que conozcamos a otras personas que sostengan espejos para que tengamos una mejor oportunidad de experimentar y comprender lo que todavía no está completo en nuestro interior. Nuestros amigos y enemigos están deseando desempeñar sus respectivos papeles para beneficiarnos. Aprendemos que somos todas las cosas que no nos gustan de los demás, pero también descubrimos que al mismo tiempo somos todas las cosas que sí nos gustan de los otros. Ambas son desafiantes porque necesitan nuestra aceptación. ¿Cuántas veces sentimos que no somos merecedores de recibir, que no somos lo suficientemente bellos para complacer, lo suficientemente inteligentes para ser útiles o que no estamos cualificados ni somos lo suficientemente competentes para triunfar? Cuando conocemos personas que personifican todas estas cualidades que nos negamos a nosotros, podemos sentirnos muy atraídos por ellas. Tal vez apreciemos tanto estas cualidades en la otra persona que queramos experimentarlas todo el tiempo. Nos sentimos perdidos si no están allí, como si faltara una parte de nosotros.

Muchas relaciones nuevas se erigen sobre esta base. Es posible que el lector haya tenido como mínimo una experiencia así. Cualquier cosa que creamos que no tenemos, deseamos obtenerla de otra persona. Sin embargo, en cuanto nuestro amigo o pareja deja de sujetarnos el espejo que refleja esta expectativa o necesidad, desaparece el vínculo amoroso y la relación se empieza a marchitar. Si es una relación romántica, podemos sentir que la otra persona ha cambiado tanto que ya no sentimos las mismas emociones y alegrías que antes. Tal vez decidamos que ya no podemos seguir con él o ella.

Por otro lado, un romance debilitado puede revelar un amor verdadero y duradero que había estado oculto hasta entonces, pero que ahora tiene la oportunidad de florecer y crecer. En cuanto empiezan a desaparecer nuestras expectativas sobre cómo «debe» ser la otra persona, nuestros planes ocultos se convierten en perlas de sabiduría. Manifiestan nuestra verdadera identidad. Empezamos a apreciar la unidad que somos y la que vemos en la otra persona; empezamos a saber en nuestro interior que nuestra unidad es también la del otro, y que cualquier cosa que hagamos o digamos no perturba, frena ni destruye este vínculo de amor puro. No hay cuerdas atadas a este amor ni expectativas que deban cumplirse, porque sabemos que lo que representa la otra persona para nosotros también lo tenemos nosotros. De hecho, sólo somos capaces de resonar con estas cualidades especiales porque disponemos de ellas. Al no cumplir con nuestras expectativas, nuestra pareja o amigo nos ayuda a ser más completos. Dejamos de tener esta necesidad desesperada de que alguien nos «haga» sentir de esta manera.

Este tipo de independencia o autosuficiencia forma la base de una relación basada en el amor incondicional. (Amor incondicional es, de hecho, una expresión redundante. No existe el amor condicional porque las condiciones surgen del miedo, no del amor.) Esto no quiere decir que las relaciones románticas o debilitadas no estén basadas en amor incondicional; en realidad sí lo están, aunque no lo aparenten. Algunas relaciones sólo se forman para borrar de nuestra vida algunos de los planes ocultos más pesados y no durarán mucho tiempo. No obstante, ocurren porque los Yoes Superiores han hecho un acuerdo previo para avanzar con un mayor aprendizaje e integración. Este acuerdo está basado en amor incondicional. Uno se ofrece de espejo del otro y viceversa. El espejo refleja todas las características de personalidad «buenas» y «malas» que uno es capaz de proyectar a la otra persona. Cada intercambio, ya sea verbal, físico o de cualquier otro tipo, es una oportunidad para que ambos lados se vuelvan un poco más conscientes de que retienen estas cosas buenas y malas. Sólo nos desagrada de nuestra pareja lo que no nos gusta de nosotros mismos. Puede que sea difícil de digerir, pero con un poco de honestidad con uno mismo, llegamos a la conclusión de que no hay ningún otro motivo para estar *en contra de cualquier cosa* que nuestra propia incapacidad de aceptar nuestras debilidades no reveladas.

A la inversa, nuestra pareja puede que esté fascinada o emocionada por nuestras características de personalidad porque representan algo que no ha sido capaz de encontrar en sí misma. Puede que nosotros ni siquiera hayamos reparado en estas cualidades que tanto adora de nosotros. El amor ciego que sienten dos personas al inicio de una relación romántica debe calmarse en alguna etapa para que en su lugar domine el amor incondicional.

Uno tiene sólo lo que quiere

El importante índice de divorcios que hay en todo el mundo en este momento de la historia humana muestra que estamos sumamente implicados unos con otros en la liquidación de nuestros planes ocultos de esta vida y de vidas pasadas. Da la impresión de que tenemos tanta prisa por conseguirlo que el hecho de tener sólo una relación importante en la vida no parece satisfacer esta necesidad. Cada nueva relación nos permite intervenir más en nuestros asuntos de separación no resueltos. Después de un período de enamoramiento de todas estas hermosas cualidades que representa un amigo o pareja, tal vez empecemos a sentirnos incómodos con ellos. ¿Por qué? Porque nos comparamos con ellos y concluimos que no somos como ellos, a pesar de que nos encantaría que fuera así. O porque tenemos miedo de perder la relación y tratamos de mantenerla hasta tal punto que hacemos todo tipo de sacrificios para asegurarnos de que nos quieren. La admiración de otra persona se puede convertir en envidia, resentimiento o celos y, en casos extremos, en sentimientos de odio.

Compararnos con aquellos que amamos también puede manifestarse como una dura autocrítica y depresión. Aunque esto parece negativo y no deseable, dirige nuestra atención hacia dentro y prepara el camino para llenar la indignidad subyacente con las mismas cualidades que admiramos una vez y luego rechazamos en otra persona.

Con el tiempo, aprendemos que poseemos todo lo que queremos. No importa si sabemos cómo tocar un concierto para piano o pintar unos cuadros hermosos. El mismo hecho de apreciarlo significa que disponemos de ello. En contraposición, la comparación crea una división que nos separa de los demás y de nuestro entorno. En cuanto nos aceptamos lo suficiente, empezamos a ampliar nuestras fronteras individuales e incluimos a los demás y al mundo en nuestro yo extendido, y sentimos la misma alegría que sienten cuando están expresándonos su singularidad. Así, la «singularidad» se convierte en el medio de unificar en lugar de separar a las personas. El cambio de rol es significativo. La alegría de otras personas es nuestra alegría si tenemos alegría en nuestro corazón. El amor de otra persona puede convertirse en nuestro amor si el amor ya está dentro de nosotros. Asimismo, el dolor de otra persona puede ser nuestro dolor si percibimos el dolor en nuestro corazón. Aceptar los atributos contrastados de la vida como parte de nuestra percepción de la dualidad nos hace formar un todo. Rechazar la alegría, el amor o el dolor nos hace sentir solos, incompletos y separados del mundo.

Nuestros planes ocultos son nuestros verdaderos talentos en la vida, aunque parezcan estar muy lejos de ser gratificantes. No nos ha resultado nada fácil, por decirlo de forma suave, haber «llegado» de un origen omnipresente de unidad y «perdernos» en la desconcertante diversidad extremadamente densa de la realidad tridimensional. Y, para la mayoría, la fase actual de nuestro viaje de descubrimiento de la unidad de la diversidad es la más desafiante de todas. A fin de crear este nuevo mundo de unidad de la diversidad (realidad de cinco dimensiones) en el que nuestra creatividad no tendrá límites, estamos obligados a enfrentarnos a todos los planes ocultos que todavía están almacenados en la categoría de «desequilibrados» en nuestros registros akásicos. Debe desaparecer todo lo que nos encarcela en la ilusión de la dualidad. Es como si estuviéramos viajando al pasado, aunque en realidad simplemente estamos cambiando la dirección de nuestra atención a nuestras realidades paralelas (vidas), buscando cualquier experiencia desatendida y, por tanto, desequilibrada, que nos haya causado miedo y que aún siga haciéndolo.

Terminar con el miedo

Estamos en el umbral de una nueva era donde estar bajo la influencia de la dualidad ya no es útil ni necesario. Nuestra próxima etapa de la evolución de la consciencia humana nos llevará más allá de todos los límites del tiempo y el espacio. Los numerosos límites y dificultades que la humanidad está experimentando actualmente tienen que ver, sobre todo, con la aceptación y la eliminación de los restos de la «antigua» dualidad que nos ha llevado hasta este punto de transformación mundial. Y lo estamos experimentando todo de una vez. Estamos enfrentándonos a todo tipo de miedos, inquietudes, dudas, culpas, enfados, hostilidades y tendencias autodestructivas. A medida que surgen, activadas por circunstancias y situaciones perfectamente sincronizadas, estamos recibiendo la oportunidad de acercar todos sus homólogos opuestos. Simplemente con darnos cuenta y aceptar lo que *es*, los asuntos descompensados se equilibran. Al permitir lo que *es* sin dudar de si es bueno o no, empezamos a sentirnos seguros por dentro y a desarrollar aspectos como la ternura, la intuición, la calma, el afecto y la apreciación por uno mismo.

Las partes opuestas de la dualidad se alternan u oscilan de un lado a otro con tanta velocidad que podemos sentirnos confusos por lo que nos está ocurriendo. Como los cambios ocurren con tanta rapidez, ni siquiera tenemos tiempo de analizar nada. Las partes del hemisferio izquierdo que se encargan de los análisis intelectuales se están desmovilizando, lo cual nos obliga a enfrentarnos con todo ello en el nivel de las emociones. Nuestro hemisferio derecho, que procesa nuestras experiencias emocionales, está más activo que nunca. En efecto, no hay ninguna otra forma de entrar conscientemente en el mundo de las almas que a través de la ventana de las emociones. La madre de lo que llamamos emociones «negativas» es el miedo. Es la emoción de la separación.

Antes de poder trascender la separación y reunirnos con nuestro Origen, necesitamos experimentar y dominar el miedo.

Sentir la angustia del miedo y experimentarlo de principio a fin, que es lo que significa la aceptación, es una de las formas más rápidas de liberarnos de sus garras. Dado que la ilusión del *miedo* está simplemente causada por «no confiar» y «no saber», desaparece cuando permitimos que aquello en lo que no confiamos o desconocemos entre en nuestra experiencia consciente. Esto nos proporciona la ventaja de estar a la vez implicados y a la vez no estarlo. Sentimos la emoción pero ya no nos domina. Aunque puede que la vida no haya cambiado a nivel superficial, nuestra percepción de ella es distinta. Ahora las cosas negativas tienen tanto sentido como las positivas.

El gigante rompecabezas de la vida, con sus innumerables eventos pequeños y grandes, correctos y erróneos, buenos y malos y reunidos durante todas las vidas, está a punto de completarse. En cuanto se coloque la última pieza dejaremos de tener miedo, porque cada parte del rompecabezas, independientemente de la emoción que exprese, habrá demostrado el valor y el propósito de su existencia. Cada una ha sido esencial para la creación de la visión de la vida eterna. Para liberarnos de los juicios tuvimos que experimentar todas las principales facetas de juzgar y ser juzgados. Experimentar las dualidades de la vida nos ayuda a trascenderlas completamente. Estamos al filo de la libertad infinita, donde ni siquiera seremos capaces de concebir que tenemos poderes creativos limitados. Ésta es la promesa de nuestra época.

El espejismo de «encontrar» la felicidad

Todas las personas llegarán finalmente a la conclusión de que la felicidad no es algo que puede encontrarse. Todo lo que uno encuentra no es permanente, por lo que no puede ser real ni duradero. Tampoco puede poseerse. Si la felicidad tiene un inicio, está destinada a terminar de nuevo. A menos que uno *sea* la felicidad, buscarla sigue siendo infructuoso. Lo único que estamos haciendo es perseguir un fantasma de la memoria; deseamos resucitar aquellos momentos de nuestro pasado que tanto apreciamos y que nos hicieron sentir tan bien. Estos momentos de felicidad pueden definirse e incluso exagerarse en los momentos en que estamos disgustados o apenados. En otras palabras, es más probable que busquemos la felicidad cuando experimentamos tristeza o nos sentimos infelices. Este tipo de felicidad, sin embargo, se sustenta en la consciencia de separación.

Los sentimientos expresos, tales como «me haces muy feliz» o «me siento muy feliz en este lugar» implican que sin «esta persona» o sin «este lugar» no podemos sentir la misma felicidad. Y como esta persona o este lugar puede que no estén siempre disponibles para nosotros, nuestra felicidad se sustenta en un terreno inestable. Las mismas palabras «estoy feliz» muestran la relación del «yo» con una cualidad que está muy influida por su homólogo: la tristeza o incluso la depresión. Identificarnos con cualquier aspecto distinto de mi «YO SOY» nos coloca automáticamente bajo el hechizo de la dualidad. Por consiguiente, es imposible encontrar la felicidad verdadera y duradera a través de nada ni nadie más que en la relación con uno mismo. Una canción popular dice: «el amor más grande de todos es el que he encontrado en mí». En cuanto dejamos de perseguirlo fuera de nosotros, encontramos que *somos* amor. Es nuestra naturaleza. Y nada de lo que *somos* se nos puede arrebatar. *Ser amor* también significa ser independiente, no discriminatorio (es decir, ciego ante la dualidad), no estar atado a ninguna cuerda, ser eterno e inquebrantable.

Siempre que sentimos que no podemos conseguir algo de nuestro interior, buscamos la manera de obtenerlo del exterior, pues así experimentamos la felicidad temporal junto con la tristeza y, por consiguiente, comprendemos la ilusión de la separación y la dualidad. El hambre de felicidad externa se basa en el ego y está controlado por la conciencia de nuestro cuerpo, que busca la gratificación de sus sentidos. No proporciona una satisfacción permanente porque el que recibe amor y felicidad, que en este caso es el ego humano, es un Ser sumamente cambiante. El amor y la felicidad eternos, sin embargo, no pueden encontrarse; son intrínsecos a la naturaleza esencial del Yo nunca cambiante. Cada pensamiento que tenemos y todo lo que hacemos en la vida son el resultado de nuestra incesante búsqueda de la felicidad. Creamos un deseo tras otro para atravesar todo el rango de la dualidad hasta alcanzar el final del camino y dejar de buscar la felicidad. Cuando dejamos de buscarla, el ego se casa con el Yo Superior y el mundo de la separación se convierte en un mundo de unidad.

Amor versus felicidad

La fuerza del amor por uno mismo es la fuerza más importante que tenemos y siempre tiene éxito. Cuando algo nos va «mal» en la vida, sólo consideramos que va mal porque no vemos toda la perspectiva de las cosas. Cuando algo va «mal», en realidad nos acercamos un poco más al exterior de los ciclos de la dualidad. Estamos rompiendo gradualmente la creencia errónea de que hay algo en el exterior que necesitamos. Al ser uno eternamente con el mismo Origen que crea y recrea constantemente este universo, tenemos todo lo que podríamos necesitar dentro de nosotros. Todo lo que tanto adoramos en los demás también lo tenemos nosotros, a pesar de que hayamos elegido no expresarlo exteriormente porque puede que no sea necesario o que eso nos beneficie. Sería un mundo muy aburrido si todos fuéramos un Mozart, un Miguel Ángel, un Einstein o una Madre Teresa.

Cuando buscamos la felicidad en el exterior, prácticamente estamos negando que la tengamos en nuestro interior. Buscar la felicidad porque no somos felices es uno de los principales orígenes de los conflictos. Nos volvemos adictos a las cosas y a las personas que pueden llenar este vacío. Si lo hacen, sentimos la felicidad durante un tiempo hasta que finalmente se sustituye por un vacío más grande. A este vacío lleno lo llamamos amor. Sin embargo, el verdadero amor no quiere nada, simplemente es y se comparte. Al «ser» amor, dejamos de desear la felicidad. El amor une los opuestos; desear la felicidad crea separación. No obstante, los dos tienen su importancia. Las relaciones que existen sólo porque dos personas sienten que se necesitan una a la otra para ser felices están destinadas a terminar en separación. Se sienten muy mal si están separadas y estupendamente cuando están juntas. Estar adictos o vinculados a otra persona es sólo una pequeña parte de lo que tenemos que aprender aquí. Cuando termina la adicción, dejamos de buscar tomar prestada la felicidad de los demás.

Basamos las nuevas relaciones en el amor y el respeto que nos tenemos a nosotros mismos. Cuanto más completos estemos por dentro, más hermosas y gratificantes serán nuestras relaciones. Dos personas felices aportan mucha más alegría a una relación que si sólo una de las dos es feliz. La copa de amor que lleva cada uno en su corazón sigue rebosante cuando están juntos, pero se mantiene llena cuando están separados. La belleza de todo esto se halla en el hecho de que cada uno de nosotros es perfectamente capaz de crear una vida de amor constante. Un mecanismo nuestro determina si lo que deseamos se hace realidad o no. Yo lo llamo el «arte del deseo».

Ella habla, pero no escucha las palabras de los demás.
Juzga, pero no tiene ningún concepto de la palabra ni del acto.
Observa con los ojos abiertos de par en par, pero los vientos del cambio oscurecen constantemente su visión.
Es eterna, efímera, amorosa. Es tú.

Princesa Diana
Canalizado el 4 de abril de 2001

CAPÍTULO 9

RESOLVER EL ASUNTO DE LAS RIQUEZAS

Estamos a voluntad de las espirales que ondean aquí y allá, abundantes en nuestro amor efervescente, balaceándose hacia delante y atrás con hojas de palmera y las hojas de la higuera del gozo. Estamos en sintonía con el festejo del universo, porque éste es nuestro instinto natural, las venas intuitivas que fluyen profundamente, como los lechos de los ríos en la fuente de nuestros corazones. Pedimos eternamente su mano para contraer matrimonio con las mentes. Podemos cosechar las alegrías y buena naturaleza abundante que acompaña a esta bendición unida. Somos hombres y mujeres, padres, madres e hijos, todos entrelazados benditamente en el mismo globo de nudos de amor. Estamos y podemos sobrevivir a esta época poderosa de inseguridad y duda porque hay mucho para mantenernos en espíritus elevados abundantes y para satisfacer los deseos de nuestros corazones cuando parezca que el sol poniente ya no emite su bondad sobre nuestras pestañas. Que el rocío en la brillante luz matutina vuelva a contar su cuento de la naturaleza de allá, porque cada lágrima que cae sobre los pétalos de la madre naturaleza ha descendido antes por esta casada de la vida, que nunca acaba, que empieza ahora su viaje a través del tiempo.

Es inquietante pensar que el tiempo no tiene comienzo ni final, pero así es como debería ser, un enigma para el ojo mental con el que jugar. Nunca dudéis del genio que entró en esta creación, porque nació del amor, como nosotros.

El alma resucitada de Elizabeth Barrett Browning
Canalizado el 7 de enero de 2001

Cuando los deseos sólo se quedan en sueños

¿Alguna vez se ha preguntado el lector por qué la mayoría de nuestros deseos no se cumplen? Podemos hallar la respuesta si observamos la forma en que deseamos las cosas, la *intención* que motiva los deseos. Siempre que deseamos algo que no tenemos, el deseo de poseerlo procede de nuestra insatisfacción con la situación actual. Los deseos están vinculados a lo que necesitamos, queremos o no tenemos, y están, por tanto, orientados hacia el futuro. Desvían nuestra atención del presente, lo que naturalmente nos plantea miedos e inseguridades. Como la mente no está dispuesta a aceptar lo que nos presenta cada momento, persigue el cambio para superar el miedo. Así, la motivación por tener algo mejor de lo que tenemos ahora, como un vehículo nuevo, un ordenador más rápido o un aumento de sueldo, en realidad está basada en el hecho de que no estamos contentos con el vehículo antiguo, el ordenador más lento o con el sueldo actual.

El deseo de ser o tener algo más en la vida se halla sobre un terreno muy frágil, el terreno de percepción de la *carencia*. Y la carencia atrae más carencias según la ley «los semejantes se atraen». «Como ya no me gusta esta casa quiero una mejor», es un ejemplo típico de cómo algo que no nos gusta se convierte en la fuerza que motiva el deseo. En consecuencia, hacemos frente precisamente a la carencia que estamos tratando de evitar o huir. Tal vez el deseo se cumpla, pero la frustración por no estar contentos con la casa antigua se transfiere a la nueva casa. La carencia todavía está presente, pero no en el exterior; existe en nuestro interior. Pronto la nueva casa también deja de ser lo suficientemente buena y el ciclo se repite una y otra vez. Si el deseo no se hace realidad, nos podemos sentir frustrados y enfadados. Incluso quizás culpemos a Dios, a otras personas o a las circunstancias por no dejarnos tener lo que queremos.

En realidad, no hay ninguna fuerza externa que tenga el poder de entrometerse en nuestro camino e impedir el cumplimiento de nuestros deseos. La única fuerza que existe somos nosotros mismos. Cada uno de nosotros es un maestro de la creación, lo sepamos o no. Propulsamos implacablemente cada pensamiento en el mundo y nada puede detenerlo, ni siquiera Dios. Un pensamiento de carencia creará carencias, y un pensamiento de riqueza creará riquezas. El lector podría argumentar que de este modo sería muy fácil tener todo lo que queremos, pues lo único que necesitaríamos hacer es cambiar nuestros pensamientos y practicar algún tipo de pensamiento positivo. ¡No es tan fácil!

Los pensamientos son mucho más complejos que unas palabras escritas en un trozo de papel. Ningún pensamiento está desprovisto de sentimientos, intenciones y emociones. Antes de que un pensamiento pueda desarrollarse y asumir su significado, debemos *pensarlo*. Y antes de poder pensar algo debemos tener una *sutil sensación* acerca de lo que queremos expresar o desear. Al mismo tiempo, el cuerpo crea una respuesta específica ante este sutil impulso de la sensación, que es lo que llamamos «emoción». Todos estos aspectos de un pensamiento están entrelazados con todos los pensamientos que tenemos y los que tuvimos hace un minuto, ayer, el año pasado y en todas nuestras anteriores vidas. Por ejemplo, si hoy decidiera escalar el Everest, primero debo tener una sutil sensación de que puedo hacerlo, basada en el conocimiento de que antes he escalado muchas montañas grandes, durante esta vida o las anteriores. Entonces debo tener la intención de hacerlo, lo que finalmente me llevará a unirme a un equipo, ir allí y empezar a escalar. Las emociones que este pensamiento-impulso debe generar en el cuerpo, a través de la conexión mente-cuerpo[5], deben ser de inquietud, alegría y entusiasmo; de lo contrario, el cuerpo no hará el esfuerzo que deseamos.

El resultado final es que todos estos distintos aspectos de un pensamiento, decisión o deseo deben respaldarse o estar alineados unos con otros para hacerse realidad. Una sensación de duda que pueda aparecer cuando pienso en escalar la montaña puede ser suficientemente poderosa para sabotear mi deseo. El simple pensamiento de escalar el Everest puede provocar que mis glándulas suprarrenales bombeen una gran cantidad de cortisol y adrenalina a mi torrente sanguíneo, las hormonas de respuesta al estrés, causando así una sensación de pánico y ansiedad. Tales emociones son difíciles de ignorar cuando planeamos embarcarnos en una aventura que implica poner en peligro la propia vida.

No podemos cambiar con nuestro esfuerzo consciente ninguno de los aspectos de un pensamiento descritos anteriormente, a excepción de su contenido o significado. Incluso si cambiamos el significado del

---

5. La conexión mente-cuerpo está explicada en detalle en el libro del autor *It's Time to Come Alive!*

pensamiento «odio las serpientes» por el de «adoro a las serpientes», la emoción del miedo o aversión hacia las serpientes seguirá siendo la misma a menos que el sentimiento subyacente que provoca el odio también desaparezca. Quizás nos mordió una serpiente en esta vida o en otra anterior, dejándonos con la temida anticipación de sufrir la mordedura de otra serpiente en el futuro.

Cada vez que aparece en nuestra mente la palabra *serpiente*, reactiva esta memoria celular junto con los sentimientos y las emociones correspondientes. Hay un motivo por el que esta emoción aparece repetidamente en conversaciones o viajes a lugares tropicales o de forma simbólica en sueños. El miedo a las serpientes, que es un obstáculo que nos impide estar en nuestro pleno poder, busca la oportunidad de equilibrarse con el amor a las serpientes. A menos que seamos capaces de amar y respetar todo lo que existe, siempre habrá algo que no nos guste o que parezca atacarnos. Además, habrá este profundo anhelo interior de otra cosa, algo que nunca podemos alcanzar. En la unidad de la consciencia deja de existir la necesidad de desear porque podemos tenerlo todo automáticamente. Este estado de conciencia ya *es* todo; por tanto, no existe la carencia ni el deseo de llenarla con otra cosa. El camino del cumplimiento de los deseos sólo tiene barreras en la consciencia de la dualidad. Estas barreras son nuestra propia creación. La mayoría de ellas están arraigadas en una capacidad desalineada de aceptación de gracia. En otras palabras, cómo nos percibimos a nosotros mismos determina cuánta riqueza tendremos en nuestra vida.

Desaprender las antiguas formas de deseo

Como los deseos pertenecen al dominio de la dualidad, están sujetos a sus leyes. Si los propios deseos están basados en la carencia, es imposible estar plenamente satisfechos y contentos al tratar de cumplirlos. Robert H. Schuller dijo una vez muy sabiamente: «El único lugar donde nuestro sueño resulta imposible es en nuestro propio pensamiento». En la mayoría de los casos, nuestros sueños y deseos nunca se hacen realidad porque la conciencia o pensamiento de carencia crea más carencias. Deshacernos de ellos o eliminarlos es igualmente frustrante, pues significaría un suicidio emocional. Sin el deseo dejamos de madurar. Juzgar nuestros deseos significa que nos estamos juzgando a nosotros mismos. Temer nuestros propios deseos significa que tenemos miedo de nosotros mismos. Incluso nos podemos sentir culpables por tener todo lo que queremos y necesitamos porque en nuestro interior sentimos que no nos lo merecemos. Este rechazo de uno mismo hace que seamos incapaces de recibir y de cumplir nuestros deseos.

Hay una forma mucho más satisfactoria de tratar con nuestros deseos. Se trata de la aceptación voluntaria de todo lo que aparece en nuestra vida, que mantiene fluida la corriente del cumplimiento. De este modo, si uno está buscando más riquezas en su vida, es aconsejable que empiece por aceptar su situación actual, este momento en el que no tiene suficientes riquezas, y lo aprecie. La falta de riquezas es una parte esencial, si bien temporal, de nuestra caja de herramientas para construir una vida maravillosa llena de riquezas para uno mismo y para los demás.

Entre la carencia total y la completa plenitud existe sólo una pequeña diferencia. Las dos están tan vinculadas que, cuando una está presente, la otra no se halla muy lejos. Cuando aceptemos la carencia del mismo modo que recibiríamos las riquezas, empezaremos a apreciar su verdadero papel y el valor que tiene para nosotros. Así, no sólo eliminaremos el estigma de la negatividad, el miedo y el dolor, sino que también nos proporcionará lo opuesto: riquezas. Sin duda, nuestro destino no es vivir con el miedo constante a la carencia, la desolación o la privación. Con el fin de ayudar a transformar este miedo, nuestro Yo Superior nos está guiando para vivir precisamente estas experiencias «negativas» (falta de riquezas). El miedo es el cuarto oscuro donde se revelan los negativos, que nos ayudan a comprender el rol que desempeñan para nosotros y por qué los atraemos. Cabe recordar que uno es el creador de todas sus situaciones vitales y lo hace únicamente por buenas razones.

Querer tener riquezas en la vida simplemente porque uno siente que no tiene nada o porque quiere deshacerse de la pobreza *sólo provoca más carencias*. Nuestra creencia en la carencia determina nuestra experiencia de la riqueza. No importa cuánto intentemos satisfacer nuestra hambre de riquezas, pues no dará frutos de satisfacción ni felicidad; al contrario, nos llevará a la resignación y la desesperanza. Este vacío interno puede ser exactamente el punto decisivo que necesitamos para volver a levantarnos y permitir el despliegue de nuestra vida. Cuando nos resignamos a afirmar: «bah, ya no importa», en realidad estamos empezando a aceptar nuestra situación actual. En este momento, cuando nuestra atención deja de estar centrada en querer más riquezas en el futuro o en la agonía por no haber tenido suficiente en el pasado, nos quedamos atados al presente, el momento mágico donde no existe el tiempo y donde tienen lugar todos los milagros. Es el instante en el que somos más poderosos, donde *somos* las riquezas. Todo lo que podríamos querer está disponible en el presente. Al contrario, todo lo que no queremos, como la mala suerte, las enfermedades, el cansancio, el pesimismo, etcétera resultan de no estar en el presente.

Cuando dejamos ir todas las expectativas, nos quedamos sin nada, es decir, sin nada más que nuestro Yo. Sólo podemos llenar un vaso cuando está vacío, y a veces necesitamos vaciarlo antes de probar una nueva bebida refrescante. Entonces, tanto vaciar el vaso como llenarlo tienen la misma finalidad: prepararnos para experimentar un nuevo sabor. Los pensamientos o deseos que no están atados a nada (que no están proyectados hacia el futuro ni limitados por recuerdos previos) se reintegran de forma natural al momento presente. Simplemente son. Estos pensamientos y deseos están más allá de la influencia de la dualidad; forman una unidad con el Yo y, por tanto, no pueden sino cumplirse.

Cómo elegir la abundancia

La vida está organizada de tal manera que nos lleva a intersecciones de cambios importantes. La antigua carretera por la que solíamos conducir puede habernos favorecido en el pasado, pero cuando decidimos dirigirnos a un nuevo destino, tal vez necesitemos seguir un nuevo camino. Por supuesto, existen opciones. En cuanto decidimos que queremos abundancia en todas las áreas, el universo se encarga de los detalles. Sin embargo, la manifestación de la fortuna sólo puede ocurrir si *somos* lo que queremos ser, lo que hace que la riqueza dependa del área de la autoestima. La consciencia de la riqueza *es* sentirse afortunado por *cualquier cosa* que uno tenga y sea, la cual abre las puertas de las posibilidades infinitas. Sentirnos desestimados, despreciables y solitarios nos invita a ser víctimas de la pobreza y la carencia.

Todas las situaciones de la vida nos estimulan para que escojamos entre las riquezas y la falta de riquezas. La verdadera elección, sin embargo, ocurre en nuestro interior. ¿Cómo me veo a mí mismo en cada nueva situación? ¿Me siento satisfecho incluso aunque no posea nada, o dudo de mi valía a pesar de tener todo lo que quiero? En otras palabras, la cuestión de las riquezas no surgiría si conociera mi Yo esencial. Las energías, respecto a la riqueza o la salud, no tienen más limitaciones que las relacionadas con la autoestima. No existe ninguna fuerza, gobierno, sistema económico, dioses, demonios, etcétera que nos impongan limitaciones de ningún tipo; nosotros mismos somos quienes las creamos. En consecuencia, es nuestra tarea deshacer y liberarnos de este mito sobre las limitaciones que nos hemos impuesto y permitir que las riquezas fluyan libremente sin restricciones.

La verdadera riqueza es demasiado compleja para que lo pueda comprender nuestra mente humana. Con el fin de abrirnos a las riquezas del universo debemos emplear la fuerza de Dios. Y la mente de Dios, que es la consciencia siempre presente de nuestro Yo Superior, no se ajusta al marco de la mente del ego. La mente de nuestro ego escoge el campo de la dualidad para crear los impulsos de los deseos, mientras que la mente de nuestro Dios cuenta con la «La Unidad del Todo» para cristalizar este deseo. Así, para organizar todos los detalles necesarios para el cumplimiento de un deseo, surgido de los labios del ego, tenemos que confiar en nuestro Yo Superior. Estos acuerdos, a menudo muy complejos, normalmente escapan de la conciencia consciente de la limitada mente del ego. Mientras permanezcamos enredados en la selva de la dualidad, necesitaremos mucho tiempo para comprender que sentirnos vacíos para después poder sentirnos llenos forma parte de nuestro plan divino, que consiste en despertar y ver nuestra naturaleza esencial, es decir, la riqueza en todos los aspectos.

Cada uno de nosotros *es* infinita riqueza por naturaleza, pero la mente de nuestro ego no tiene un conocimiento consciente de ello y así ideamos todo tipo de métodos para tratar de encontrarla. Estos métodos están destinados a fracasar porque ninguno de ellos revela «Quiénes Somos»; simplemente muestran con qué nos identificamos. Sin embargo, y esto es igualmente importante, nos muestran lo que no somos. El inmenso poder del presidente de Estados Unidos es insignificante en comparación con el diminuto poder de un virus mortal. ¿Qué valor tienen los bienes de Bill Gates si no pueden impedir que un terremoto termine con la vida de su familia? La influencia de un papa es insignificante si es incapaz de amarse a sí mismo. Ninguno de los poderes mundiales puede compararse con lo que somos verdaderamente.

Cada uno de nosotros es *todo* lo que existe. Con el fin de revertir nuestro verdadero poder, riquezas e influencias, debemos aprender a alinear la mente de nuestro ego con nuestra mente cósmica. Para que esto ocurra, puede que un presidente necesite resignar a su puesto, que un Bill Gates tenga que repartir sus riquezas y que un papa necesite reconocer que no es tan «santo» después de todo. Este vaciado de la copa de la mente de nuestro ego se entrega al *verdadero* poder, riquezas e influencias que somos, lo cual facilita nuestra comprensión acerca de por qué nos ocurren «desgracias».

Por qué nos ocurren «desgracias»

Tal vez nos roben la cartera o el vehículo *porque* hemos pedido tener verdaderas riquezas en la vida. Nuestra casa puede arder *porque* tenemos pánico de pensar que podemos quedarnos sin un techo. Una pareja a la que le hemos dado todo nuestro amor y confianza durante muchos años puede que de pronto decida dejarnos *porque* sentimos que nuestra vida estaría vacía y no tendría sentido sin ella. Lo que sigue al «porque» en cada una de estas situaciones se refiere a un tipo particular de miedo que permanece oculto hasta que perdemos lo que tenemos, un miedo que forma la base de nuestra separación de la corriente de la vida. Tener la cartera llena, un vehículo caro, una casa acogedora y una pareja de confianza son cosas maravillosas y bien merecidas siempre y cuando también podamos existir igualmente sin ellas. Si no lo creemos así, entonces no nos beneficia tenerlas de ninguna manera.

Hemos estado viviendo en este mundo de ensueño que ha tratado (con éxito) de convencernos de que sólo éramos dignos de algo si poseíamos otra cosa, como un buen nombre, una buena carrera profesional, una casa, un vehículo y/o una familia. Hemos llegado a una época de la historia humana donde medimos o valoramos a las personas en función del dinero, el poder y la influencia que tienen. Los medios de comunicación y la industria del entretenimiento muestran y promueven la imagen de que aquellas personas que no poseen estos bienes o similares son unas fracasadas, pobres e incluso parias de la sociedad. Sin embargo, por mucho que se haya tergiversado la verdad, incluso los ricos y los famosos, los miembros poderosos y admirados de la sociedad, se enfrentan a los mismos desafíos en la vida; sólo poseen verdaderamente aquello a lo que son capaces de renunciar. Así, las lecciones de la vida incluyen la adquisición de todas estas cosas y, si es necesario, también su pérdida.

Algunos de los actores y cantantes más admirados y triunfadores están enfrentándose a los demonios de su interior; recurren a las drogas y al alcohol, tienen accidentes mortales o sufren enfermedades como el Alzheimer o el Parkinson. Están obligados a tratar con la misma cuestión que los humanos se han estado preguntando desde el inicio de los tiempos: «¿Quién soy?». Y el mundo dice acerca de ellos: «¡Qué vergüenza, qué manera de desperdiciar su talento!». Cuando ocurren estos hechos, todos pierden algo; sin embargo, su pérdida es, en realidad, una ganancia, no sólo para aquellos implicados sino también para el mundo que los observa. Nos permite aprender que una gran pérdida es el inicio de una gran ganancia y nos brinda la oportunidad de aceptarla tal y como es.

La pérdida no es un castigo, sino una bendición, porque lo que ganamos al liberarnos de los efectos cegadores de la gratificación del ego y el apego a la ilusión de tener posesiones no tiene precio. La diferencia se basa en estar al mando de todos los tipos de riquezas o estar en el extremo que recibe una pequeña porción de éstas. Nuestro destino en este plano de la Tierra es poner fin a nuestra esclavitud con las riquezas efímeras que no tienen una relación duradera con la calidad y la evolución del alma, y asumir la maternidad de todo lo que necesitamos y queremos. Se supone que debemos disfrutar de tantas riquezas como pueda ofrecernos el universo. Sin embargo, siempre que sigamos apegados a ellas o tratemos de poseerlas, lo cual es la consciencia de la pobreza, las riquezas no pueden ofrecernos ningún goce duradero y, por tanto, nos deja con las manos y el corazón vacíos. Las leyes del universo se aseguran de que sólo la consciencia de la abundancia pueda manifestar riquezas. Tratar de tener riquezas porque sentimos que no tenemos sólo crea más carencias y sensación de vacío. En consecuencia, el elemento más importante de la riqueza es darse cuenta de que hay tanta abundancia en el exterior como en nuestro interior. Cuánta riqueza nos merecemos depende de cómo nos valoremos a nosotros mismos. Cuando estemos agradecidos por quiénes somos y lo que tenemos, estaremos honrando nuestra abundancia interna y empezaremos a abrir las puertas a la abundancia externa. Por tanto, uno debe atreverse a amarse a sí mismo y a darse el permiso de mejorar su calidad de vida.

El poder de la gratitud

Aceptar lo que sea en este instante crea un sentimiento natural de gratitud y reconocimiento de que cada momento es un regalo precioso de infinitas posibilidades. A pesar de que «aceptar lo que sea» suena muy simple y fácil, hemos tenido que vivir numerosas vidas para experimentar sólo una vez este momento de gracia. Ahora el mundo se está preparando para hacer que este momento sea permanente. Se nos pide que nos olvidemos de nuestra mente porque la aceptación es materia del corazón, el punto de entrada al alma dentro del cuerpo y el asiento de nuestro Yo Superior.

La vida es simple y sencilla para el corazón, pero compleja y complicada para la mente. El corazón honra todos nuestros deseos incluso aunque nos cieguen, preocupen nuestro yo espiritual o provoquen violencia. Desde la perspectiva del corazón, todo lo que nos ocurre a nosotros y al mundo tiene una razón favorable que se apoya en una perspectiva más amplia. Este panorama más amplio, al ser un rompecabezas para la mente, es como un libro abierto para el corazón. Ensalza y aprecia todos los deseos, incluso aquellos que parecen perversos. Los deseos malvados, si surge la necesidad de tenerlos, nos permiten darnos cuenta de nuestros miedos y sufrimientos y puede que, de hecho, sean indispensables para nuestro crecimiento.

Algunas veces, para dar un salto hacia delante, primero debemos dar unos pasos atrás, lo cual puede parecer perjudicial. El corazón sabe que las desviaciones tienen significado porque confía en la perfección del momento; la mente, sin embargo, es a la que le asaltan las dudas. La mente dudosa también tiene su mérito, porque nos ayuda a despejar un camino que atraviesa la jungla de la dualidad hasta poder ver la luz del Yo. La clave para la riqueza espiritual y material es estar agradecidos por ambos. De este modo, gratificar cada deseo que tenemos, que hemos tenido y que tendremos nos conduce a salvo por la vida hasta que deseemos una vida de unidad. Nuestros deseos son nuestros guías del camino, cada uno de los cuales nos revela en qué punto estamos de nuestro viaje espiritual.

Cada instante de la vida tenemos la posibilidad de aceptar todo lo que nos ocurre, no de forma pasiva o como haría una víctima, sino con la tierna anticipación de lo que hemos creado para nuestro mundo y para nosotros. Permitir y abrazar el momento es asumir el poder de la creación conjunta. Jesús una vez enseñó a aquellos que cuestionaban sus propios poderes: «¿No está escrito en vuestra ley: "yo dije: sois Dioses?"» *Juan 10:34*. Y en otra ocasión dijo: «Vosotros sois Dioses, y todos sois hijos del Altísimo» *Salmos 82:6*. Ha llegado la hora de darnos cuenta de nuestros papeles como creadores y de disfrutar lo que creamos para compartir con todos.

Con el Movimiento de la Nueva Era apareció un deseo renovado de crear fortuna en la vida. La idea que se extendió fue que para tener riquezas uno debía merecérselas, suponiendo así que aquellos que no tienen riquezas no se las merecen. Sin embargo, esto sólo es cierto a nivel superficial. Todo el mundo se ha merecido siempre y sigue mereciéndose riquezas. La falta de riquezas puede ser tan indicativa de merecerse crecer como disponer de ellas. La diferencia subyace en el tipo de aprendizaje que ha logrado el alma individual. Algunos aprenden antes que otros que si nuestra atención se centra en lo que no tenemos, nos quedamos allí atrapados hasta que desviamos nuestra atención hacia lo que sí tenemos. Si observamos con más profundidad, encontraremos que hay muchas cosas por las que podemos estar agradecidos. Cuanto más observemos, más tesoros descubriremos. En el instante en que estemos agradecidos por todo, las riquezas fluirán por sí solas. Y éstas pueden manifestarse de muchas formas.

Estar agradecidos por no tener todo lo que deseamos nos permite aguardar algo nuevo. Si estamos agradecidos por no saber ciertas cosas, obtenemos mucho placer al aprender sobre ellas. Nuestra gratitud por los tiempos difíciles de nuestra vida nos brinda la oportunidad de crecer más fuertes y sabios. Agradecer nuestros errores nos ayuda a aprender valiosas lecciones. Por tanto, si podemos encontrar una forma de estar agradecidos por todos nuestros problemas, éstos se convertirán inevitablemente en nuestras bendiciones.

En realidad, los seres humanos no cometen errores. El dicho: «Errar es de humanos» se debe a una percepción incompleta de la realidad. Los errores son una parte integrante de la tragedia de la vida. Cada vez que cometemos un supuesto error se crea una cadena de eventos que nos acercan un poco más al objetivo que, junto con nuestro Yo Superior, hemos fijado para nosotros. Es como una nueva película en la que el público no sabe cómo termina, pero sí el director, el equipo y el guionista. Nuestro Yo Superior es el director y productor de nuestra tragedia personal de la vida. En el esquema general de nuestra vida, cuenta cada pequeño detalle y es importante cada error cometido. La película de la vida debe contener errores, controversias y conflictos a fin de provocar el cierre de la tragedia de la dualidad. Cuando termine la tragedia habrá un final feliz.

En consecuencia, basta de juzgarnos por cometer «errores» y, en su lugar, estemos agradecidos. Debemos darnos cuenta de que los errores siempre están camuflados en oportunidades. También debemos considerar que, como nosotros, los demás tampoco cometen errores. Esta apreciación elimina mucho miedo de nuestras interacciones con los demás. En la Tierra todos somos un Dios Creador que representa distintos roles para el beneficio de todos. Algunos están aquí para crear luz y amor; otros están aquí para crear oscuridad y decepción. En el curso de la evolución, los poderes destructivos son tan importantes como los constructivos. Cuando estamos atrapados en la ilusión de la dualidad, los calificamos en términos de buenos y malos, pero si destapamos desde la conciencia el velo de la ilusión, los antiguos enemigos se tratan entre sí como si fueran mejores amigos. Vemos las adversidades como si fueran una llamada de atención, como oportunidades apropiadas para cambiar y crecer.

Es muy fácil estar agradecido por las cosas buenas de la vida. Pero la verdadera abundancia sólo acude a aquellos que también saben estar agradecidos por las desgracias. Al contrario, centrar nuestra energía en lo que no hay, como la falta de dinero o amor, o en lo que no nos va bien, es como multiplicar por «cero» cualquier número. Independientemente de lo grande que sea el número, el resultado siempre seguirá siendo cero. En otras palabras, la abundancia está en todas partes y especialmente en las cosas «negativas». «Captar» esto, comprenderlo realmente, nos llena de gratitud. De pronto nos damos cuenta de que tenemos muchas cosas por las que estar agradecidos.

Cuando aceptamos y agradecemos todo lo que tenemos, automáticamente empezamos a aceptar lo que no tenemos, lo cual nos coloca instantáneamente en la corriente de la abundancia y la riqueza de todo tipo. Y es conveniente acordarnos de bendecir a los demás por su salud, su trabajo y sus relaciones. Bendecirlos por su abundancia, riqueza y posesiones; bendecirlos de cualquier forma posible, en la calle, en las tiendas o en el trabajo. También bendecirlos por sus errores y juicios, sus agresiones, enfermedades y crueldades; con ello permitiremos que un rayo de sol repentino atraviese las nubes de su cielo. Es una manera directa de disolver la consciencia de la división y atraer a la propia vida todas las cosas maravillosas que deseamos que tengan los demás. Cualquier cosa que necesitemos para vivir cómoda y alegremente aparecerá en la puerta de casa, de alguna manera, en alguna forma y algún día. Cuándo, cómo y a través de quién no tiene que preocuparnos. El presidente de un país no necesita saber todos los detalles de cómo obtiene esto o aquello, simplemente necesita saber que tiene el poder de conseguir lo que se le pide. En cuanto se reúnan las condiciones previas para el cumplimiento de los deseos –aceptación y eliminación de las dudas sobre uno mismo– empezaremos a vivir nuestros sueños.

Junto con ellos llegará el conocimiento de que en la vida no hay circunstancias adversas ni mala suerte. Estar agradecidos por todo lo que aparece en nuestro camino también implica que no podemos sentir más decepciones. Por otro lado, esperar gratitud de los demás por lo que hacemos por ellos en realidad significa «estar desagradecidos» y está destinado a ocasionarnos decepciones. Por consiguiente, si tenemos expectativas sobre los demás, es mejor para nosotros sentirnos decepcionados; de lo contrario, seguiremos intentando «comprar» amor y afecto de los demás en lugar de proporcionárnoslo a nosotros mismos. Así, del mismo modo que la marchitez de una planta es el resultado de no regar sus raíces, no tener «suficiente» es la consecuencia de no nutrirse a uno mismo. La gratitud es la mejor manera de nutrirse, de bendecirse uno mismo. Es imposible bendecir y juzgar al mismo tiempo.

Tales expresiones comunes como: «siempre seré pobre» o «nunca puedo llegar a fin de mes» son profecías destinadas a cumplirse que se perpetúan hasta que las cambiamos. Somos los creadores de nuestras propias vidas y destinos. Lo que ordenamos debe ocurrir. No hay lugar para las fuerzas independientes que eligen aleatoriamente a los menos afortunados y los privan del derecho a tener las mismas oportunidades. Es nuestra elección si decidimos experimentar la pobreza durante un tiempo o una vida entera. La comprensión de que haber nacido en una familia que no tiene posesiones materiales o suficiente comida para todos los miembros no es más casual que conducir nuestro vehículo desde casa a la oficina. Ambos están sujetos a la necesidad y a lo que queremos. En realidad, ninguna elección es nociva.

La abundancia no necesita generarse; siempre está en las yemas de nuestros dedos, independientemente de las circunstancias. Sin embargo, necesita fluir, como una corriente. Sólo podemos interrumpir la corriente si nos metemos en su camino, y esto sucede cuando insistimos, a pesar de que sea inconscientemente, en que no somos merecedores de ella. Las creencias que sostienen esta idea de falta de mérito a menudo se originan en la culpa de haber privado a los demás de riquezas en esta vida o en otras. Incluso puede que hayamos abusado de nuestra riqueza, poder e influencia para obtener lo que queríamos. A fin de equilibrar estas distorsiones kármicas, hemos escogido una situación igualmente extrema, una que se halla en el otro extremo del espectro de la dualidad y que ofrece la pobreza y la privación como una oportunidad para nutrir las cualidades de humildad y gratitud.

Dejar fluir el río

Durante mis frecuentes viajes a algunas de las regiones menos desarrolladas del mundo me di cuenta repetidas veces de que algunas de las personas más pobres sentían el amor más auténtico por sus hijos, sus padres y los demás. Sus rostros resplandecían alegría y paz, a pesar de sus difíciles vidas llenas de sufrimiento y constantes conflictos. Quizás lo que más me sorprendió fue que disponían de mucho tiempo para ellos, como si el tiempo no existiera. Al contrario, la prisa de la vida moderna por conseguir todo lo que una persona moderna cree que necesita ha dejado a muchas personas sin ni siquiera tiempo para pensar, reflexionar o estar tranquilas. En las ciudades modernas vemos muchas más caras estresadas que relajadas. De este modo, llegué a la conclusión de que la verdadera riqueza no puede medirse por las posesiones que uno tiene, ni siquiera por los bienes y el poder que haya acumulado, sino *por lo bien que uno se siente consigo mismo*, con los demás y con el mundo.

La condición de ser pobre en realidad no ocasiona presión ni estrés; la presión sólo surge cuando ser pobre se interpreta como un signo de no ser lo suficientemente bueno. Entonces es cuando el río de la verdadera riqueza deja de fluir. Como una presa que obstaculiza un río, nuestra percepción de la escasez frena la corriente potencial siempre presente de la riqueza personal. La presión que crece en nuestro interior, como en el caso de la presa, es lo que experimentamos como estrés y falta de tiempo para hacer todo lo que creemos que necesitamos hacer para mantener fluida la corriente de la riqueza. Sin embargo, para conocer y dominar realmente el flujo de las riquezas, primero necesitamos experimentar la presión y ansiedad que provoca el sentimiento de no tener nunca lo suficiente. Existe un vacío interno, una desconexión que tratamos de compensar llenando nuestras vidas de placeres que no tienen efectos duraderos, excepto el de aumentar más nuestros sentimientos de vacío. Y así es como necesita ser. Aceptar este sentimiento de carencia o vacío (o cualquier palabra que escojamos para describir nuestra insatisfacción con la vida) y abrazarlo por todo el mérito que tiene es un paso indispensable para permitir más riqueza en nuestras vidas. Esta total aceptación elimina por completo el obstáculo que interrumpe la corriente de la abundancia.

Tal vez muchos de los que nacieron en una «cuna de oro» y aquellos que han llegado a la cima por sus propios medios necesiten perder todas sus posesiones y bienes para sentir lo que es no tener nada y estar a merced del gobierno para recibir su pan de cada día. Ésta fue una de las principales razones por las que las masas crearon conjuntamente la Gran Depresión en el siglo xx, donde muchas vidas en todo el mundo se vieron afectadas. Más adelante, la Gran Depresión estableció las bases para una ola gigante de riquezas que se expandió por todo el globo. La pobreza masiva que se experimentó en aquella época constituyó un portal para una nueva era que trajo libertad y muchas posibilidades a numerosas personas y preparó el camino para la revolución espiritual que está teniendo lugar ahora.

El pobre rico y el rico pobre

Por muy extraño que pueda sonar, las personas ricas a menudo se sienten incompletas y vacías porque no saben realmente lo que es no tener nada. Del mismo modo que la sombra define la claridad, la pobreza define la riqueza. Ocho dólares al mes puede ser el sueldo medio de un nepalí que vive en el campo. Si éste va a la ciudad y ve que los demás cobran unos cien dólares mensuales, considerará que son ricos. Sin embargo, los americanos se considerarían pobres si ganaran mil dólares al mes. A su vez, considerarían acomodado alguien que ganara cinco mil dólares mensuales. Muchos de los que ganan esta cantidad y más sienten que no tienen nada de sobras cuando ven a un vagabundo en la calle que puede que incluso reúna menos dinero que el nepalí en el campo.

De este modo, aquellos que han nacido en familias muy ricas, con un libre acceso a todo lo que hayan podido querer, son incapaces de apreciar su riqueza. De hecho, puede ser tan insignificante para ellos que decidan gastar el dinero en cosas que realmente no necesitan o de las que no puedan disfrutar más que durante un breve período de tiempo. Sin embargo, a menudo son muy reacios a dar algo de dinero a aquellos que lo necesitan, excepto en algunas ocasiones en las que hacen donaciones que son deducibles de impuestos. Desconocen la verdadera finalidad de lo que poseen.

Al contrario, muchas personas nacidas en familias muy pobres aprenden a apreciar las cosas pequeñas como si se tratara de grandes regalos, y saben gastar su dinero de una forma más sabia cuando acceden a la increíble corriente de riquezas. Es más probable que sigan siendo humildes y receptivos y utilicen sus riquezas para buenos propósitos, tanto para su beneficio personal como para el de la sociedad. Saben que la pobreza a una edad temprana los ayudó a apreciar su vida, su familia y su mundo.

Otros reaccionan de forma distinta ante el hecho de haber nacido en un entorno de pobreza; pueden sentirse tan inferiores que, en un intento desesperado, tratan de salir de su pobreza adquiriendo cosas sin importar cómo. Esta ansiedad extrema muestra que no fueron capaces de aceptar y, por tanto, de *vivir con* la pobreza. En su lugar, lucharán contra ella y harán casi cualquier cosa por evitarla, incluso aunque ello signifique emplear métodos que van en contra de la ley, como robar o estafar. Su miedo a no tener nada es tan poderoso que nunca pueden gozar de lo que tienen, incluso si es más de lo que necesitan. Arrastrados por una urgencia imparable de acumular y atesorar riquezas, no obtienen ninguna satisfacción de ellas. Inevitablemente, en algún momento, la naturaleza de su Yo Superior los enfrentará otra vez a la pobreza hasta que se liberen del miedo de no ser lo suficientemente buenos, que es la causa de toda la pobreza. *El miedo a la pobreza manifiesta pobreza.* En la mayoría de los casos, por ejemplo, se jugarán sus bienes en la bolsa o el casino, irán a la cárcel si los han adquirido de forma ilegal o se deprimirán y recurrirán a las drogas o al alcohol para perderlo todo otra vez. E incluso si se las arreglan para aferrarse a sus bienes, seguirán sintiéndose pobres porque «sentirse» pobres es lo que odian y tanto temen. Para ellos, la pobreza representa «falta de valía», lo cual los aparta de la corriente de la verdadera riqueza y los encierra en su miedo a la pobreza. El almacenamiento de bienes es sólo un reflejo de su inseguridad, miedo, desconfianza y baja autoestima. Estos sentimientos persistentes de inseguridad los obliga a dedicar su vida a acumular «cosas» (dinero, propiedades, posesiones, poder e influencia) para tratar de aliviar sus miedos. (Puede que el lector haya experimentado estas tendencias alguna vez en mayor o menor medida.) A pesar de que esta ansia imparable de tener más los condena a vivir en el miedo, la idea de estar sin la comodidad de la motivación de correr cada vez más rápido en la cinta, como una rata en una jaula, los mata literalmente de miedo.

En el dominio de la dualidad, todo estado de excesos extremos debe estar equilibrado con un estado correspondiente de extrema escasez. De este modo, las personas ricas no viven necesariamente con riquezas. Puede que en realidad sean más pobres que aquellos que tienen pocas cosas pero que disponen de la riqueza del amor, la amabilidad y el conocimiento de que de alguna manera sus vidas no corren peligro. En esta situación, como en la mayoría, los verdaderos significados permanecen ocultos e irreconocibles para la gran mayoría de personas. El hecho es que sólo las personas realmente ricas son aquellas que han aceptado la nada en sus vidas; ya no temen la escasez o la pobreza. Pero aceptar la nada no significa que no puedan tener o disfrutar de las mejores cosas materiales de la vida. Más bien ocurre al contrario: se les proporciona cualquier cosa que necesiten y *mucho más* porque sus deseos están arraigados en la plenitud del conocimiento de que se merecen recibir el apoyo del universo entero y siempre abundante.

Da y recibirás

Debido a la presencia de la plenitud, en la conciencia de la abundancia no hay expectativas aunque sí hay expectación, que es otra forma de confiar en que todo está bien cuidado. De forma natural, esperamos que ocurran cambios cuando estamos en la consciencia de la abundancia, pero sabemos que todos estos cambios estarán a nuestro favor y ocurrirán en el momento oportuno. Sólo un sentimiento interior de vacío, de no tener suficiente y no ser suficiente, puede crear expectativas, que a menudo se confunden con deseos. Las expectativas rara vez se cumplen, por lo menos no hasta un nivel satisfactorio, lo que resulta en frustración, estrés y ansiedad. Las respuestas emocionales del cuerpo muestran que no es beneficioso haber cumplido con nuestras expectativas, porque sólo aumentan nuestra dependencia de los medios físicos, como el dinero o el poder, para llenar la carencia interna de vacío espiritual.

Nos resulta mucho más provechoso aceptar la falta de riquezas por lo que representa: una valiosa oportunidad para aceptar nuestro yo humano desnudo y aprender que nos merecemos tener tantas riquezas como los demás. Somos dignos de recibir porque somos capaces de dar. La simple declaración «da y recibirás» representa el equilibrio de la dualidad. Somos tan dignos de recibir como lo que somos capaces de dar. El miedo a no tener suficiente nos hace olvidar cómo dar porque estamos demasiado preocupados por recibir, pero, en realidad, en el mismo instante en que damos también recibimos. Cuando damos, nuestro corazón se expande y reconoce su hermosa esencia, su riqueza interna. Nos damos cuenta de lo que somos capaces de dar simplemente estando allí, siendo nosotros mismos. Dar aumenta enormemente nuestra autoestima, lo que provoca que nos valoremos más y, al mismo tiempo, nos volvamos más receptivos.

Vivir sin esfuerzo

La falta de riqueza externa puede llevarnos al borde de la desesperación, que es otra forma de hacernos saber que nosotros mismos somos lo más valioso que podemos poseer. Ser uno mismo nos permite convertirnos en lo que queramos, incluso aunque las circunstancias parezcan tan terribles como estar en una cárcel de máxima seguridad. Nick se lo demostró a sí mismo, y todos los de su alrededor se beneficiaron de ello. Esperar que los demás cambien para complacernos, amarnos o apoyarnos sólo crea más dependencia y menos riqueza. Esto es lo que hacemos cuando buscamos medios externos para «triunfar» en la vida. ¿Cuántas personas en este mundo siguen intentando una y otra vez atraer riquezas a sus vidas con esfuerzo y sufrimiento y, sin embargo, no consiguen nada? Estamos hablando de muchísimas personas. ¿Indica esto la caída de nuestros sistemas políticos/económicos, o el resultado de unos pocos que explotan a la mayoría, donde la mayor parte de las riquezas del mundo se halla en las manos de unos pocos cientos de billonarios? ¿O podría ser, en realidad, que *la distribución desigual de la riqueza fuera una lección necesaria para nosotros* a fin de asumir nuestro rol de creadores?

Cuando sentimos la profunda agonía de no tener suficiente dinero nos agotamos física y emocionalmente y al final dejamos de intentarlo de una vez por todas. Se trata de un momento decisivo en la vida. A menudo coincide con una situación que nos brinda la oportunidad de hacer algo por otra persona, de buen grado, de corazón y sin expectativas de obtener nada a cambio. Esta apertura del corazón rompe el dique que ha impedido que el río de las riquezas fluya por nuestras vidas. El péndulo oscila en la dirección opuesta y, de pronto, todo lo necesario para obtener riquezas está en su sitio como por arte de magia.

Como la riqueza está presente de forma natural en todas partes, se pone a nuestra disposición cuando dejamos de intentar obtenerla. Puede ser difícil cazar una mariposa, pero si uno se queda quieto, tal vez se acerque y se pose suavemente sobre sus hombros. La naturaleza no presenta esfuerzos. Incluso aunque los árboles, los animales y los seres humanos crezcan en contra de la gravedad, no hay ninguna presión, estrés ni ruido que participe en el proceso de crecimiento y evolución. La Tierra se mueve sin esfuerzo alrededor del Sol. Las galaxias no necesitan motores a reacción para moverse alrededor, y se mueven a una velocidad inimaginable. Como se puede apreciar, no hay leyes naturales que respalden el esfuerzo, los conflictos y el sufrimiento.

Tratar de escapar de la pobreza es un esfuerzo basado en el miedo de no obtener lo suficiente, que es lo mismo que sentir que no se es suficientemente bueno en la vida. El miedo nos separa del momento presente, el único «lugar» donde ocurre todo. El resentimiento por lo que había en el pasado y la preocupación por lo que habrá en el futuro nos deja con las manos vacías. No obstante, en cuanto dejamos de intentarlo, accedemos al momento presente y las leyes de la naturaleza empiezan a intervenir y respaldar nuestras intenciones y deseos sin esfuerzo, sin sufrimiento ni alboroto. De hecho, vivir en el momento presente es tan natural que ni siquiera precisamos intentar ni desear conseguir lo que queremos y necesitamos. Nos daremos cuenta de que estar realmente en el ahora requiere abandonar por completo toda intención. Las intenciones todavía nos separan de la realidad, lo cual implica que todavía no estamos allí. Estar en el momento presente significa que uno es UNO MISMO, el «YO SOY», y que la propia voluntad se ha alzado para ser la Voluntad Divina: la voluntad de la naturaleza superior. Y el Yo Superior siempre sabe lo que se necesita en cada momento.

El momento presente es un momento divino, nuestra única conexión con la verdadera riqueza. La verdadera riqueza es independiente de las riquezas externas. Aceptar cualquier carencia o necesidad de cualquier tipo y sentirla hasta el final elimina el miedo a no tener suficiente, lo cual nos sitúa precisamente en el momento divino de la riqueza eterna. Es como un arroyo que sabe que nunca puede quedarse sin agua porque siempre hay agua que sigue fluyendo. Cuando dominamos la abundancia de este modo, dejamos de estar preocupados por lo que nos puede ofrecer la economía de una nación o del mundo. Uno es su propia fuente de riquezas, independiente de todos los medios externos de seguridad o métodos de creación de riquezas. Ya no tenemos más vínculos temerosos con el hecho de tener o no tener riquezas, y nuestra vida siempre se sustentará sin esfuerzo con la corriente incesante de *verdaderas* riquezas de todo tipo.

> *Entramos en la marea de la vida y avanzamos y retrocedemos dentro de ella. No nos quedemos atrás dentro de la mugre y el fango de la existencia impasible. Guía tu corcel y cabalga en la noche, para alcanzar rápidamente tu propio futuro. Existe en abundancia. Aclara tu vista, porque la belleza de la hora hace el tiempo, no el minutero. Saborea el sustento del momento, y transforma simplemente tu imagen del ahora en asombro.*

Julio César
Canalizado el 14 de abril de 2001

CAPÍTULO 10

LA ECONOMÍA ESPIRITUAL

*Quédate junto a la luz de la lámpara de mi deseo;
expresa tu capricho, tu trabajo, tu protesta y tu Madre Naturaleza.
No te conformes con tu derecho de nacimiento, o se proclamarán
los placeres desenfrenados de la noche. Déjate guiar por tu
propósito, no por los placeres terrenales de tu vida cotidiana.
Porque en ellos están los remolinos de los Grandes Maestros
y Maestras del tiempo perdido
y todavía queda tanto por hacer. Engendra la noche,
da luz al día y deja que toda tu belleza florezca a la luz de la
lámpara de tu divinidad.*

Oliver Wendell Holmes
Canalizado el 26 de diciembre de 2000

El fin de la competitividad

Todos los sistemas naturales del universo pasan por procesos de evolución que optimizan el propósito y el potencial de la vida. Hasta el momento, las economías mundiales han tenido el objetivo de permitir que tanto los ricos como los pobres experimenten el rango completo de la realidad material y emocional. Aunque la economía de libre mercado ha tenido un papel decisivo en la división de la humanidad en términos de clases altas, medias y bajas e incluso sin ingresos, no puede considerarse que sea imperfecta como tal. Ha desempeñado un papel importante en la manifestación de división, competitividad, segregación, conflictos y soledad entre las personas. Para la humanidad en general fue importante pasar por esta etapa (de división y desequilibrio) a fin de expresar lo que llamo «economía espiritual». Dado que la división está llegando rápidamente a su fin en este planeta, las economías que prevalecen orientadas al dinero deben hacer una metamorfosis y convertirse en generadoras de la promoción de la unidad.

El derrumbamiento de las Torres Gemelas en la ciudad de Nueva York en septiembre de 2001 representó simbólicamente el fin de una época en la que el poder económico dominaba el mundo. Las torres habían albergado a miles de compañías, empresas de inversiones, instituciones financieras, compañías de seguros, negocios y comercios de todo el mundo. Las dos torres significaban la dualidad de la existencia material en la Tierra. Cuando se derrumbaron, el espíritu de la unidad infundió la humanidad, y marcó así el inicio del fin de la estructura empresarial antigua y la consciencia de la codicia y el egoísmo imprudente. También terminó con el abuso de poder que ha resultado en la distorsión del sistema médico, la contaminación de la Tierra, los delitos, la corrupción, la hambruna, la pobreza y la guerra.

El mundo ha dejado de ser el mismo desde el ataque a Estados Unidos en septiembre de 2001. La economía se ha mezclado con valores humanos. ¿Y quién es responsable de todo esto? Nuestro propio Yo Superior dirige todos los acontecimientos simples y complejos que conforman el mundo. En realidad, nada ocurre por casualidad, ni siquiera los conflictos y los contratiempos experimentados por tantas personas hoy en día. Todos estos acontecimientos son empujones útiles ideados para desplazar el objetivo de nuestros pensamientos y acciones humanas de la división a la unidad.

Los que siguen confiando en los antiguos métodos para mantener una ventaja comercial sobre sus competidores se tendrán que esforzar cada vez más, como si estuvieran nadando contracorriente en un río muy caudaloso. Las empresas que se fusionan, sin embargo, es más probable que tengan mucho más éxito que antes. Aunque puede que no sean los verdaderos pilares de la nueva economía, las fusiones de las grandes empresas están marcando la tendencia de nuestro futuro. Simbolizan e indican el poder que existe en la unidad. En un momento dado son grandes competidores y al siguiente están estirando de la misma cuerda. Al final, todos los negocios formarán parte de un todo unificado en el que nadie necesitará ni querrá competir con nadie más. Mientras este proceso está empezando a suceder, el crecimiento de cualquier economía que todavía esté basada en el pensamiento de la dualidad, es decir, en la manipulación de la oferta y la demanda y la competitividad que ello origina, se verá debilitado por el pensamiento de la unidad y finalmente fracasará. Es obvio que su hundimiento creará mucha irritación entre los que se aferran a los antiguos conceptos de economía.

Ya hemos podido observar que nadie puede predecir el éxito de una empresa en los próximos años o meses. En muchos casos ni siquiera es posible pronosticar las tendencias de las empresas con unas pocas semanas de antelación. Esta situación aumenta la incertidumbre de los que han hecho inversiones porque el dinero que hoy está aquí puede que mañana deje de estarlo. Los pronósticos de la bolsa están resultando menos fiables que los pronósticos meteorológicos a largo plazo. ¿Por qué? Porque la economía no sólo trata de la distribución y la circulación de la riqueza, sino que tiene un objetivo más importante, y mientras no cumpla con su propósito, seguirá siendo una de las principales causas de desequilibrio, estrés y miedo de aquellas personas que estén bajo su influencia (prácticamente todos en el mundo moderno actual).

El dinero: nuestro nuevo Dios

Aunque en las escuelas y las universidades la economía se enseña bajo el amparo de la ciencia, está más influida por tendencias subjetivas y emocionales que por objetivas y racionales. Una sensación de incertidumbre sobre el resultado de una elección, un importante acontecimiento social o tragedia nacional, una corazonada sobre el futuro rendimiento de una empresa, la producción de un producto defectuoso, el anuncio inoportuno de planes de fusión de dos importantes empresas: todos estos y muchos más son poderosos generadores de respuestas emocionales. Más adelante, estas emociones se traducen en estrategias para administrar el dinero. Algunas de ellas tendrán lógica y otras no.

Cualquier agitación inesperada del mercado financiero puede llevar a una gran proporción de la población al impredecible remolino de las emociones. Si el giro imprevisto desencadena en la consciencia de las masas el temor a perder la mayoría de sus bienes y riquezas, sacude el mismo fundamento sobre el que se erige la vida moderna. Para la mayoría de quienes cuyas vidas están ancladas en el mundo de los negocios, Dios ha dejado de ser la creación de la vida; ahora lo es el dinero. Así, cuando el dinero experimenta importantes fluctuaciones, en su interior aumenta el temor a Dios. Parece que Dios adquiere más importancia en la vida de las personas cuando algo va mal o cuando hay una tragedia que no se puede resolver con medios racionales.

Siempre que la vida siga siendo «normal», la necesidad de tener un Dios es menos pronunciada. En su lugar, confiamos en la cosa más buscada del mundo: el dinero. En la actualidad es el *dinero, no Dios*, lo que gobierna el mundo. El dinero puede comprarnos cualquier cosa que queramos, cualquier cosa «real». Una vez oí a alguien decir: «Sin dinero ni siquiera Dios puede ayudarte». Una persona «práctica» cree que está en mejores circunstancias cuando confía en el dinero que cuando confía en Dios. Sabe que rezar para obtener su pan de cada día no le llena el estómago. Pedirle a Dios que le envíe un vehículo nuevo o un televisor tal vez haya sido su manera de cumplir sus deseos durante su infancia (de hecho, en vacaciones, Dios parecía estar más disponible para responder a sus deseos que en otros momentos). Pero, desde la adolescencia, Dios ha desaparecido, por lo menos de la arena de la vida cotidiana. Argumenta que Dios no tiene un lugar en el mundo práctico, o que sólo es relevante para personas «espirituales». Y actúa con esta filosofía hasta que, por supuesto, ocurre algo que no puede arreglarse ni obtenerse con dinero; una enfermedad terminal, la pérdida de un hijo o esposa en una catástrofe, o algo tan simple y a la vez sumamente difícil de obtener como la paz mental. En realidad, el momento de despertar no tiene por qué ser dramático, aunque a menudo lo es. A todos nos llega un momento en la vida en el que ninguno de nuestros conceptos sobre Dios y el dinero pueden proporcionarnos lo que realmente estamos buscando. Ahora estamos viviendo un momento así.

Admirar a un Dios amable y generoso que nos puede dar todo lo que queremos o necesitamos en la vida o confiar en que el dinero haga lo mismo son intentos de evitar hacernos responsables de todo lo que somos y queremos ser. Tener mucho dinero no garantiza una vida satisfactoria. Ser rico puede ser una ventaja maravillosa para alguien que respeta la vida de los demás. Pero en las manos de una persona con baja autoestima, el dinero puede convertirse en un medio de manipulación, autoindulgencia y la posterior autodestrucción. Para muchas personas, los «buenos» alimentos de la vida moderna y las «sorprendentes» comodidades de un estilo de vida automatizado se han convertido en trampas o círculos viciosos de los que resulta muy difícil escapar. El estilo de vida sedentario ha provocado que gran parte de la población tenga sobrepeso, obesidad y numerosos problemas relacionados con la salud que precisan unos sistemas de transporte más automatizados, operaciones de control remoto, etcétera.

El dinero y Dios no tienen poder a menos que...

Tener más dinero no nos hace ser mejores personas. Del mismo modo, dedicar más tiempo a Dios tampoco va a resolver el problema. Pasé casi catorce años intentando seguir las «palabras de Dios» y ser un «buen» cristiano y, sin embargo, fue uno de los peores períodos de mi vida. Pero gracias a ello descubrí que *depende de mí* cuánto me respeto y acepto a mí mismo; ni Dios ni nadie más pueden hacerlo por mí. Cuánto me quiero a mí mismo determina cuánto quiero a los demás, a mi mundo e incluso a mi Dios elegido. Rezar a Dios para que me haga ser una persona mejor es otra forma de decirme a mí mismo que soy básicamente una mala persona o que no tengo mérito. También significa que estoy a merced de un ser poderoso que me controla a mí y a todo lo que existe en el mundo. Alguien que es verdaderamente magnífico, sin embargo, no se ve a sí mismo como si estuviera «por encima» o fuera «mejor», sino más bien como si fuera «uno con». Otorgarle a Dios el papel de un ser *superior* es sólo un concepto mental que surge de la experiencia del dilema humano, pero no tiene un fundamento real.

Rogar a Dios con la esperanza de cumplir nuestros deseos es tan poco fiable como dejar un mensaje en una botella en el mar y esperar que alguien la tome y nos envíe una respuesta. Implica una división entre uno mismo y Dios. Sin embargo, Dios, o el campo universal de amor, no tiene ningún interés en mantenerse separado de nada; en realidad, nada puede existir fuera de este campo. La división entre el Origen universal de todo y yo es artificial; crea la ilusión de que hay alguien o algo mejor, más importante o más poderoso de lo que YO SOY.

Algunas personas utilizan a Dios como el medio para conseguir lo que quieren en la vida, del mismo modo que otros emplean el dinero para el mismo fin, aunque ninguna de las dos formas puede ser una fuente permanente de felicidad y satisfacción. Mientras uno siga considerando que Dios y el dinero están separados de uno mismo no podrá honrarlos ni respetarlos. Dios es nuestra luz divina que brilla permanentemente en el interior del núcleo de nuestro ser; el dinero es sólo otra forma de energía, lo mismo que nosotros. Cuando buscamos a Dios o dinero en nuestro exterior, *estamos negando nuestro propio poder*, lo cual hace que Dios, el universo y el dinero no tengan ningún poder para nosotros. Es la aceptación de que uno mismo es hijo del universo lo que nos proporciona dinero y acerca a Dios a nuestra vida. Todos somos creadores de ambos, y sin nosotros ninguno de ellos existiría. *Uno siempre crea su propia realidad.* Cómo percibimos a Dios, la vida, el dinero, el amor, las relaciones o cualquier cosa depende completamente de uno mismo, y nadie puede cambiarlo a menos que así lo quiera.

La economía basada en el amor

Las personas verdaderamente ricas viven vidas satisfactorias, ya sea con dinero y posesiones o sin ellas. Las personas realmente espirituales, es decir, personas que sienten que su espíritu es su verdadero yo, no le piden a Dios que haga por ellas lo que no pueden hacer por sí mismas. Son del espíritu, no están fuera de él. Forman uno con Dios, no están separadas de Él. Las personas espirituales que se perciben a sí mismas en la unidad del espíritu no rezan *a* Dios; en su lugar, pueden rezar *con* Dios. La conciencia de la dualidad terminará cuando las personas de la Tierra dejen de orar a Dios, al dinero, etcétera para mejorar sus vidas. Su fin será el amanecer de la economía basada en el amor o espiritual. La riqueza se manifiesta automáticamente cuando nos permitimos experimentar la pasión y el placer. En la economía espiritual no habrá fluctuaciones inestables. Cuando Dios y el dinero (el dinero es una forma de energía para nosotros, los humanos) dejen de considerarse algo separado de nosotros, la economía será una fuente constante de éxito, riquezas y satisfacción para *todos*.

Muchas personas ya han notado los signos de esta transformación. Es como si algo hiciera clic en su interior, como un despertar repentino de un sueño que les dice que la manera en la que han vivido hasta el momento no es como quieren seguir viviendo. La economía basada en el espíritu inspirará amor al mundo de los negocios. De hecho, una economía que no esté basada en el poder unitario del amor se romperá en fragmentos con toda probabilidad, y cada uno de ellos desconocerá cómo se relaciona con el todo.

La economía, tal y como aún la vemos hoy, es principalmente el resultado de muchas empresas e individuos distintos que tienen un interés personal en un crecimiento «sano» de la economía, uno que procure los mayores beneficios. La mayoría hace lo que hace porque quiere enriquecerse. Si anuncian sus productos o servicios de una forma lo bastante inteligente, tienen éxito. Si revelaran a las masas su verdadera intención, probablemente fracasarían. Por ejemplo, las industrias farmacéuticas por lo general financian y publican investigaciones según sus necesidades para respaldar sus afirmaciones. Si dijeran que la mayoría de sus estudios son defectuosos y están manipulados, muchas personas dejarían de comprar sus productos. En esta antigua economía, la práctica de la honestidad deshonesta ha «funcionado bien»; ha dividido a la humanidad en grupos de poderosos y esclavos, de manipuladores y manipulados, de explotadores y explotados. Esta división ha sido necesaria para desembocar en el final e inevitable fortalecimiento de los individuos.

El nacimiento del nuevo consumidor

En la economía de hoy, el dinero nos hace poderosos, *por lo menos así lo parece*. En la economía de mañana, ser poderoso será sinónimo de tener la intención de corazón de hacer que *todos* estén tan felices y cómodos como sea posible. Aquellos que siguen actuando motivados por intereses puramente egoístas se encontrarán de pronto como peces fuera del agua. Dado que el pensamiento unitario se está impregnando cada vez más de la consciencia colectiva, estamos empezando a eliminar la influencia de la dualidad de todas las esferas de la vida. Aquellas actitudes que crean división entre las personas o los grupos, como, por ejemplo, «soy más rico que tú» o «mi producto es mejor que el tuyo», están perdiendo rápidamente el apoyo del público. Puede faltar aún un poco de tiempo para que las grandes y las pequeñas empresas que comprenden la economía moderna empiecen a darse cuenta de que si no salvan estas divisiones y cooperan unas con otras, perderán su atractivo para el consumidor.

Los consumidores están despertando, lo que significa que cada vez más seguirán sus instintos a la hora de escoger un producto o servicio. Están abandonando su consciencia de víctimas y su esclavitud hacia el materialismo. Durante mucho tiempo, su naturaleza ingenua y confiada ha permitido, e incluso llegado a exigir, que entraran en la cadena alimenticia estos venenos tan potentes para la sangre y el sistema nervioso como el edulcorante artificial aspartamo, y se extendieran algunas de las peores enfermedades actuales. Ahora, el público protesta cada vez que un escándalo alimenticio llega a nuestra atención. La población está empezando a comprender que ha sufrido muchos abusos por parte de las empresas alimentarias, farmacéuticas y médicas (o, mejor dicho, que ha permitido este abuso). Aquellos que están al mando de los sectores de la alimentación y la medicina sabían desde hace tiempo que al introducir alimentos procesados que contienen ingredientes nocivos, conservantes, colorantes, edulcorantes, pesticidas, etcétera las personas enfermarían gradualmente. Luego, estas enfermedades necesitarían medicamentos y otros tratamientos médicos. Ambos causan efectos secundarios que precisan más tratamientos y medicamentos. Las compañías aseguradoras también están «haciendo todo lo que pueden» para estar al servicio de las personas. El aumento de los gastos en asistencia sanitaria beneficia a todos *menos* a aquellos que están enfermos.

Esta moda autodestructiva, sin embargo, es necesaria para el desarrollo de la responsabilidad y se invertirá con el aumento de la consciencia de las personas. Al mismo tiempo que el pensamiento dual está pasando a un segundo plano y está naciendo la consciencia de la unidad, el nuevo consumidor está creciendo con el deseo de respetar y honrar la vida, especialmente la suya. Por ejemplo, querrá saber por qué la Administración de Alimentos y Medicamentos (FDA) permite que haya hormonas de crecimiento, que producen cáncer, en la leche y en los productos lácteos. Y cuando lea en las investigaciones publicadas en las principales revistas médicas que el 85–90% de todos los procedimientos y tratamientos médicos que se emplean hoy carecen de base científica, cuestionará su seguridad fundamental cuando vea a un médico o entre en un hospital. El nuevo consumidor querrá ser tratado como un ser humano. Buscará la tierna aceptación como ser humano que requiere más que una simple reparación física. Preferirá a aquellos profesionales de la salud cuya propia estima y aceptación se extienda a todo el mundo.

Los nuevos consumidores preferirán obtener lo necesario para vivir de aquellos que les proporcionan alegría y gratitud, más que de aquellos cuyas intenciones están motivadas por la codicia. Sabrán que un producto, alimento o servicio ofrecido con amor es mucho más valioso que uno vendido sólo con el fin de ganar dinero. Nos hallamos en un momento en el que las verdaderas intenciones de los negocios están saliendo inexorablemente a la superficie para que todos las vean. Por eso hay tanta confusión e inestabilidad en la economía actual.

Unir la riqueza material y la riqueza espiritual

La confianza y la inseguridad, el éxito y el fracaso y la ganancia y la pérdida son los fascinantes aspectos de la dualidad que actualmente se están representando para terminar con los paradigmas que han controlado la vida en la Tierra casi desde los inicios de la humanidad. Hemos medido nuestro grado de bienestar en términos de la cantidad de dinero que poseemos, el trabajo que ejercemos, las habilidades y las experiencias que tenemos y la influencia que somos capaces de ejercer sobre los demás. Ninguno de estos aspectos está exento de cambios importantes. Aunque estar orientados hacia el dinero y el poder ha sido apropiado hasta ahora, cada vez nos resulta más incómodo fluctuar emocionalmente como la bolsa. Estamos empezando a sentir que la vida no se limita a la simple satisfacción de los deseos materiales. Como nos han enseñado desde el jardín de infancia que tener una carrera, una casa, una familia y posesiones es sinónimo de tener una «buena» vida, cuando la economía tiembla, sacude los cimientos de nuestro sistema de creencias.

La inestabilidad económica, sin embargo, no tiene nada de malo; como todo lo demás, la estamos creando colectivamente por una razón.

Ayuda a las masas a ver que por muy útil que parezca tener dinero, una buena carrera, un seguro de salud, riqueza y posesiones, éstas se han convertido en muletas sin las cuales no podríamos andar. Los cientos de miles de vagabundos de nuestras ciudades nos recuerdan que no tener dinero también significa no tener refugio ni comida. Nadie quiere terminar así. Tener unos ingresos regulares se ha convertido en nuestro seguro de vivir una vida digna y cómoda. Sin embargo, sólo es un panorama de la realidad y una visión de ésta muy limitada, por no decir que es sumamente engañosa.

El dinero que uno posee no determina que tenga una vida saludable, próspera y satisfactoria. El factor determinante que figura detrás de cada movimiento o acontecimiento de la propia vida *es la manera en que uno se siente consigo mismo.* Nuestra propia imagen tiene mucho poder. Si uno se considera un fracasado, sólo podrá terminar siendo un fracasado. Cuando uno se ve de forma negativa, sin amor ni compasión, sólo muestra un rostro triste hacia los demás, y éstos a su vez se lo reflejan de nuevo. Los espejos sólo pueden mostrar lo que se les presenta. No son responsables de reflejar lo que se sitúa enfrente de ellos. El fracaso, los problemas y el sufrimiento no tienen ningún poder por sí solos; simplemente son imágenes proyectadas de nosotros reflejadas por los demás, por situaciones y circunstancias. Al contrario, si uno se ve a sí mismo como alguien amable, bondadoso y apasionado, presenta una imagen positiva que inspira a los demás a ser igual. Considerarse uno mismo alguien creativo, único y talentoso permite mostrar de forma natural estas mismas cualidades en sus relaciones, comportamientos y negocios. Cuando uno se ve a sí mismo como Dios (no sólo imaginándolo) cumple con el destino humano que dice: «El hombre fue hecho a imagen y semejanza de Dios».

La finalidad de los conflictos económicos

Para algunas personas, un sentimiento oculto de baja autoestima puede durar un breve período de tiempo, pero para otras puede durar años o incluso una vida entera. A menudo, las personas que no tienen suficiente riqueza material para mantenerse tienen una sensación de no merecerse lo que desean. Esta percepción impide que la corriente de riquezas fluya por su camino. Al contrario, aquellos que se valoran y sienten que se merecen riquezas atraen oportunidades y situaciones que los sitúan en la corriente de posesiones sin ningún esfuerzo. Sin embargo, no están ligados a ser prósperos. Su autoestima permanece inalterada y estable independientemente de lo que ocurra. Un aparente fracaso sólo les muestra que ante ellos habrá más éxitos, que sustituirán incluso el nivel previo de éxito. Para otros, sin embargo, el fracaso se convierte en una amenaza que «exige» acciones inmediatas, acciones basadas en el miedo y que reflejan la falta de confianza en sí mismos. En estos casos no se puede completar el ciclo natural de *éxito después de un fracaso* y, por consiguiente, el fracaso sigue siendo una amenaza para la supervivencia. Mientras nos siga influyendo la dualidad, las fluctuaciones entre éxitos y fracasos y fracasos y éxitos seguirán siendo pasos progresivos necesarios de los que no podremos prescindir.

Una economía apoderada del miedo de que en algún momento la bolsa, el mercado inmobiliario u otro pueda caer es tan vulnerable e inestable como si se apoyara en la creencia de un crecimiento perpetuo. En los dos casos se trata de opuestos que hacen girar la rueda de la ilusión económica. Una recesión puede ocurrir en cualquier momento, y lo mismo un gran desastre natural o artificial o una crisis energética de proporciones sin precedentes (un acontecimiento probable a la estela de la intolerancia creciente de la Madre Tierra ante el uso de combustibles fósiles). La riqueza material es sumamente volátil. Por otro lado, la riqueza espiritual es estable e inagotable y cuando se tiene en el corazón, se encarga de las necesidades materiales independientemente de cuán adversas puedan ser las circunstancias. Si uno posee riqueza espiritual no necesita seguros de salud, de protección ni ningún otro seguro artificial para sobrevivir y vivir cómodamente. La lucha por la supervivencia sólo pertenece a la consciencia de la existencia material. Si uno piensa que simplemente es su cuerpo, crea una realidad para sí mismo que se centrará en mantener físicamente el cuerpo y proporcionarle todos los placeres que pueda obtener. Cuando no consigue satisfacer sus necesidades físicas y emocionales, lo llama sufrimiento. Si sabe que es un espíritu en un cuerpo humano, su comportamiento es muy distinto. Juega con las reglas del Espíritu, no con las de la carne. Está al mando de su cuerpo y no al revés. Asimismo, también controla su economía en lugar de estar sujeto a ella.

El auge y la caída de las economías nacionales del mundo no es accidental. Sirve como medio para poner en contacto a las masas con su dependencia creada por ella misma en las cosas materiales. Nuestro Yo Superior colectivo está instigando estos tiempos turbulentos para que podamos aprender a desarrollar nuevas formas de trabajar con las energías del mundo. Las masas rara vez se motivan si no es por razones económicas. Sin condiciones económicas difíciles, no abriríamos los ojos para reconocer nuestra gran capacidad para crear lo que ahora consideramos imposible. Nos motivan para que hagamos nuevas elecciones.

Las nuevas generaciones se sentirían totalmente perdidas si no tuvieran acceso a la electricidad, los ordenadores, los vehículos o los teléfonos, objetos que hace simplemente cien años eran muy raros e incluso inexistentes. La película de *El náufrago*, protagonizada por Tom Hanks, destaca esta falta de autosuficiencia, un recordatorio oportuno de la superficialidad con la que muchos de nosotros todavía vivimos nuestras vidas. Hemos adquirido colectivamente la creencia de que la riqueza material es lo más importante que podemos tener a fin de sobrevivir y vivir una vida perfecta. *El náufrago* nos aclara las dudas sobre esta actitud al preguntarnos lo que queda cuando no tenemos nada más que a nosotros mismos.

¿Hemos ahogado nuestra creatividad y terminado con nuestra naturaleza espiritual humana al aceptar la filosofía del materialismo como la razón principal por la que estamos en este planeta? En realidad sí, a fin de aprender a través del materialismo que después de todo somos seres espirituales. Empezamos cuando nos volvimos esclavos del billete del dólar, abandonando así nuestra naturaleza y felicidad espirituales y, en consecuencia, sufriendo mucha pena y dolor. Ahora por fin nos estamos dando cuenta de que somos esencialmente seres espirituales en un cuerpo físico. Debido a este cambio en la consciencia, cualquier cosa que confundimos por ser física y material está infundiéndose con significado espiritual, perdiendo así su control confinante sobre nosotros. Al adherirnos al mundo espiritual nos estamos convirtiendo en maestros de la creación física con un acceso sin restricciones al mundo material. Es una lección maravillosa que aprender; nos beneficia enormemente disfrutar tanto de los placeres del Cielo como de los placeres de la Tierra.

La autoaceptación: el origen de toda creatividad

Cuando se produce el cambio hacia la consciencia del Espíritu, sabemos que tener dinero no es un factor crucial para determinar lo bien que nos va la vida, sino la creatividad. Cuanto más nos queramos y aceptemos por como somos, más creativos seremos. La completa aceptación de uno mismo significará una total creatividad y maestría de la vida. El espíritu y la materia se vuelven uno; Dios y nosotros nos fusionamos como creadores conjuntos de todas las facetas de la vida. Esta fusión dura para siempre.

La belleza de todo esto es que no necesitamos cambiarnos a nosotros mismos para llegar a este punto. Lo único que debemos hacer es aceptar quienes somos en este mismo instante, con todas nuestras destrezas y debilidades, sin juzgarnos. Somos los pilares de la nueva economía, que estará más motivada por el poder del amor que por la competición y los esfuerzos para triunfar. Al aceptar todas las partes de nosotros mismos, también somos aceptados por la ley universal del Intercambio Equilibrado. Dar y recibir está siempre perfectamente equilibrado. Nadie sufrirá por no tener suficiente comida ni por no tener un techo. Aquellos que tengan más de lo necesario querrán compartir su riqueza con los que no lo tengan, porque retener riquezas a costa de los demás será considerado claramente como la causa de la consciencia de la pobreza, la enfermedad y el dolor. Los ricos se sentirán *verdaderamente* ricos y los pobres no se sentirán pobres. Todos los que habitan en la Tierra se darán cuenta de que ninguna forma de vida necesita ganarse el derecho a vivir.

Las economías mundiales se fusionarán y se convertirán en un todo unificado, beneficiando así a todas las naciones y a todas las personas del mundo. Todos comprenderán que si una nación no está en tan buenas condiciones como las demás, dejaremos de gozar de la riqueza material. Así, a todos nos interesará que ninguna nación sufra ninguna privación ni deficiencia. La polarización mundial en grupos de pobres y ricos, poderosos y débiles, triunfadores y fracasados, etcétera llegará a su fin porque habrá cumplido su propósito: una familia mundial que crece mediante la fuerza de la creatividad ilimitada y está unida con la llama eterna del amor.

En lo alto de todas las montañas que escalamos encontramos la señal y la bandera en honor de aquellos que han llegado antes que nosotros. Cada logro, cada paso serio hacia delante, desmiente el orgullo y el coraje que brota dentro de cada espíritu aventurero, pues realmente no hay ninguna forma de medir la energía, la determinación y el impulso de un hombre. Un letrero de los logros no es más que una reliquia de familia en el diario de la humanidad. No nos quedemos atrapados en el camino del éxito, de la búsqueda de nuevas alturas con motivo de escalar más allá de la propia capacidad. Seamos plenamente uno con nosotros mismos y con nuestro Dios. Amén.

De un sherpa perdido en la cordillera del Himalaya cuyo espíritu canta en el viento
Canalizado el 11 de enero de 2001

CAPÍTULO 11

EL MUNDO DEL EGO

Tened la fuerza y la orientación interna en todo lo que asumáis, para vosotros mismos y para la multitud que os rodea. Sentid el peso de sus dificultades, intereses y esperanzas. Y emprended vuestro propio camino, con libertad para subir alto y lejos de la gloria y en la sombra de vuestra propia existencia mundana. Tened fuerza y coraje para persistir en esta región inferior de mismidad, porque es aquí donde aprendemos los secretos supremos de la esperanza y la prosperidad y cosechamos desde dentro la casta caritativa del estado de Gracia.

Hércules
Canalizado el 14 de abril de 2001

La importancia del ego

Sin el ego no seríamos capaces de experimentar la dualidad, y sin la experiencia de la dualidad no trataríamos de descubrir quiénes somos. El ego nos permite ver un mundo fuera de nosotros, separado de nosotros. Nos permite explorar ese mundo y descubrir de qué está hecha su superficie y profundidad, lo cual es importante para nuestro desarrollo, del mismo modo que salir al mundo y vivir sus dificultades nos ayuda a pisar lo desconocido. El ego sabe que lo desconocido es el origen de todos los miedos de la vida. A medida que profundizamos en el rango completo del mundo de la dualidad, crece nuestra sabiduría y comprensión y aprendemos dónde encajamos en todo esto.

Cuando conocemos a un extraño, al principio podemos sentir el muro de separación que se halla entre esta persona y nosotros simplemente porque no nos conocemos. No conocerlo provoca miedo a ser demasiado abiertos y, de este modo, nos sentimos *vulnerables*. En cuanto empezamos a conocerlo mejor, disminuye el miedo y se desmorona el muro de la separación. Al final, nos hacemos buenos amigos, lo que significa que hemos descubierto y unido las diferencias previamente desconocidas y llegado al lugar de la unidad. Aunque cada uno sigue siendo único y distinto, hay una *unidad de diferencias* al mismo tiempo. El incesante apetito natural del ego de querer saber de qué está hecho el mundo de la dualidad tiene un doble mérito: elimina el miedo a lo desconocido y llena el vacío de nuestro Origen Espiritual. Como el ego está orientado al exterior, busca la felicidad a través de valores externos tales como la riqueza, el poder y el gozo sensorial. En su inexorable búsqueda de la felicidad, el ego *desea* cosas como los automóviles, el dinero, los alimentos, así como también a otras personas, y si no puede conseguir placer de ellas, en su lugar desarrolla aversión.

En este escenario, el amor del ego no es amor verdadero; sólo es apego. Se *adhiere* a cualquier persona o cosa que le pueda prometer tan sólo un poco de felicidad. Así, el ego puede agarrar, conseguir y controlar, pero es incapaz de dar nada. Al final, toda persona que actúa únicamente con su ego está tan insatisfecha con los lazos vacíos a cosas externas, que empieza a preguntarse quién es y si en la vida existe algo como el amor verdadero. Cuando tiene lugar este despertar, ha nacido el deseo de dar algo sin esperar nada a cambio. El ego descubre que separarse libremente de algo no es una pérdida, sino un enriquecimiento. Aprende que la alegría de dar es mucho mayor que el placer de recibir. Éste es el inicio del amor verdadero. Dar no sólo significa dar cosas materiales, sino dar también de uno mismo, tal vez el regalo más valioso de todos. Cuando el ego abandona su papel original de agarrar, adopta un rol menos centrado en sí mismo, el de dar y compartir.

En un momento dado, amar a los demás y dar libre y sinceramente deja de ser suficiente. El sentido de sí mismo, ahora sumamente amplio, encuentra un amor más profundo en su interior que ni siquiera el amor más grande por otra persona o de otra persona lo puede igualar. Dicho amor es el amor por uno mismo. El mundo ya no es capaz de satisfacer esta sed de amor y surge el deseo de estar con uno mismo, dirigirse a su interior y descubrir de dónde proviene este amor. A su vez, impulsa la búsqueda de una realidad superior. El ego renuncia cada vez más a su «poder de causar separación» y se acoge al «poder de unificación» del espíritu. Su misión finalmente se cumple cuando deja de tener referencias al mundo externo a fin de conocerse a sí mismo. En cuanto cubrimos todas nuestras necesidades desde el interior, dejamos de desear el reconocimiento y la aprobación o gratitud social. La mente racional, ahora guiada por intuición y una confianza y fe interminables, se convierte en el poder inagotable de cumplir los propios deseos. Nuestro espíritu se vuelve tan familiar como el mundo material. El espíritu y la materia se perciben como uno. El propósito y el papel del ego es llevarnos allí.

Es adecuado ser egoísta

La mayoría hemos aprendido que no es ético ser egoísta en esta vida. Se considera que la humildad es una de las mejores virtudes que pertenece a una persona amable y de buen corazón, mientras que el egoísmo caracteriza a aquellos que sólo se preocupan de sí mismos y apenas les interesa el bienestar de los demás. Sin embargo, tanto la humildad como el egoísmo son aspectos muy importantes de nuestra personalidad. Raras veces ocurren por separado, independientemente de su intensidad. En la mayoría de los casos domina uno de ellos. Por ejemplo, alguien que muestra un 70% de humildad y un 30% de cualidades egoístas en su comportamiento hacia los demás parece una persona predominantemente humilde, aunque en realidad está tan atrapada en la dualidad como una persona que sea un 70% egoísta y un 30% humilde. Un lado del espectro no es mejor que el otro. Los dos representan oportunidades para aprender y crecer hasta que se equilibran por completo.

El objetivo de la vida no es reprimir el ego ni desarrollar virtudes para que admiren los demás. La humildad y el egoísmo contribuyen a nuestro desarrollo en dirección a la unidad. Las expresiones tan comunes como «es un engreído» o «se aprecia mucho a sí mismo» reflejan un sentido del ego exagerado que parece estar desequilibrado. Sin embargo, ser engreído (estar centrado en uno mismo) es tan necesario para nuestra evolución en el dominio físico como ser modesto (humilde). Darnos permiso para ser egoístas es tan saludable como la sensación de ser un instrumento humilde del espíritu o de Dios. En ningún caso representa la verdad final, pero los necesitamos para dirigirnos allí.

Muchas veces ni siquiera nos damos cuenta de que somos egoístas a menos que alguien nos lo haga saber. Sin embargo, quien ve egoísmo en los demás también presenta estos mismos rasgos, aunque puedan hallarse perfectamente escondidos en su mente subconsciente. Una persona realmente centrada en sí misma no considera que el comportamiento egocéntrico sea malo y, por tanto, no tiene ningún motivo para advertirlo o molestarse por ello. Las personas que se enfadan a causa del egoísmo de los demás tienen una relación distorsionada con su propio ego, lo que significa que están tratando de mantenerlo apartado del camino siempre que sea posible. Ignoran los deseos de su ego y no pueden aceptar el hecho de que tienen mucho egoísmo (no expresado). Dado que no se permiten ser egoístas (por el miedo a ser juzgados), tampoco dejan que los demás salgan impunes de su egoísmo, lo cual les impide encontrar su equilibrio interior, porque cuando alcanzan el punto de equilibrio de la conciencia, sencillamente no se plantean la cuestión de ser egoístas o humildes. Evitar el egoísmo es una lucha que nos impide avanzar a este centro de unidad, y a menudo genera frustración e ira hacia aquellos que muestran el carácter de su ego. Los conflictos resultantes, sin embargo, ayudan a deshacer los nudos kármicos de los malentendidos.

Dar la bienvenida al ego

Debido a nuestro propio juicio de que «ser egoísta es malo», atraemos a aquellas personas que nos hacen saber y sentir fácilmente cuán egoístas debemos ser. Si uno piensa que ser egoísta es malo, será malo para él o ella. El significativo dicho: «Como el hombre piensa, así es» muestra claramente el gran poder de creación que todos poseemos. ¡Si uno se siente mal consigo mismo, entonces *es* malo! ¡Si uno se considera egoísta, entonces *es* egoísta! ¡Si ve a los demás centrados en sí mismos, entonces *está* centrado en sí mismo! ¡Si se ve a sí mismo humilde, entonces *es* humilde! Si se ve a sí mismo formando uno con todos, entonces *es* uno con todos. El factor tiempo no interviene, pues manifestamos instantáneamente aquello en lo que creemos.

Siempre tenemos el poder de crear; depende de nosotros cómo lo usemos. Si uno siente que los demás lo desaprueban porque muestra características egoístas, es probable que le dé miedo expresar y cumplir sus deseos. Después de un tiempo, este programa mental que se ha escrito le impide cumplir sus deseos y le hace sentir culpable. A medida que sigue el ciclo, aumenta la separación entre el yo inferior y el Yo Superior. Cuando se hace insoportable, busca una escapatoria de la cárcel mental que se ha creado para sí mismo.

La única forma de superar esta opinión inducida por uno mismo de que el egoísmo es malo es aceptar la naturaleza de nuestro ego tal y como es. Sin embargo, el ego tiene tan mala reputación que al principio es difícil aceptarlo. Incluso aunque seamos capaces de aceptar cualquier rasgo egoísta que podamos tener, habrá otras personas a nuestro alrededor que condenen nuestro «egoísmo». Este desafío permite aprender muchas lecciones de la vida; aceptar cada uno de los aspectos de nosotros mismos nos permite echar un vistazo a los corazones de los demás y comprender por qué reaccionan como lo hacen.

Rechazar a nuestro ego «interrumpe» la conexión con nuestro Yo Superior, mientras que aceptar su naturaleza «vuelve a ajustar» esta conexión. Cuando vuelve a establecerse la conexión (aunque en realidad nunca puede cortarse), la humildad empieza a emerger de forma natural y equilibra el egoísmo. Las dos se entrelazan de un modo tal que es imposible considerarlas por separado. Una fuerte autoridad interna no tiene ninguna necesidad de buscar reconocimiento. Al mismo tiempo, en la unidad hay tanta gloria y gratitud con el Todo que ningún individuo tiene la necesidad de mostrar su poder personal. El ego o conciencia del cuerpo halla su propósito: ser el altavoz del espíritu que hay en su interior. Lo único que necesita es ser bienvenido.

El ego glorificado

El motivo por el que nos sentimos tan incómodos cuando alguien nos dice que somos egoístas no se debe a que sea una opinión o crítica dirigida contra nosotros, sino a que en el pasado hemos aprendido que el egoísmo es malo, una mala hierba de la personalidad que debe arrancarse si queremos vivir una vida decente. Así, al colocarnos la etiqueta de nuestra opinión, somos incapaces de localizar y aceptar nuestra naturaleza divina. Sólo podemos valorar nuestras actitudes egoístas cuando aceptamos que forman parte de nuestra humanidad. En cuanto se manifiestan como nuestros maestros disfrazados, estamos preparados para avanzar al siguiente nivel de nuestro viaje: la integración de nuestro yo humano con nuestro yo espiritual. A fin de conocer nuestra naturaleza divina, lo único que debemos hacer es aceptar nuestra naturaleza humana. A partir de este momento, deja de ser necesario vivir una vida centrada en uno mismo. El ego empieza a florecer en la Luz del Espíritu, y el egoísmo y la humildad pierden sus fronteras de influencia.

Tal vez una de las descripciones más elocuentes de esta mezcla del ego con el espíritu proviene de Lao Tsu: «La razón por la que los ríos y los mares reciben el homenaje de cien riachuelos montañosos es porque permanecen por debajo de ellos. Así, son capaces de reinar sobre todos los riachuelos. Del mismo modo, el sabio, deseoso de estar por encima de los hombres, se sitúa debajo de ellos. En consecuencia, aunque su lugar esté encima de los hombres, éstos no notan su peso, y si bien su lugar esté delante de ellos, no lo consideran un insulto....». El hombre sabio ya no tiene ninguna necesidad de mostrar su poder e influencia a los demás ni de demostrarse a sí mismo sus capacidades, porque ya le pertenecen. Se revela como una humildad personificada y, al mismo tiempo, irradia la autoridad de un maestro.

El egoísmo interiorizado

La falsa humildad surge siempre que negamos nuestro egoísmo. Hay muchas personas que parecen ser extremadamente humildes y generosas todo el tiempo. Cuando les pedimos su opinión acerca del egoísmo, nos dicen que es pecaminoso y que debería evitarse bajo cualquier circunstancia. La mayoría ha aprendido a ser de este modo a través de la educación que ha recibido. La relación negativa con la propia naturaleza del ego, que está respaldada por una actitud contraria al egoísmo, se manifiesta en forma de temor y rabia dirigida hacia uno mismo. El temor surge debido a la constante vigilancia de mostrar cualquier signo de egoísmo en nuestro comportamiento con los demás; la rabia finalmente estalla porque se frustra el cumplimiento de los deseos más profundos. Ambos son signos de alarma. Censurar el ego crea presión y tensión en la vida. Y cualquier censura se vuelve más fuerte con el tiempo.

La creencia adquirida de que uno sólo es buena persona si vive una vida desinteresada no permite que el ego se despliegue y se exprese externamente, de modo que empieza a expresarse internamente a través de vibraciones emocionales como la tensión, el temor y la rabia. Como no se permite que la personalidad externa sea egoísta, empieza a serlo la personalidad interna. Finalmente, las células del cuerpo se convierten en «criaturas egoístas» que están fuera de control y se apoderan de todo lo que pueden. Presas de codicia, empiezan a devorar los nutrientes que eran para otras células, extendiendo así su vida natural. Su comportamiento es agresivo y egoísta en todos los sentidos de la palabra. Son lo que llamamos células cancerígenas.

El cáncer aparece en aquellas áreas del cuerpo donde más domina la contención emocional (de ira, temor o culpa). Por ejemplo, la culpa (rabia dirigida hacia uno mismo) que resulta de un abuso sexual normalmente se manifiesta en forma de cáncer en los órganos reproductivos como los ovarios, el útero, el pecho, los testículos y la próstata. El cáncer es básicamente «egoísmo interiorizado», un signo desesperado y último intento del cuerpo-mente de alinear al ego afligido con su pareja, el Yo Superior. La curación completa ocurre cuando aceptamos que el egoísmo y la humildad son dos partes del comportamiento humano en la dualidad, que dirigen conjuntamente la vida hacia el refugio del amor, la paz y la armonía.

Si la humildad no está equilibrada con el egoísmo, puede llevar a la autodestrucción. Luchar contra el egoísmo al juzgarlo o suprimirlo por cualquier medio disponible es más que una simple guerra emocional. Destruye el sistema inmunitario y paraliza casi todas las demás funciones del cuerpo. La falsa humildad puede llegar a tal grado de intensidad que hace desaparecer la autoestima. En consecuencia, el cuerpo se aniquila a sí mismo. Los siguientes ejemplos pueden arrojar un poco de luz a la forma en que nos tratamos a nosotros mismos, a las veces que nos decimos que no somos lo suficientemente buenos (monólogo interior negativo) y al poco crédito que damos a nuestra verdadera naturaleza esencial:

—Sólo soy un instrumento de la voluntad divina *versus* YO SOY la voluntad divina.

—Sólo soy un médico que hace su trabajo *versus* YO SOY un buen médico que hace bien su trabajo.

—Sólo soy un catalizador que ayuda a los demás a encontrar su camino *versus* YO SOY un curandero por derecho propio.

—Sólo soy un sirviente de Dios *versus* YO SOY Dios sirviendo a TODOS.

—Sólo estoy aquí para ofrecer *versus* YO SOY aquí para dar y recibir.

—Sólo estoy aquí para aprender *versus* YO SOY aquí para enseñar a los demás y a mi mismo.

Despreciarnos por cualquier razón no tiene nada que ver con la humildad, sino con una autoestima baja. En realidad, *no somos menos que lo más grande de todo*. Somos maestros de la creación, tan poderosos que podemos crear nuestro propio infierno y autodestrucción. Ello significa que no hay ninguna otra fuerza externa a nosotros; la vida no tiene ningún otro sentido que el que nosotros pensamos. Si creemos que la vida no tiene sentido, en efecto, nuestra vida no lo tendrá. Por otro lado, si le damos un sentido, entonces tendrá aquel que escojamos. Somos exactamente lo que decimos que somos; tal es el poder de nuestra propia fuerza creativa.

Si damos amor, recibimos automáticamente amor. Si enseñamos, aprendemos automáticamente de lo que enseñamos. Si curamos a alguien, nos curamos a nosotros mismos. Y así sucesivamente. El campo de la dualidad es tal que *cualquier cosa que proyectemos al exterior se proyecta simultáneamente en nuestro interior*, y cualquier cosa que suprimimos por dentro se suprime por fuera. En todo momento, es nuestra elección ser maestros de nuestro propio destino, así como lo que queremos proyectar. ¿Será miedo o amor? El miedo nos permite crear la ilusión de la separación y todos los conflictos y los sufrimientos que la acompañan. El amor nos lleva al domino de la unidad y nos permite crear un mundo de unidad y armonía. Ambos son las piernas del progreso. Y todos hemos elegido ambos (aunque inconscientemente) a fin de experimentar todos los tipos de expresiones duales. Al final saldremos victoriosos, porque nos habremos convertido en maestros de la oscuridad y la luz, lo superior y lo inferior, la cercanía y la lejanía.

Es sabiduría divina tener en las manos la llave del conocimiento que reside en el corazón. Abramos los brazos a esta posibilidad, porque dentro de nuestro pecho se halla la verdad, la belleza, la gloria y la inmortalidad. La vida surge del corazón del amor. No sólo es una Verdad Divina, sino un Placer Divino. Hablamos como sirvientes y ángeles divinos al lado de Alá.

Alá
Canalizado el 11 de enero de 2001

EL NACIMIENTO DE LA NUEVA MEDICINA

Las fórmulas, las ecuaciones, la estructura de las oraciones y las leyes de la teoría están en perfecto orden y siguen el espíritu universal del conocimiento energético. Nosotros, que hemos abandonado debidamente este reino, no disfrutamos tanto las enseñanzas y la sabiduría de la teoría como la ley universal de la propia vida. La aspiración de la vida sigue su ritmo con su espiración entusiasta, y en este soliloquio de la vida, esta ola senoidal de fuerza vital pulsante, tenemos todas las respuestas y todos los instintos vivos para ponderar.

Meditaciones de Albert Einstein
Canalizado el 11 de enero de 2001

El origen de los sistemas de curación

Nuestro modelo de la dualidad (polaridad) también se aplica al campo de la salud y la curación. La división de la medicina en tradicional/convencional y alternativa/complementaria no fue casual. La humanidad en su conjunto necesitó experimentar las dos antes de que estuviera preparada para un sistema médico cuyo propósito fuera de una naturaleza superior de la que está disponible actualmente. La nueva medicina, aunque es muy distinta de los modelos convencionales y alternativos, está naciendo de ambas.

Además de los enfoques curativos de lemurianos y atlantes, es evidente de que la «medicina de la naturaleza» ha sido la más influyente en la historia documentada. Nadie creó este tipo de medicina; sencillamente estaba allí para ser reconocida o descubierta por aquellos que tenían un acceso directo al lenguaje de la naturaleza llamado *Veda*, que significa «conocimiento» o «ciencia». Los primeros documentos escritos sobre medicina de la naturaleza aparecieron hace unos 6.000 años. Se trataba de mensajes canalizados anotados por sabios védicos que se referían a los primeros casos de enfermedades en el planeta. Este sistema, que evitó enfermedades y sufrimiento durante cientos de años, se dio a conocer como Ayurveda o «Ciencia de la Vida».

Aunque el Ayurveda sólo sobrevivió al paso del tiempo en la India y en algunas regiones de Brasil y China, sigue siendo una forma universal de medicina. Actualmente ha resurgido en alguna de sus formas originales. Contrasta sumamente con el enfoque occidental de la medicina moderna, que busca abordar el desequilibrio subyacente responsable de los síntomas de las enfermedades en lugar de tratar de aliviar o eliminar los efectos de este desequilibrio.[6]

Burlar la violación de las leyes de la naturaleza

Antes de que el Ayurveda se convirtiera en un libro de ciencias de la curación, las personas sabían cómo vivir en armonía con las leyes de la naturaleza. En consecuencia, las enfermedades, el dolor y la pobreza no formaban parte de la vida. Sin embargo, a medida que pasó el tiempo, empezamos a sustituir algunas de las leyes de la naturaleza por nuestras propias leyes. En otras palabras, violamos la ley natural. En el intento de abordar las consecuencias que se derivaron, se desarrolló un sistema de curación (Ayurveda) para tratar los efectos físicos y mentales que resultaron de las desviaciones de la ley natural. Fue necesario utilizar un nuevo conjunto de leyes naturales para reparar el daño causado por la violación de las leyes naturales originales. Cuando se construye una presa en una corriente de agua y ésta se

---

6. Para más información sobre el Ayurveda, las causas de las enfermedades y cómo restaurar la salud, léase el libro del autor *Los secretos eternos de la salud*.

desborda, las inundaciones que resultan de esta acción requieren una aproximación distinta que dejar que la corriente fluya normalmente. Fue imprescindible utilizar nuevas leyes y conocimientos que nos ayudaran a superar el daño hecho. Las primeras violaciones de las leyes de la naturaleza en la Tierra crearon la necesidad de un sistema natural de curación, uno que nos permitiera el acceso a aquellas leyes secundarias que redujeran el daño causado por la violación de las primeras. Este sistema nos mostraría cómo poner fin a la obstrucción que dificultaba que el río fluyera en su dirección natural. Si nadie hubiera violado las primeras leyes de la naturaleza, tales sistemas de curación habrían sido innecesarios.

Hipócrates fue, tal vez, el padre más ilustrado de la medicina de la naturaleza en la historia más reciente de nuestra especie. Comprendió que la necesidad de curar (aplicando leyes secundarias) resultó de la pérdida de alineación con la propia sabiduría e intuición interna. Cuanto más se distanciaron los humanos de su propia sabiduría interna y de las leyes del mundo natural, más duras fueron las medidas necesarias que adoptó la fuerza de la naturaleza. De este modo las enfermedades mortales, como la peste, empezaron a diezmar la población, creando así la urgencia de un nuevo tipo de medicina que combatiera los gérmenes causantes de las enfermedades y frenara cada nueva muerte antes de que se convirtiera en una epidemia. Este enfoque es lo que se ha dado a conocer como sistema convencional de la medicina moderna. Por supuesto, todo esto fue parte de un plan maestro: situar a gran parte de la humanidad en el otro extremo del espectro de la dualidad con el fin de ganar un mayor aprendizaje y aumento de la consciencia.

Alimentar la enfermedad

Igual que la medicina ayurvédica, la medicina moderna tampoco fue capaz de prevenir la intensificación de las enfermedades en el planeta. La medicina moderna estaba tan preocupada por los efectos o los síntomas de las enfermedades que desestimó las razones por las que las personas enferman, la mayoría de las cuales ni siquiera eran causas físicas. El descubrimiento del primer antibiótico (penicilina) causó mucha euforia en los círculos de medicina y en la población en general. Años más tarde, el entusiasmo por desarrollar un fármaco eficaz para casi todas las enfermedades infecciosas se echó a perder porque la gravedad de los efectos secundarios generados por los venenos que contenían los medicamentos a menudo superaba sus beneficios. De hecho, contribuyeron a la emergencia de una clase completamente nueva de enfermedades ahora llamadas enfermedades crónicas, tales como las cardiopatías, el cáncer, la diabetes y la artritis. Al inicio del siglo XX sólo el 10% de todas las enfermedades entraban en esta categoría. El resto eran problemas agudos que incluían fracturas, infecciones, quemaduras, etcétera. Pero alrededor de 1980, más del 90% de todas las enfermedades habían alcanzado un grado crónico, lo que significaba que la medicina moderna no podía curarlas. También se dieron a conocer como enfermedades mortales de la era moderna. Puesto que nuestros genes no han cambiado lo más mínimo en los últimos cientos o miles de años, las mutaciones genéticas no pueden ser las responsables de un aumento tan drástico y repentino de las enfermedades, especialmente cuando la mayoría ocurre sólo en el mundo moderno. Es más, tener genes defectuosos no significa que la persona afectada vaya a enfermar. Por ejemplo, algunas investigaciones sobre la *talasemia*, una enfermedad de la sangre, han mostrado que los pacientes que tienen exactamente el mismo defecto en el gen pueden estar muy enfermos, medianamente enfermos o completamente sanos. Lo mismo ocurre con la mayoría de las enfermedades «hereditarias». Puede haber tantas personas con genes sanos que sufren diabetes o asma como personas con genes defectuosos.

El enfoque de la medicina moderna centrado en los síntomas se convirtió en sinónimo del renacimiento de las antiguas epidemias que tanto habían asustado a la humanidad hacía menos de cien años. El amplio uso de antibióticos y esteroides ha obligado a los microbios, acusados de causar las enfermedades infecciosas, a resistir a la acción de los fármacos y mutar en lo que se ha bautizado con el nombre de «organismos resistentes a los antibióticos». Los gérmenes, que siguen sus instintos naturales de supervivencia, están ahora burlándose de un fármaco tras otro, lo que significa que actualmente quedan muy pocos «tratamientos» efectivos para enfermedades como la tuberculosis y la malaria. Cada año mueren más millones de personas que antes a causa de de estas «nuevas» enfermedades infecciosas, y la tendencia actual sugiere que irá a peor. A menos que la medicina cambie completamente el sentido de su enfoque o se practique la curación de un modo distinto, la humanidad se verá, una vez más, gravemente perjudicada.

Es sumamente improbable, sin embargo, que la medicina moderna vaya a salvar a la humanidad de la autodestrucción. Los efectos adversos de los medicamentos y los tratamientos están generando tantas enfermedades distintas y causando tantas muertes cada minuto del día, que es prácticamente imposible ganar la batalla contra las enfermedades mientras las personas sigan creyendo que dependen de cualquier forma de medicina, incluso de una alternativa. Dado que el sistema médico está controlado principalmente por financieros que tienen un interés personal en mantenerlo así e incluso en ampliarlo, los inversores no tienen ningún interés en encontrar un remedio verdadero para las enfermedades más comunes, pues ello significaría el fin de la medicina. La medicina moderna no está pensada para hacer que las personas estén sanas; está diseñado para enfermarlas.

Entre los médicos, los pacientes y los profesionales alternativos se están alzando muchas voces que denuncian la explotación de personas «inocentes». Sin embargo, todavía no se han dado cuenta de que el mismo sistema médico que está desorientando y esclavizando a la humanidad y robando la soberanía y el poder de millones de personas, también tiene un papel decisivo en el nacimiento de una nueva medicina una que hará que cada uno sea su mejor curandero. El gobierno, los sistemas de asistencia sanitaria, las asociaciones médicas, las compañías de seguros y las industrias farmacéuticas desconocen que son piezas clave del juego cósmico de la transformación. Han contribuido a que una gran proporción de la humanidad se sienta indefensa e impotente contra los microbios y otros factores causantes de enfermedades. La extrema negación del poder infinito de curación y rejuvenecimiento, inherente en cada uno de nosotros está forzando al péndulo del tiempo a oscilar hacia el lado contrario para permitir que las masas obtengan el acceso completo y sin restricciones a su fuerza interior. Sin los peligros de la antigua medicina, la nueva medicina no podría tener éxito.

La perfección de todo esto se halla en el hecho de que ninguna persona puede enfermar, ya sea por un microbio o por un tratamiento médico, sin antes haberlo acordado (inconscientemente). La ley universal de la no interferencia se asegura de que no haya víctimas ni perpetradores. El Yo Superior de cada persona sabe exactamente qué lecciones son necesarias para avanzar y evolucionar hacia una mayor sabiduría, amor y poder, por muy duro y doloroso que pueda parecer el proceso de aprendizaje. La última lección de cada individuo es *descubrir y crear* una nueva medicina, la medicina del Yo Superior.

La nueva medicina

El retorno de las antiguas enfermedades y la emergencia de las enfermedades crónicas dividió a la humanidad en dos grupos: uno que defiende la confianza en la medicina moderna, y otro que recurre a métodos naturales de curación. Aunque la medicina alternativa (complementaria) aún sigue luchando para hacer que sus enfoques estén disponibles para la humanidad, en algunos países del mundo, como Australia, Alemania, Inglaterra, Nueva Zelanda, y ahora incluso en Estados Unidos, se está haciendo más y más común probar la ruta natural, tanto si es con o sin la medicina convencional. Ahora los dos enfoques están bien representados en el régimen general de las cosas y casi todas las personas pueden acceder a ellos. Los médicos todavía corren el riesgo de ir a juicio y de perder su licencia si osan hablar a favor de las modalidades de salud alternativas o incluso si las aplican en su práctica. Pero pronto encontraremos que los dos enfoques de la medicina se fusionarán o unirán. Los indicios de una unión ya empiezan a ser sutiles; cuando ocurran de forma más obvia habrá nacido una nueva medicina, una que será completamente distinta de la que ha existido hasta ahora. Se regirá por el principio de «el todo es más que la suma de sus partes».

La nueva medicina estará menos preocupada por lo que no funciona bien en el cuerpo o en la mente; no necesitará estarlo. En su lugar, se centrará en liberar el poder creativo de los individuos por ser la fuente principal de salud y juventud. La nueva medicina reconocerá que las enfermedades son, en última instancia, el resultado de una desconexión entre nuestra Fuente de inteligencia y nuestra Fuente de energía. Volverá a ofrecer asistencia sanitaria a las personas. Ocurrirán milagros con la misma frecuencia que se practican operaciones actualmente. La reconexión con nuestra Fuente espiritual será lo más importante que podamos hacer para mejorar nuestra salud. Es como encender la luz que disipa la oscuridad. La humanidad en conjunto se dará cuenta de que tratar de descubrir todo acerca de los síntomas de las enfermedades es como intentar investigar todos los problemas posibles que la oscuridad le podría causar a una persona que no tiene luz para ver el camino por el que está andando. Aunque encender la luz sea un acto muy simple, puede resolver algunos de los problemas más complejos que surgen de estar en la oscuridad. Imaginemos que no hubiera luz. ¿Qué otra cosa podríamos hacer en la vida aparte de sentarnos y pensar? Arreglar las enfermedades es similar a arreglar la oscuridad; el arreglo no tiene fin.

Tanto los sistemas médicos alternativos/complementarios como los convencionales son incapaces de eliminar las enfermedades de este planeta. Los dos son expresiones de la dualidad, por tanto, la extensión de su influencia es muy limitada e incompleta. Ambos tienen su mérito en defender su expresión particular de la dualidad; algunas son eficaces y otras no. A fin de encontrar la fuente eterna de juventud y sanación, sin embargo, debemos retornar al origen de las dos corrientes, es decir, a la consciencia humana. Ahora ha llegado el momento de dirigirnos a nivel colectivo al momento divino, donde la consciencia del espíritu y de la materia física del cuerpo se unen y se vuelven uno. Es en el intersticio del momento donde las dos espirales de la dualidad encuentran su origen común. Ninguno de los dos enfoques es mejor ni más importante que otro. Los dos son capaces de llevarnos al lugar deseado de totalidad. Aquí, en el intersticio de la existencia simple, activamos nuestra inteligencia creativa, la intención del deseo que se manifiesta instantáneamente. La oleada de poder que emana del momento divino de estar dentro de nuestra propia conciencia crea la curación instantánea y automática de lo que está fuera.

En el intersticio donde no existen los juicios de valor

La curación no tiene por qué ser larga. De hecho, cuando lo es, es probable que sea incompleta. De acuerdo con investigaciones japonesas, la remisión espontánea y la completa curación del cáncer ocurre cuando los enfermos se hallan en el intersticio donde no hay juicios de valor o dualidad, es decir, cuando renuncian a tener de una forma u otra todas sus necesidades o deseos. No se consigue con voluntad ni con el uso de la mente racional. Puede ocurrir cuando alguien se enfrenta a la muerte y, menos a menudo, cuando pierde todas las esperanzas de sobrevivir. *Rendirse* ante la muerte puede llevar a alguien al intersticio de su espíritu eterno, siempre que esto sea de interés para esta persona. Así, perder conscientemente el miedo a morir y acercarse a la propia esencia puede estimular instantáneamente el sistema inmunitario del cuerpo y producir una poderosa respuesta que puede descomponer los tumores malignos del tamaño de un huevo en el cerebro, la vesícula, los intestinos, etcétera, en menos de veinticuatro horas, y en algunos casos en tan poco tiempo como quince segundos. Hay miles de casos documentados.

Lo que resulta más interesante de estos casos de remisión espontánea es que la curación simplemente (si con esto no es suficiente) consistió en ganar la libertad a los juicios de valor, en aceptar la propia situación *en aquel instante*. Luchar por vivir no nos sitúa en este lugar mágico del momento divino, porque el esfuerzo y la lucha surgen del miedo. Renunciar al propio deseo de vivir, por otro lado, nace de la resignación y la frustración, y simplemente representa el otro extremo de la conciencia de la dualidad. Sin embargo, aceptar la muerte sin tratar de evitarla o forzarla nos lleva al momento divino donde ocurren los milagros.

Por supuesto, no todos nos tenemos que enfrentar a la muerte para hallar el intersticio que nos permita deslizarnos al momento divino. La vida nos proporciona muchas otras oportunidades que pueden tener la misma función. Leer este libro y observar el símbolo de la doble espiral de vez en cuando son sólo una de las muchas formas de crear un intersticio de conciencia. El Arte Ener-chi,™ que contribuye a activar la nueva medicina en el interior del propio cuerpo, mente y alma a través de pinturas con luz codificada, tal vez sea uno de los métodos más rápidos y completos para unir el espíritu con la materia. Prepara las estructuras celulares del cuerpo a fin de que sean capaces de sustentar una vibración superior y más chi, que une el espacio insuperable que existe entre ambos.[7] A su debido tiempo, nuestra consciencia de la dualidad polarizada se ancla con la singularidad del Yo. El cuerpo simplemente sigue su ejemplo. En cuanto perdemos nuestro pensamiento polarizado, es decir, nuestro modo de referirnos a lo que creemos que es correcto y erróneo o bueno y malo, el ADN de nuestro cuerpo también empieza a perder

---

7. Para más información sobre Arte Ener-Chi,™ por favor léase la sección Arte Ener-Chi™ - Medicina eterna al final del libro o visite la página web: www.ener-chi.com

su modalidad polarizada. Tan pronto como somos capaces de aceptar lo que sea, lo que significa nuestros lados fuertes y débiles, éxitos y fracasos, miedos, enfados, culpas, etcétera, nuestro cuerpo saldrá automática y espontáneamente de su modalidad polarizada.

Uno puede hacer que su cuerpo haga cualquier cosa

Cuando nos hallamos bajo fuertes influencias emocionales de miedo, ira e incluso alegría excesiva, nuestro cuerpo también está desequilibrado. El estrés que produce una alegría repentina puede provocar un ataque cardíaco tan fácilmente como el estrés que surge de una furia inesperada. Ser «bueno» no es ningún antídoto para las enfermedades. Debemos recordar aquí que ser o expresar una cualidad también significa que su opuesto no se encuentra muy lejos; de hecho, está merodeando en la parte sombría invisible de nuestra consciencia llamada mente subconsciente. La verdadera sanación empieza cuando podemos ser ambas cualidades y no tener opiniones sobre cuál de ellas es mejor o peor. La sombra y la luz se benefician mutuamente y coexisten al mismo tiempo. La razón por la que tenemos puntos «débiles» en nuestras actitudes y comportamiento es para sacar y desarrollar su opuesto, sus homólogos «fuertes». Aceptarlos crea unidad o equilibrio, y el equilibro es la clave para la curación. Preferir una cualidad genera discordia en el cuerpo y la mente. Por ejemplo, escoger la felicidad en lugar de la tristeza cuenta como un desequilibrio. En consecuencia, el cuerpo no tiene otra elección que la de desarrollar también un desequilibrio físico.

En la vida todo es valioso, y en cuanto nos damos cuenta de ello, nos volvemos afortunados con la percepción de la unidad. Dado que el cuerpo no hace nada más que limitarse a seguir instrucciones, la nueva percepción de la unidad y la aceptación se convierte en el nuevo modelo de referencia del ADN. Los códigos genéticos del ADN de nuestro cuerpo se ajustan al «nuevo yo» y copian esta información al nuevo ARN, que posteriormente altera el funcionamiento de nuestro cuerpo, haciendo que el completo rejuvenecimiento no sólo sea posible, sino también inevitable. Cuando se complete el cambio, la estructura de ADN explotará como una bomba a fin de albergar la luz de la unidad. El momento de la detonación genética es ahora.

Nuestro cuerpo no es nada más que arcilla blanda, que se moldea y se le da forma a cada minuto de cada día. Si uno le dice a su cuerpo que algo es bueno, le creerá. No tiene otra elección que la de servir a un maestro, a *uno mismo*. Si uno le dice a su cuerpo que no se puede curar y que necesita ayuda exterior, también le creerá y requerirá un médico, un medicamento o cirugía.

Por otro lado, nuestro cuerpo puede caminar sobre fuego si lo convencemos de que puede hacerlo. Incluso podemos clavar agujas y cuchillos en nuestro cuerpo y no sufrir ninguna herida si podemos hacerle creer que no le dolerá. Si convencemos a nuestro cuerpo de que puede vivir sin aire durante varios días enterrado bajo tierra, lo hará. Levitar en medio del aire o caminar sobre el agua son otras de las llamadas hazañas imposibles que el cuerpo puede cumplir si confía lo suficiente en su instructor. Sri Chinmoi, el conocido conciliador y músico de la India que vive en Estados Unidos, ha levantado pesos de 450 kilogramos en diversas ocasiones delante de las cámaras. Afirma que el poder procede de su mente. Numerosas «personas que llevan a cabo milagros» han sido estudiadas científicamente y han mostrado que, en efecto, estas capacidades no tienen nada que ver con el cuerpo, sino con el poder de la mente. Asimismo, nuestro cuerpo puede eliminar un tumor que ha ametastatizado (se ha extendido) por todas partes. Pero para que esto ocurra necesitamos salir de la conciencia del cuerpo (dualidad) y acceder a la conciencia del espíritu (unidad).

Más allá de los grilletes de la memoria

Nuestras verdaderas capacidades físicas/mentales han superado con creces aquellas controladas por programas y recuerdos que hemos almacenado en el cerebro. Mientras sigamos recurriendo a lo que hemos aprendido y experimentado en el pasado, no podremos crear un futuro muy distinto de éste. Sólo una semilla nueva puede producir un nuevo cultivo. Utilizar nuestros juicios pasados sobre situaciones para crear nuestro futuro nos impide aprovechar el momento presente. El presente, donde se unen el pasado y el futuro, es el único lugar de transformación donde lo imposible se hace posible. Los modelos de la ciencia o la medicina nos dicen lo que es posible y lo que no. Sin embargo, en el lugar sagrado del ahora, no existen las limitaciones. La imaginación es lo único que cuenta.

Cuando el discípulo Pedro caminó por las furiosas olas del mar de Galilea para encontrarse con su amado maestro Jesús, estaba en el momento divino de la fe completa o conexión con su radiante Yo Superior. De forma natural, su cuerpo físico asumió inmediatamente la forma de la luz (su cuerpo etéreo), haciendo que le resultara igualmente fácil caminar sobre el mar que sobre la tierra. Pero en cuanto Pedro cambió al modo dual de pensamiento, que era una memoria del recuerdo de que caminar sobre el agua era imposible, la fe (en su propia divinidad) se desmoronó. «Nadar, sí, pero caminar sobre el agua, ¡es imposible!» Pedro entró en un estado vibracional de miedo, que bajó inmediatamente la densidad y la frecuencia de su cuerpo y provocó que se hundiera.

En nuestras vidas nos enfrentamos a dilemas similares. Sabemos instintivamente que nos podemos curar de cáncer, diabetes o lupus; de lo contrario, no seríamos capaces de tener sentimientos de esperanza. La esperanza puede ser tan fuerte como esperar un milagro y despertar por la mañana totalmente recuperado. Sin embargo, la gran mayoría dudamos de que podamos hacerlo, quizás porque no nos sentimos merecedores de un milagro o porque nuestros recuerdos pasados no tienen en cuenta algo tan inusual. La duda de que la curación es posible niega completamente la fe en la curación. Así es nuestro poder. Cabe comprender lo siguiente: *el poder que hay detrás de la duda no es menos fuerte que el poder que mantiene la fe.* Incluso la menor de las dudas puede sabotear el proceso curativo.

Uno es su propio curandero

A principios de la década de 1990, los investigadores revisaron una vez más todos los estudios sobre enfermedades cardíacas para determinar cuáles eran los mayores factores de riesgo para estas enfermedades potencialmente mortales en el hemisferio norte. Para su sorpresa, encontraron que los mayores factores de riesgo para las enfermedades cardíacas no eran la obesidad, el tabaco, el colesterol, la tensión alta, etcétera, sino el grado de felicidad y la satisfacción laboral. En otras palabras, si a uno no le gusta su trabajo y no se lleva bien con su esposa, su vida corre peligro. Estar en una relación discordante no sólo afecta al corazón emocional, sino también al corazón físico. Cuando se contrae una enfermedad cardíaca significa que todo el cuerpo está enfermo. No podemos tener un corazón que funcione de forma deficiente y esperar que bombee suficiente oxígeno y nutrientes a las células del cuerpo, un requisito esencial incluso para los procesos fisiológicos más básicos, como la digestión y el metabolismo.

El Dr. Glen Rein, investigador de cardiología y neurología, ha arrojado un poco de luz sobre la cuestión de por qué la felicidad del corazón es tan esencial para nuestra salud. Descubrió que es asunto del corazón si uno enferma o no. Mediante la Transformación Rápida de Fourier (FFT), convirtió un electrocardiograma convencional del corazón en un diagrama de frecuencias, como los que normalmente hacen para plasmar las frecuencias de onda cerebrales. Es bien sabido que el corazón genera su propia electricidad y, como señala, es mucho más poderosa que la del cerebro. Pero lo que el Dr. Rein descubrió fue sencillamente sorprendente.

Las emociones negativas como la infelicidad, la frustración, la ira, el odio y similares generan gráficos que muestran las ondas del corazón caóticas, débiles y de alta frecuencia. Por otro lado, las emociones positivas, como el apego, el aprecio y la gratitud, producen ondas muy ordenadas, de baja frecuencia y muy poderosas. El Dr. Rein mostró que sólo cuando el corazón muestra unos patrones de onda coherentes, como sucede con los sentimientos de amor y conexión, podía transmitir su energía adecuadamente por todo el cuerpo. Esto permite explicar por qué los amantes parecen ser tan sanos y enérgicos.

Como un dinamo, el corazón es capaz de alimentar al cuerpo con energía saludable. Las personas negativas de manera crónica, como aquellas que se sienten enfadadas, deprimidas, culpables, ansiosas o coléricas, impiden su propia curación *al desordenar o bloquear sus ondas cardíacas*. Estos sentimientos reducen enormemente la producción y distribución de la energía de su corazón; a lo que le sigue finalmente la enfermedad. Dado que el corazón es el asiento del alma, estamos al mando de cualquier cosa que le ocurra al cuerpo. Las personas verdaderamente felices (no aquellas que fingen serlo) son aquellas que tienen amor en sus corazones, y son las más sanas. Son sus propios curanderos. Confían en que son capaces de curarse de cualquier enfermedad.

Esta afirmación, ilustrada en la obra de David Hawkins, es hermosa. Hawkins dirigió un estudio a lo largo de 29 años que mostró que la salud del cuerpo humano mejora o se deteriora en función del estado mental de la persona. Creó una escala de 1 a 1.000 que medía la consciencia humana en respuesta a frecuencias emocionales, y encontró que cualquier estado que provocara que una persona vibrara a una frecuencia por debajo de 200 (o 20.000 ciclos por segundo) debilitaba el cuerpo. Por otro lado, una frecuencia entre 200 y 1.000 fortalecía el cuerpo. Hawkins descubrió que una experiencia vergonzosa tenía el efecto de menor frecuencia en el cuerpo. Esto significa básicamente que si tenemos pensamientos de vergüenza nos volvemos muy débiles y, por tanto, susceptibles a la enfermedad. La culpa resultó ser la siguiente emoción más debilitante, seguida de la apatía, la aflicción, el miedo y la ansiedad, el ansia, la ira y el odio.

Más alta en la escala se hallaba la confianza, que vibraba a una frecuencia de 250 (o 25.000 ciclos por segundo). La confianza tenía un efecto de fortalecimiento sobre el cuerpo. Si uno confía en sí mismo, confía de forma natural en todo lo que le va bien a él y al mundo, incluso aunque no lo parezca.

Un poco más arriba de la escala está la complacencia, el optimismo, la aceptación y el perdón, la razón y la comprensión. El amor, el respeto, la alegría y la tranquilidad tenían frecuencias especialmente elevadas. Por encima de ellas sólo estaban la paz y la felicidad. La consciencia de la unidad –experimentarse a uno mismo y al mundo como un Espíritu– es la calibración más elevada a una escala de 1.000. Se trata de la frecuencia del poder absoluto.

Al unir las frecuencias elevadas del amor, la alegría o la fe con las frecuencias bajas de lo que llamamos problemas o fragmentación, permite que estas dificultades revelen su verdadero objetivo. Por tanto, se convierten en oportunidades para cambiar y curarse. Curarse significa convertirse en un todo, lo que significa el fin de la fragmentación.

La fe cura

El «efecto placebo» es cuando sucede una curación espontánea en pacientes que creen que un medicamento o tratamiento particular va a curarles su enfermedad. La respuesta al placebo oscila entre el 30 y el 70%.

Durante la investigación, a un grupo de sujetos control se le administra una pastilla de azúcar y el otro grupo recibe el fármaco que se quiere probar. Si el grupo que recibe el fármaco obtiene mejores resultados que el grupo placebo, entonces se considera que el medicamento es eficaz y está listo para ser comercializado. No obstante, como ninguno de los sujetos de ningún grupo sabe lo que se le está administrando, el efecto placebo se refiere tanto al fármaco verdadero como al falso. Puesto que los seres humanos no somos robots ni funcionamos con el mismo programa, es de esperar que las distintas personas que pasan por estos procedimientos muestren diferentes grados de fe o duda. Si hay más «creyentes» u optimistas en el grupo que recibe el fármaco que en el grupo que recibe el placebo, gana el fármaco. Al contrario, si hay más «dudosos» o pesimistas en el grupo del fármaco que en el placebo, gana el placebo. Esta situación hace que la objetividad tan aclamada de la investigación científica sea prácticamente inválida.

Si nadie tuviera dudas acerca de su propio poder curativo, no sería necesaria la medicina. Todos disfrutarían de una «curación placebo». Las personas se curarían de cualquier enfermedad simplemente teniendo fe en sus propios poderes curativos infinitos. Por otro lado, aquellos que dudan de si el medicamento que están tomando va a curarlos, incluso aunque se sepa que son eficaces el 99% de las ocasiones, sabotearán sus propias capacidades curativas. Este efecto se ha nombrado «nocebo». El fenómeno placebo proporciona muchísimas oportunidades de crear negocios para los medicamentos, las terapias, los charlatanes y otros productos falsos que no hacen absolutamente nada más que actuar como un placebo. Cualquiera de estas «propuestas» será considerada «de gran éxito» incluso aunque el efecto placebo (intrínseco a todas estas propuestas independientemente de si son reales o falsas) sea sólo un 35% - 45% efectivo. Aquellos que no se benefician de un placebo tienen sus propios motivos para no poder ser capaces de curarse, y todos tienen algo en común: baja autoestima y dudas acerca de sí mismos.

En realidad, la medicina nunca cura ni sana nada; suprimir o eliminar los síntomas de las enfermedades no puede considerarse una cura, porque lo único que hace es transferir el problema a otra parte. La medicina sólo puede servir como mecanismo de activación para despertar al curandero durmiente que hay en el interior. Las personas son primero sus propias curanderas. Cualquier persona que afirme que es capaz de curarnos, o bien no tiene ni idea de cómo ocurre la curación, o bien simplemente nos está mintiendo. Es la aceptación consciente e inconsciente de uno mismo y de la propia valía en el momento de tomar el medicamento lo que se traduce en una respuesta curativa en el cuerpo. Los verdaderos curanderos simplemente ayudan al cuerpo/mente a curarse por sí solos. Cuando Jesús curaba a los enfermos siempre destacó que era su propia fe la responsable de la curación. Extender sus manos sobre ellos servía de mecanismo de activación (como la medicina) para llevar su fe a la superficie de la conciencia. Al estar en su presencia, confiar en un poder elevado resultó fácil. De un modo similar, ser tratado o estar en presencia de un médico o curandero acreditado y seguro de sí mismo puede aumentar las posibilidades de curación de los pacientes.

Dado que Jesús actuó desde un estado de unidad de la dualidad donde no existen las limitaciones, nunca utilizó palabras como: «no es posible». Sólo veía posibilidades, no imposibilidades. Por eso no le sorprendió ser capaz de devolverle la visión a alguien o hacer que un cojo volviera a caminar. Ni siquiera estaba fuera de sus límites resucitar a alguien, aunque las almas implicadas tenían que consentir de antemano regresar a sus cuerpos. Su conciencia no era la del cuerpo físico, a pesar de utilizarla como instrumento. Jesús era uno con su «padre», es decir, con su Yo Superior. Así, era uno con su Origen y, por consiguiente, con todos a quienes conocía. Como se podía comunicar telepáticamente con sus Yoes Superiores, sabía quién estaba preparado para curar su cuerpo, mente y alma y quién no. Refiriéndose a su naturaleza superior, hablaba y actuaba con la autoridad de un rey, pero su reino era de dimensiones superiores. Como era un maestro de la consciencia de la unidad al mismo tiempo que habitaba en un cuerpo humano, era capaz de dirigir las dimensiones inferiores de cualquier modo que fuera apropiado y estuviera conforme con el mayor beneficio para todos. Nosotros también estamos aquí para convertirnos en maestros de la consciencia.

El creador de las lecciones vitales

La consciencia de la unidad no puede comprenderse en el nivel de la conciencia del cuerpo (ego), que considera que los opuestos y las limitaciones son las características dominantes de la realidad. En este nivel ni siquiera pueden entenderse los milagros, y no hay leyes naturales que respalden su ocurrencia. Por tanto, continúan siendo imposibles para el dominio objetivo de la investigación científica. Albert Einstein creía que los milagros eran una elección subjetiva de cada persona. Según él, «hay dos formas de vivir la vida: una es como si nada fuera un milagro; la otra es como si todo fuera un milagro».

La verdadera curación del cuerpo no tiene lugar en el cuerpo, sino en la estructura de la consciencia. Es una elección que hacemos cada día. Si la conciencia está dividida en dualidades, como bueno y malo, correcto y erróneo, etcétera, el cuerpo y el espíritu también están divididos. Dicha división impide que el espíritu suministre la energía necesaria para la supervivencia del cuerpo. El envejecimiento y las enfermedades surgen como consecuencias naturales de la conciencia de la dualidad. La dualidad siempre significa conflicto. Las formas de pensamiento negativas o destructivas que forman parte de la conciencia de la dualidad se internalizan y se tornan celulares. La enfermedad se equipara a las células que han muerto o están muriendo por distintas razones. Otras células llamadas virus pueden matarlas deliberadamente.

Cuando la consciencia asciende al estado de unidad, sin embargo, el cuerpo también pasa a un modo unitario. Debido a esta ascensión, las células de naturaleza viral reciben un nuevo anteproyecto que es constructivo en lugar de ser destructivo con la salud general del cuerpo. Las células que han muerto o están muriendo son resucitadas. El cuerpo deja de ser vulnerable porque ya no tiene más enemigos, tanto en un nivel microscópico como macroscópico. Esto, a su vez, se convierte en una juventud expresada y continuada siempre que uno desee estar en un cuerpo físico. Todavía hay personas en áreas remotas de esta Tierra que viven vidas juveniles durante quinientos años o más. No han hecho nada por dominar su cuerpo; sólo mantenerlo limpio y puro. Lo único que hicieron fue ir más allá del alcance de la consciencia de la dualidad. Son maestros de la consciencia.

Lo que es más importante comprender a este respecto es que las limitaciones del cuerpo sólo son las que *nosotros* le imponemos. Esto es cierto tanto si se trata de la curación de una simple infección, del logro de la bilocación física o de la consecución de la juventud eterna. Si uno emplea su energía en aceptar las enfermedades en su vida, estará destinado a enfermar. Al centrarse en sus limitaciones y problemas, uno los congela y los bloquea en su vida, en cada aspecto de su cuerpo y su mente. Y al observar continuamente las limitaciones que uno ha creado, espera que estén allí en el futuro. Se vuelven parte de nuestra realidad personal porque es lo que vemos una y otra vez. Nuestra vida se quedará atrapada según las imágenes fijadas en la mente. Si uno fuera capaz de centrarse en distintos tipos de expectativas, como una salud perfecta, una energía y libertad abundantes, las manifestaría espontáneamente en su vida. No hay ninguna otra influencia sobre el cuerpo que la que uno permite y/o crea a través de su conciencia.

Si uno se mueve por las espirales en una dirección que lo alejan del centro de unidad y lo dirigen hacia la dispersión y la disolución (*véase* la imagen de la contraportada), su acceso al poder es limitado, su fe y confianza están constreñidas y sus creencias quedan restringidas a lo que ve o percibe. Estar en la conciencia de la dualidad también significa estar confundido (ignorante) sobre lo que es correcto o erróneo. El mismo hecho de que las cosas parezcan ser correctas o erróneas muestra la influencia dominante de la dualidad en nuestra conciencia. Las influencias kármicas de acontecimientos pasados regresan a nosotros en forma de lecciones y oportunidades, que pueden exigirnos pasar por la experiencia de la enfermedad. Incluso los niños (y los animales) pueden necesitar pasar por estas experiencias sin saber por qué. Pero cuando la confusión amaina, la claridad empieza amanecer, arrojando luz sobre por qué las cosas resultaron ser como fueron. Aunque nuestros Yoes Superiores no tienen ninguna necesidad de aprender las lecciones de la dualidad, han organizado la vida de un modo tal que nuestros yoes humanos las aprenden. Cuanto más comprendamos lo que ocurre tras las escenas de la apariencia, nuestra capacidad para tomar decisiones conscientes empezará a aumentar considerablemente. Estas decisiones pueden acercarnos más y más al espacio que une los movimientos espirales opuestos de la dualidad. Cuando los niños acceden a dicho espacio se convierten en maestros expertos, tocando a quienes les rodean tan profundamente en el núcleo de su ser que sus vidas cambian para siempre.

Los nuevos niños que actualmente vienen a esta Tierra son algunos de los primeros que viven en alineación con su yo superior; su única dificultad es encajar en el mundo de la dualidad. No son comprendidos, igual que Jesús no fue comprendido en su época. Ellos y sus cuerpos se resisten y rebelan contra el hecho de estar limitados por normas y regulaciones de la sociedad moderna, por sus sistemas escolares, sus métodos de aprendizaje, sus inertes alimentos procesados y las antiguas formas de crianza. El cerebro y el ADN de los conocidos «niños índigo» tienen características nuevas y funcionan de distinto modo que el nuestro. Muchos de ellos son genios informáticos y expertos en juegos que raras veces se encuentran en las generaciones mayores. Esta nueva generación tendrá un papel decisivo en el nacimiento de la nueva medicina, la nueva economía, la nueva política y el nuevo derecho. Nos llevarán a un mayor nivel de comprensión de nosotros mismos y de la Tierra; y constituirán un ejemplo de que actuar desde el intersticio no sólo cura las enfermedades, sino también cualquier otra área de la vida e incluso del planeta en general.

La magia del intersticio

Cuando nos hallamos en el intersticio de la consciencia eterna –el momento divino– somos creadores, plenamente unidos con la fuerza creativa que es Dios, el campo unificado de consciencias. Todo lo que se ha creado y se creará jamás se originó de este mismo intersticio de consciencia que somos. Cualquier deseo que podamos pensar mientras seamos uno con el intersticio se realizará instantáneamente. Incluso el deseo será innecesario en el intersticio de la pura consciencia porque estaremos en alineación con nuestro propio objetivo y el del cosmos. La oración: «hágase tu voluntad» no es más que la rendición gloriosa al Yo Superior o momento divino. Cuando tiene lugar la rendición, vivir se vuelve espontáneo y sencillo. Una vida fácil marca el fin de la medicina tal y como la conocemos.

Por ahora, sin embargo, todavía existe la necesidad de disponer tanto de la medicina alternativa como de la convencional. Poco a poco se infundirán en la nueva medicina, que tiene el objetivo de hacer que todos seamos autosuficientes en todos los aspectos de la vida. Pasar por las lecciones de la dualidad, que pueden incluir la enfermedad, se convertirá en algo menos traumático a medida que pase el tiempo y la salud del planeta vuelva a su estado de equilibrio. Las llamadas enfermedades incurables de pronto se podrán curar y desaparecerán por sí solas. A su vez, mejorará la salud y la esperanza de vida de aquellos con ganas de crecer espiritualmente, si bien se la dificultará a aquellos del planeta cuyos estilos de vida siguen siendo poco saludables. Aquellos que tienen tendencias autodestructivas recurrentes no serán capaces de sustentarse y, por consiguiente, abandonarán completamente el planeta. Como no han explorado exhaustivamente el mundo de la dualidad, no les conviene acceder al mundo de la unidad de la quinta dimensión. Además, si todos los seres humanos fueran rápidamente al nuevo mundo al mismo tiempo, causarían una gran oleada de energía. Habría un caos y una confusión absolutas que no beneficiaría a nadie.

La nueva medicina, que nos hará maestros de los elementos, se halla en el interior de cada uno de nosotros. La antigua medicina se creó externamente para mantenernos dependientes y restringidos, según las creencias limitadas que hemos tenido sobre la naturaleza y sobre nosotros mismos. La nueva medicina no necesita intervenciones, simplemente estar en el momento de «gracia divina», la unidad interior. Hemos creado nuestras propias limitaciones y reglas, nuestras fronteras y nuestras leyes de la «verdad» para poder eliminarlas de nuevo a fin de aprender lo que significa ser libres y no tener límites en cuerpo, mente y alma. La medicina de la dualidad, que consta principalmente de métodos alternativos y convencionales de tratamiento de las enfermedades, es una de estas fronteras artificiales. La idea misma de que podemos necesitar alguna de ellas por la razón que sea crea el motivo para tenerlas, convirtiéndose así en una profecía autocumplida. Rendirse a la idea de necesitar la ayuda de un sistema médico nos vuelve invulnerables y juveniles siempre y cuando deseemos estar en este plano de la Tierra.

En la enfermedad y la salud

Si uno acepta que está creando sus propias lecciones vitales, también debe comprender que no puede haber coincidencias. No es una casualidad cómo y dónde uno vive, qué personas conoce en su vida, cómo lo tratan o han tratado sus padres y qué preferencias tiene. Su Yo Superior organiza todas las cosas que conforman su vida y que uno normalmente considera casuales, y las coordina con todas las demás cosas, personas, circunstancias, etcétera, que se necesitan para la creación de cada nuevo momento. Uno es su Yo Superior; a veces es consciente de *ello*, y en otras ocasiones no. Cuando lo es, en su interior sabe que lo que ocurre no es casual y confía en sí mismo al cien por cien. El Yo Superior es el *tú* detrás de todas las creencias y defensas que se ha creado. Es el *tú* el que sabe por qué está aquí, qué es lo que realmente necesita y qué es necesario para conseguirlo. El *tú* sabe con certeza que hay una perspectiva más amplia implicada que dirige infaliblemente el río de la vida hacia la realización de su propósito. Cuando uno no es consciente de su Yo Superior, tiende a buscar respuestas en otros lugares, duda y tiene dificultades en sus decisiones. Aun así, las decisiones que toma siguen siendo supervisadas y organizadas por su inteligencia superior; la única diferencia es que no es consciente de ello.

Asimismo, si el rojo es su color favorito es porque necesita esta vibración particular para estimular una energía particular en su cuerpo, para disminuir la deficiencia de un color o para facilitar la liberación de ira de su cuerpo emocional. También la elección de la comida está siempre en precisa correspondencia con una necesidad interna de algún tipo, independientemente de si es positiva o negativa. Una necesidad positiva sería nutrirse y mantener el propio cuerpo. Una necesidad negativa sería suprimir ciertas emociones, querer inconscientemente castigarse a uno mismo o no sentirse digno de ser fuerte y sano.

Los alimentos no son el combustible del cuerpo. Comer tal vez sea el intercambio más íntimo que podemos tener con el mundo natural. Una gran proporción de lo que comemos se convierte en nuestras células y órganos. El antiguo dicho, «somos lo que comemos», es indudablemente cierto, pero no se limita sólo al cuerpo. Lo que comemos también afecta a nuestra mente, nuestras emociones, nuestros sentimientos acerca de nosotros mismos y la información genética que controla todos los procesos psicológicos y bioquímicos del cuerpo. Si esto es así, ¿por qué no todos eligen comer los alimentos más nutritivos?

Lo que elegimos y dónde elegimos comer es un reflejo de nuestro estado de consciencia y de sus requisitos para comprender todo acerca de la dualidad. Por ejemplo, hay alimentos que tienen una frecuencia muy elevada, como la mayoría de las frutas, las verduras, algunos cereales, las almendras y algunas hierbas. Más y más personas se sienten atraídas por estos alimentos porque necesitan un nivel más elevado de vibración celular (de estos alimentos) para ascender a las frecuencias más elevadas de sus cuerpos etéreos, un paso necesario para la integración con las realidades dimensionales elevadas de la vida.

Por otro lado, la mayoría de personas que han nacido en el mundo desarrollado escogen comer alimentos de bajas frecuencias para mantener la densidad física de sus cuerpos. Para promover sus lecciones de la dualidad, que incluyen soportar el dolor, necesitan estas fisiologías densas y compactas para mantenerse en tierra. Las dos decisiones son igualmente correctas porque responden al mejor interés de la persona.

Como las personas tenemos distintas necesidades en relación a nuestros procesos evolutivos, nuestros tipos (tipos de cuerpo) psicofisiológicos también son variados. Cada tipo de cuerpo específico tiene unas preferencias determinadas en relación con la dieta, el estilo de vida y el goce sensorial. El Ayurveda tiene el conocimiento completo de estos tipos de cuerpos y sus características.[8] Cada tipo de cuerpo responde a la comida de un modo diferente. Uno de ellos, por ejemplo, el tipo *Vata*, no tiene problemas en digerir y asimilar los frutos secos salados, el vinagre y los productos derivados del trigo, mientras que el tipo *Kapha* se congestionaría gravemente si consumiera estos mismos alimentos. Si ingerimos constantemente alimentos que no están en armonía con nuestro tipo de cuerpo, caemos enfermos. Ésta es la situación de la mayoría de personas que sufren una enfermedad. Aun así, sus elecciones alimenticias no son incorrectas. Necesitan alimentos que las hagan enfermar. ¿Por qué? Porque la enfermedad les resulta útil a medida que se enfrentan a cambios importantes en la vida. Las enfermedades pueden alterar la vida y aumentar la propia vibración. Así, si uno escoge ingerir alimentos que tanto disminuyen como aumentan la frecuencia del cuerpo, terminará en el mismo lugar. La única diferencia se halla en cómo llegar hasta allí. Uno es el camino de la enfermedad y el sufrimiento, y el otro es el camino de la alegría y la armonía. Ninguno es mejor que otro. Tanto en la enfermedad como en la salud, uno siempre está pisando el camino adecuado.

Todos consumimos los alimentos adecuados

La humanidad se las ha arreglado para producir dos tipos básicos de alimentos: alimentos de baja vibración y alimentos de vibración elevada. Los alimentos de baja vibración son aquellos que se procesan, se refinan, se conservan, se modifican genéticamente, se mejoran, se ahúman,

---

8. Para saber más acerca de los tipos de cuerpos y sus requisitos dietéticos específicos, léase el libro *Los secretos eternos de la salud* o cualquier otro libro sobre Ayurveda.

etcétera. Se incluyen todos los alimentos muertos (sin chi o fuerza vital) como la carne, el pescado, el pollo, la leche pasteurizada y los productos lácteos, los enlatados, los congelados, los productos envasados como los cereales, los caramelos, los refrescos y la mayoría de los 20.000 o más productos alimenticios que se hallan en los mercados actuales. Muy pocos alimentos que hayan sido procesados tienen suficiente fuerza vital para proporcionar salud y vitalidad. Los aditivos químicos, así como las vitaminas y los minerales añadidos, degradan aún más la capacidad de los alimentos de mantener el equilibrio del cuerpo. Sólo los alimentos que se han mantenido como la naturaleza los creó pueden considerarse alimentos de elevada frecuencia y promotores de la salud.

Los alimentos derivados de animales, aves o peces tienen la vibración más baja de todas porque se empapan de la frecuencia de la muerte. Ayudan a aquellos que comen este tipo de alimentos a experimentar los opuestos más crudos de la vida, a mantenerse en el plano físico y a aprender sobre la muerte y la destrucción. Los alimentos muertos aumentan la experiencia de la muerte, una de las más importantes. El aislamiento, las terminaciones, la decadencia, el deterioro, etcétera, resuenan con el temor a la muerte, y estos alimentos permiten a una persona manifestar estas cualidades para vivirlas y liberarse de ellas. En muchos casos esto significa que es necesario morir físicamente a causa de la ingestión de estos alimentos. No resulta sorprendente que cada vez esté más reconocido que estos alimentos de baja frecuencia sean los causantes de enfermedades mortales tales como las cardiopatías, el cáncer y la diabetes.

Además, cada año hay 5.000 muertes, 325.000 hospitalizaciones y 76 millones de enfermedades causadas por el envenenamiento de los alimentos, lo que supone un 34% más que en 1948, a pesar de (o, mejor dicho, a causa de) toda nuestra tecnología dirigida a mejorar la manipulación de los alimentos. La cantidad de alimentos contaminados en los estantes de las tiendas ha alcanzado su máximo nivel en más de una década. Los parásitos entran y crecen en estos alimentos básicamente inútiles, y muchos de ellos también son perjudiciales para el cuerpo humano. La naturaleza tiene la tendencia de deshacerse de lo que no es bueno para el consumo; estos organismos contribuyen precisamente a ello. Pero como no comprendemos el mensaje, necesitamos aprenderlo de la manera difícil. Los gérmenes causantes de enfermedades raras a veces infectan los alimentos de origen vegetal frescos y no tratados o cultivados con productos químicos, pues el sistema inmunitario de las plantas sabe cómo dominar a los intrusos de forma natural. Si un alimento orgánico es potencialmente dañino, la naturaleza lo destruirá antes de que pueda llegar a nuestra boca.

Justo unos instantes antes de ingerir un alimento, nuestro cuerpo sabe si es viejo, está muerto o está contaminado gracias a un «radar» especial llamado instinto. El lector puede verificar el instinto natural de su cuerpo con la prueba muscular de quinesiología. Los músculos del cuerpo se vuelven débiles cuando observa el alimento o lo sostiene en las manos. En mi caso, siento humedad en las yemas de los dedos cuando toco algo que no está en armonía con mi cuerpo, como por ejemplo los medicamentos. La mayoría de personas han dominado su instinto natural o simplemente han elegido ignorarlo. Lo que escapa a la percepción de lo que está ocurriendo con nuestros cuerpos, sin embargo, es la verdadera razón *por la que* elegimos comer lo que comemos.

Uno sabe cuando ha llegado el momento de cambiar

Al ser creadores del propio destino, uno (su ego coordinado con su Yo Superior) organiza su vida de un modo tal que todas las circunstancias y situaciones le permiten consumir el tipo de alimento que necesita para pasar los ciclos de experiencias que finalmente le lleven a casa, a la conciencia de quién es realmente. Cabe recordar que los alimentos que entran en nuestra boca, e incluso cómo y cuándo los ingerimos, no es algo casual. Los ciclos de la dualidad incluyen la salud y la enfermedad, la alegría y la pena, la fortaleza y la debilidad y todo lo que se halla entre el nacimiento y la muerte.

Cuando llegue el momento de acceder a un nuevo o distinto ciclo de experiencia, uno sabrá cuándo hacer cambios en su vida. Sentirá una inclinación repentina a comer distintos alimentos, llevar ropa diferente o alterar su estilo de vida. Tropezará literalmente con la información que necesita para hacer estos cambios, ya sea a través de conocer a alguien, de un programa de radio o televisivo, de un libro que un amigo quiere que lea o mediante una visión intuitiva. Llegará un momento en el que uno tenga que elegir el más puro de los alimentos para salir completamente de los ciclos de la dualidad. En consecuencia, disminuirá la densidad de su cuerpo y pasará al cuerpo de mayor frecuencia que no está influido por las enfermedades o el envejecimiento. Cuando esto ocurra, uno, es decir, la consciencia, sabrá que es inmortal; siempre lo ha sido y ahora lo experimentará. La nueva medicina ha sido engendrada para guiarle en este proceso.

Con la mente soberana expresamos la Verdad, todopoderosos y juntos podemos extraer los nichos de las profundidades de nuestros seres. Podemos asumir la rectitud solemne y entusiasta de estos actos, porque vienen de Dios, que está dentro de todos nosotros. Y así como decimos, olvida los pecados y problemas del pasado. Acepta lo que existe sin duda ni obligación. Porque es tuyo, tu lección para madurar vida tras vida. Tómalo plenamente en tu interior. Y nunca dudes, ni un día ni un instante, de que no hay ningún plan. Porque todas las cosas, cada hilo y cada fibra de tu existencia, están tejidos en el tapiz del tiempo con un dibujo puro. Está ordenado por ti, en la verdad y la belleza.

Edgar Cayce Group Mind
Canalizado el 16 de abril de 2001

CAPÍTULO 13

CURAR EL MUNDO NATURAL

Que tus días brillen con la casa del espíritu.
Que veas los pájaros agruparse alrededor.
Que tu corazón se alegre en el momento con cada canción que vuelva a sonar.
Lloraremos en escenarios cuando vengan a por nosotros.
Cosecharemos los frutos del gozo.
Mientras nuestros guías y nuestros hijos esperan lejos de nosotros, no penaremos más a tu lado.
Ojalá encontremos el placer en la tristeza que hemos conocido, porque las lecciones han brotado de estos tiempos.
Pensar que la tristeza puede engendrar un día noble no es más que una de las lecciones de nuestro tiempo.

Coro de Wellbies (tipo de hada)
Canalizado el 26 de diciembre de 2000

No somos superiores a los animales

Ninguna de las especies de esta Tierra está destinada a actuar con superioridad respecto a las demás. La explotación de cualquier tipo puede aportar beneficios a corto plazo, pero a largo plazo terminan siendo pérdidas. Explotar a los humanos o a los animales manifiesta la pérdida de poder y libertad tanto del explotador como del explotado. Hemos entrado en una etapa en la que cualquier acción que no sea beneficiosa para los implicados, entre los que se incluyen todas las personas y los animales de este planeta, resulta contraproducente de forma inmediata. Aquellos que explotan a los animales para obtener beneficios económicos y aquellos que los consumen o ingieren lo que producen están ahora pisando el camino de la autodestrucción (de sus cuerpos físicos) a través de las enfermedades. Esto no quiere decir que el consumo de carne sea malo, del mismo modo que no es equivocado decir que conducir nuestros vehículos con combustibles fósiles esté mal. Lo que quiero decir es que es posible que tengamos que estar atentos a las oportunidades de cambio, oportunidades que corresponden a un nuevo nivel de energía que está a la espera de ser descubierto y utilizado para la mejora de todos los seres vivos de la Tierra. Quizás la relación más complicada entre los humanos y el reino animal es la que existe entre los humanos y las vacas.

Nuestras sociedades son fundamentalmente sordomudas respecto a su relación con las vacas. Es puramente unilateral. Las vacas se han convertido en «máquinas alimenticias» que nos proporcionan el «pan de cada día». Hemos deducido que ésta debe de ser la razón por la que existen. No obstante, en realidad están aquí para simbolizar y manifestar las frecuencias del amor y el cuidado incondicional, los principios femeninos de nuestra naturaleza más íntima. También nos muestran lo débiles y vulnerables que nos hemos vuelto al depender tanto de ellas para nuestro sustento y supervivencia.

La explotación de miles de millones de animales de granja por su carne y su leche se ha convertido en un negocio tan lucrativo y aceptado que incluso los gobiernos han legalizado y santificado la tala de las selvas tropicales de la Tierra a fin de hacer espacio para los pastos de ganado. Sin embargo, los gobiernos sólo son espejos de la consciencia colectiva de las personas. La rápida destrucción del planeta y sus especies forma parte de lo que nos hacemos a nosotros mismos, y aunque parece insignificante y despilfarrado, funciona como una llamada de atención de última hora para escoger el amor en lugar del miedo.

Las vacas son muy parecidas a nosotros. Sólo porque no compartamos el mismo lenguaje no significa que sean seres inconscientes. ¿Realmente podemos ser tan arrogantes como para creer que los animales no piensan o no tienen sentimientos? Su Yo Superior no está menos desarrollado que el nuestro. En realidad, su conexión con las dimensiones superiores a menudo es mucho más abierta que la nuestra porque no tienen más elección que aceptar quién son a cada instante. Debido a su elevado estado de consciencia, por amor a la humanidad y a la Tierra, las vacas incluso han aceptado que los humanos abusaran de ellas y las explotaran durante siglos por su carne y su leche. Ahora ya no es aceptable utilizar a ninguna especie, inclusive las vacas, en contra de su voluntad.

La leche se está volviendo agria

Las vacas no están destinadas a proporcionar leche a nadie más que a sus crías. Después de cierto período de tiempo, el hijo de una vaca (eso es lo que es) empieza de forma natural a dejar de mamar leche y en su lugar consume alimentos sólidos. Como los bebés humanos, los terneros son destetados y los pechos o ubres de la vaca se «secan» hasta que se llenan de nuevo en respuesta al nacimiento de nuevos hijos. Hoy en día las vacas están obligadas a dar mucha más leche en un día de lo que es natural para ellas. Están forzadas a quedarse embarazadas para mantener la producción de leche elevada. El uso excesivo de sus órganos reproductivos acarrea enfermedades, razón por la que les administran antibióticos y hormonas de crecimiento a fin de acelerar más su crecimiento y producción de leche y provocar estrés a sus órganos y sistemas más allá de lo que pueden resistir. Cuando dan a luz, a menudo les arrebatan a sus crías para acabar matándolas incluso antes de que hayan tenido una oportunidad para experimentar el mundo. Rara vez, por no decir nunca, los humanos se dan cuenta del trauma emocional que experimentan madre e hijo en tales situaciones.

La leche de vaca es para las vacas y sólo para las vacas, del mismo modo que la leche humana está hecha sólo para los humanos. La calidad de la leche materna es diferente en las distintas especies de animales. Cada tipo de leche fue diseñado específicamente en el transcurso de millones de años de evolución para ese tipo de animal. Por ejemplo, la leche de vaca consiste en una cantidad relativamente elevada de proteínas y calcio, mientras que la leche humana apenas tiene proteínas y muy poco calcio. Si alimentáramos a un ternero con leche humana, moriría en muy poco tiempo debido a la falta de proteínas y la debilidad de sus huesos. Si alimentamos con leche de vaca a un bebé humano, puede desarrollar colitis, hinchazones, alergias, infecciones de oídos y garganta, etcétera en las primeras etapas del desarrollo, y acumulación de proteínas en las paredes de los vasos sanguíneos, huesos calcificados y quebradizos, obesidad, artritis y diabetes, cáncer, cardiopatías, etcétera en las etapas posteriores de la vida.

Antes de que las vacas se utilizaran por razones comerciales, su leche era menos venenosa de lo que lo es hoy. En algunos países, las vacas se consideraban animales sagrados y su leche sólo se utilizaba con fines sacramentales. Tradicionalmente se honraba y cuidaba a las vacas. Las cepillaban, limpiaban y adornaban. Aquellos que tenían vacas sabían que para que su leche fuera nutritiva tenían que cuidarlas. Cuando las vacas se sentían queridas, producían leche que era adecuada incluso para el consumo humano en pequeñas cantidades.

La energía y la información son los únicos componentes de todo lo que existe en el universo. Cualquier energía e información que entre en algo es precisamente la misma que saldrá de ello otra vez. La forma en que actualmente se está tratando a las vacas y el motivo que subyace tras su mantenimiento como animales de granja ha hecho que la leche de vaca haya pasado de ser una fuente de alegría, inspiración y nutrición a una fuente de destrucción. Ya no existe un lazo sagrado entre los humanos y las vacas; se ha cortado la conexión. Por este motivo, la leche de vaca que obligamos a producir está cargada de elementos destructivos de la consciencia humana colectiva.

¿No es irónico que la leche, que solía ser un símbolo de amor y nutrición, se haya convertido en una de las principales causas de las enfermedades del planeta?[9] La leche se ha vuelto tóxica para nosotros porque las vacas nos quieren matar. Simplemente transmiten a la leche las energías destructivas que reciben de la especie humana. Las especies muy evolucionadas, aquellas que tienen una conexión perfecta con los reinos superiores, nunca se quejan ni devuelven el golpe a aquellos

---

9. Se deja a cargo del lector la búsqueda de la sorprendente cantidad de investigaciones científicas llevadas a cabo sobre los efectos adversos de la leche y sus productos. El autor ha tratado este asunto exhaustivamente en su libro *Los secretos eternos de la salud*. Pueden encontrarse muchas otras fuentes en internet.

que les hieren o torturan. No nos juzgan cuando las destruimos porque saben que nos estamos destruyendo a nosotros mismos. Uno puede dar una patada a una piedra porque se siente enfadado por algún motivo, pero la piedra no le dará una patada a cambio; sabe que con esta acción sólo se está hiriendo a sí mismo. La mayor parte de la naturaleza es así. La calidad pobre y perjudicial de la leche producida por nuestras vacas simplemente refleja cómo nos tratamos a nosotros mismos. La leche actual no sólo está repleta de hormonas sintéticas, pus, antibióticos y aditivos químicos, sino también de hormonas segregadas a causa del dolor y el miedo de las vacas debido a la carencia de amor y cuidados que sufren y a la pérdida de sus crías. Cuando bebemos la leche, estas vibraciones de dolor, miedo y angustia pasan a formar parte de nuestro cuerpo, nuestra mente y nuestra alma.

Toda vida es sagrada

Todos los seres vivos que habitan en este planeta están aquí para evolucionar, aprender, crecer y amar. Si uno se pone frente a un animal con un cuchillo en una mano y una porción de comida en la otra, ¿el animal correrá hacia el cuchillo y se matará o cogerá la comida? La respuesta es obvia. Ningún ser vivo quiere morir ni ser consumido. Cada uno busca la felicidad y la libertad del miedo. Sin embargo, es necesario que haya una agencia supervisora que se asegure de que la vida en el planeta en general se mantiene equilibrada. La naturaleza tiene su propio sistema de regulación para controlar el crecimiento y no es nuestra función alterarlo con el aumento o la disminución, intencionadamente o no, de las poblaciones de las distintas especies. No obstante, hemos alterado el equilibrio ecológico tan severamente que las plagas y los microbios asesinos ahora luchan por restablecerlo con el coste de vidas humanas.

En circunstancias normales, los ciclos naturales de nacimientos y muertes mantienen a las poblaciones de las distintas especies bajo control y en equilibrio las unas con las otras. Nuestro cuerpo sigue un sistema similar. Cada día hay treinta billones de células viejas que abandonan sus vidas para dejar espacio a treinta billones de células nuevas. La vida continúa sólo porque estos ciclos se armonizan unos con otros. Las células que se quedan atrás no sufren ni lloran por «perder» a sus compañeras. Las viejas células moribundas se van por voluntad propia porque el contrato que han escogido es beneficiar al todo. Sin embargo, cuando nos atacamos a nosotros mismos emocionalmente, como por ejemplo al suprimir la ira y el miedo, obligamos a algunas de estas células a defenderse del asalto. Estas células hacen todo lo que pueden para sobrevivir el tiempo que sea posible, y mediante mutaciones genéticas, son capaces de vivir más tiempo del que deberían. Naturalmente, estas células cancerígenas perturban el equilibrio normal de sustitución de células y crean mucho caos en el cuerpo. Al final, la avaricia de querer vivir una vida más larga causa su propia muerte y la de su huésped. Muchos humanos en la Tierra están actuando como las células cancerígenas en el cuerpo. Sus acciones han causado mucho caos en el planeta, incluso a pesar de que este caos tenga un objetivo.

Las numerosas especies que han vivido y siguen viviendo en la Tierra están desempeñando su papel particular para servir al todo y dar a luz a un nuevo mundo basado en la compasión y el amor por todos. Si los humanos las hubieran dejado en paz, el planeta ya sería un paraíso en la actualidad. La raza humana, sin embargo, ha elegido el camino de la avaricia, el exceso y la enfermedad para llegar al mismo objetivo. Fue necesaria esta desviación debido a nuestra pérdida de conexión con el Origen de todas las formas de vida, una conexión que la mayoría de animales salvajes y otras especies todavía mantienen. Aunque hacerlo ha sido más difícil y todavía sigue siendo un proceso muy doloroso para muchos de nosotros, estamos aprendiendo mucho de esta lección.

Estamos aprendiendo que la existencia física no es la única realidad en la vida. Hemos regresado a este estado denso de la existencia física al excedernos de placeres físicos, como el sexo, los alimentos y las bebidas. Aun así, seguiremos anhelando más hasta que nos demos cuenta de lo que verdaderamente se halla dentro y más allá del terreno de la existencia material. Sí, la nutrición física es importante, pero también lo es la exposición a la belleza de la naturaleza. Consumir las frutas y los vegetales de la Tierra no sólo proporciona un gran placer al estómago sino también a los ojos y a los demás sentidos. Nos conecta de nuevo con la naturaleza, sus seres espirituales y su finalidad. El reino vegetal obtiene grandes beneficios de la alegría y la gratitud que sentimos cuando consumimos sus productos. De hecho, ser consumido es su forma preferida para expandirse y continuar su existencia. Los animales que consumen alimentos vegetales excretan las semillas en sus excrementos fertilizantes dando así a las especies de plantas mejores oportunidades para sobrevivir. Las plantas prosperan felizmente cuando saben que son responsables de sustentar la vida en el planeta. Están en paz con el planeta.

Hacer las paces siendo pacíficos

No podemos avanzar a nivel individual ni colectivo sin hacer primero las paces con el planeta en todas sus formas de vida. Es hora de apreciar y honrar *todo* lo que nos proporciona. Quitarles la vida a los animales y consumirlos no es su elección. Nos hemos considerado superiores a otros seres que comparten su presencia con nosotros en esta Tierra, pero este comportamiento superior está ahora fracasando. El Jefe Seattle dijo muy acertadamente: «Todo está conectado. Todo lo que le ocurra a la Tierra le ocurrirá a los hijos de la Tierra. El hombre no ha tejido la red de la vida; es sólo una de sus hebras. Todo lo que haga a la red se lo hará a sí mismo».

Esta afirmación también se aplica a todos los seres vivos de la Tierra. Las vacas en particular exhiben cualidades como satisfacción, amabilidad y maternidad. Los humanos obtienen un gran beneficio al ver a las vacas con sus cualidades naturales. Las vacas, que encarnan la Divinidad Femenina, instilan imaginería sagrada en nuestro corazón y fortalecen así nuestras cualidades femeninas, como el amor y la ternura. Pero nos hemos distanciado tanto de nuestras propias cualidades divinas, que somos incapaces de concebir las cualidades divinas que representan los demás seres vivos de la Tierra.

La raza humana en general ha negado su Divinidad Femenina durante mucho tiempo. Como resultado de eliminar estas cualidades nutritivas y generosas, las cualidades masculinas agresivas y hostiles se han implantado como la norma de vida imperante en la Tierra. La explotación de las vacas, los cerdos, las ovejas, los caballos, los pollos, los peces y los recursos naturales ha sido una explotación de la Divinidad Femenina de todos estos seres y de la Madre Tierra; manifiesta la explotación de nuestra propia esencia femenina. Hemos despreciado y faltado el respeto a la naturaleza y sus organismos porque hemos despreciado y faltado el respeto a la Divinidad Femenina de nuestro interior. Es la falta de conexión con nuestra Divinidad Femenina lo que nos permite matar y consumir animales y destruir nuestro mundo natural.

Existen básicamente dos formas de salvar nuestro medio ambiente de más destrucciones, las cuales ya se están promulgando. La primera y la más preferible es avivar nuestra naturaleza divina interior, lo que se traduce en una relación armoniosa y cuidadosa con el mundo natural. Esta opción no es fácil porque implica experimentar el dolor que nosotros mismos hemos infligido a los demás organismos de la Tierra, y, por tanto, a nosotros mismos, durante eones de abuso y explotación. Este dolor se manifiesta en las protestas actuales de un gran número de personas que sienten que alguien las está llamando para salvar el medio ambiente. Los grupos de protección de animales, Greenpeace, las organizaciones *Save the Planet*, etcétera están tratando desesperadamente de advertir de los peligros que se avecinan. Cuantas más personas empiecen a sentir el dolor que todos hemos «causado» directa o indirectamente a los humanos, a otros seres vivos que comparten nuestro espacio y a la Tierra, más rápidamente nos transformaremos en un organismo armonioso de unidad, amor y poder. Sentir el dolor nos permite estar en paz y hacer las paces con la vida.

La enfermedad empieza en la propia mente

La segunda solución más dolorosa para curar la relación desequilibrada y herida entre los humanos y nuestro planeta es mediante la enfermedad. Las famosas palabras: «las guerras empiezan en las mentes de los hombres» también pueden aplicarse a la salud humana. Las enfermedades también empiezan en nuestra mente. Se originan de la percepción desequilibrada que tenemos acerca de quiénes somos. Las nuevas enfermedades transmitidas por animales, como la enfermedad de las vacas locas, simplemente son una manifestación de nuestro pensamiento distorsionado (loco). Las vacas se están volviendo locas porque no tenemos respeto por ellas ni por sus crías. Incluso las alimentamos con carne animal, que va totalmente en contra del diseño natural de su organismo. Aparte de albergar múltiples lombrices y parásitos, su carne contiene docenas de elementos químicos tóxicos, hormonas y medicamentos. Su intención no es perjudicarnos, pero nuestras acciones y nuestra pasividad las ha esclavizado a participar en otro holocausto humano. La lista de enfermedades causadas por el consumo de carne y otros productos de la vaca es casi interminable, y se trata de enfermedades que prácticamente son inexistentes en lugares donde las personas no consumen dichos productos. Lo que vuelve a las vacas «locas» es formar parte de esta ejecución masiva de la población humana. Si estamos en nuestro corazón, ahora debemos sentir su dolor mientras son asesinadas en las millones de manos de aquellos que actúan como carniceros en nombre de gran parte de la humanidad.

Aunque las enfermedades como la fiebre aftosa ya no sean una amenaza para los animales ni para los humanos, una ley obsoleta posterior a la guerra exige la matanza de todos los animales de granja aunque sólo uno de ellos se haya infectado. La fiebre aftosa es tan peligrosa para los animales como lo es un resfriado para nosotros; las aftas ulcerosas que se forman en la boca y en los pies se curan en dos semanas y en casi todos los casos, los animales se recuperan completamente e incluso se inmunizan contra futuras infecciones. La enfermedad no afecta a la calidad de la leche o de la carne. Resulta irónico, entonces, que aquellos que se han aprovechado de la explotación de un gran número de animales de granja estén ahora experimentando y sufriendo unas condiciones de vida indecibles debido a una ley obsoleta que los obliga a matar a sus animales y a cerrar sus negocios.

Los brotes de enfermedades de los animales nos obligan a enfrentarnos a las injusticias que cometemos y a la falta de respeto que tenemos por la vida y el entorno natural. Todos estamos participando en el trauma al cual ha sido sujeto el reino animal durante mucho tiempo. Los animales (a través de sus enfermedades) nos muestran que alimentarlos con la carne y los huesos de sus hermanos es similar a alimentar a un bebé humano con sangre. Nos hacen saber que las condiciones «inhumanas» en las que los estamos criando, tratando y matando a fin de obtener mayor beneficio, no dan frutos a largo plazo. Así, el verdadero motivo que se halla detrás de la destrucción innecesaria de cientos de miles de animales de granja es una llamada de atención para que la humanidad haga las paces con todos los animales, respete y acepte sus vidas del mismo modo que respeta y acepta la de sus seres queridos. Como tantas veces en el pasado, hemos optado por aprender de la manera difícil.

Vivir con el corazón abierto

Una parte considerable de la consciencia colectiva ya se está dando cuenta del efecto bumerán que ahora nos está devolviendo el «daño» que nos hemos causado unos a otros y a los organismos, los árboles, las plantas y el campo áurico (atmósfera) de la Tierra. Las enfermedades, los desastres naturales y la destrucción de la belleza de la naturaleza desempeñan un importante papel en este proceso de despertar. No se trata de castigos; a veces simplemente necesitamos una espina para sacar otra, o un pequeño empujón para seguir avanzando en la vida. Como ocurre con todo lo que es aparentemente destructivo, existe un elemento oculto constructivo que favorece la vida. Por ejemplo, las devastadoras tormentas tropicales proporcionan riqueza a las selvas. Las investigaciones llevadas a cabo en selvas tropicales de Nicaragua han mostrado que el número de tres especies se duplicó y triplicó en ocho áreas afectadas por tormentas, en contraste con aquellas que vivían en selvas intactas cercanas.

Del mismo modo, los animales que están muriendo «a causa» de nuestra avaricia o ignorancia tampoco son víctimas. Se han guiado a sí mismos para estar en el lugar adecuado en el momento oportuno a fin de aprender, crecer y convertirse en maestros y guías para ayudarnos a los demás a encontrar nuestra verdad. Sus Yoes Superiores sólo están agradecidos cuando benefician al conjunto. La verdadera sanación tiene lugar cuando nos hacemos responsables de todos nuestros pensamientos y acciones. De este modo, no sólo nos acercamos a la individualidad, a estar alineados con el propósito de nuestra alma, sino que evitamos sentirnos superiores a nada ni a nadie. Cuando la unidad toma el control y nos movemos hacia nuestro verdadero poder, la necesidad de emitir juicios basados en la dualidad llega a su fin de forma natural.

La unidad empieza cuando abrimos nuestro corazón a las simples bellezas de la vida: la tierra, las plantas, los animales, el sol, la luna y las estrellas. Estar en la naturaleza y respirar su aire nutre nuestra alma. Uno empieza a ver y sentir que todas las cosas tienen consciencia y que se merecen nuestro respeto y gratitud por estar aquí. Con el tiempo, nos volvemos adictos a su encanto y atractivo. Sin embargo, esta adicción no nos hace sentir vacíos, sino que nos llena con más y más. Al principio puede provocar el dolor y la tristeza que uno ha padecido en el pasado, pero forma parte de la acción sanadora de la naturaleza. Estimula los impulsos de unidad en nuestro corazón, y con el comienzo de la unidad desaparece la separación. Nuestra Divinidad Femenina se vuelve Uno con nuestra Divinidad Masculina. Éste es el fin de la Conciencia de la Dualidad.

Por supuesto, como ocurre siempre, la decisión es nuestra y podemos hacerla en todo momento. Cada instante carga con nuestro yo y nos ofrece un nuevo comienzo en la vida. Si el lector empieza a brindarle su atención afectuosa a la naturaleza, no puede imaginarse cuánto amor recibirá a cambio. La Tierra está lista para proporcionar riquezas a aquellos que la aman y respetan. Si uno siente que puede, es aconsejable que viva su vida con mucha más simpleza y con el máximo contacto posible con el mundo natural. De este modo, encontrará que la naturaleza es una extensión de su ser y una fuente duradera de placer.

Los placeres efímeros que se derivan de consumir más de lo necesario es sólo una fracción de la felicidad duradera que conseguirá al compartir su esencia con los organismos y las cosas de esta Tierra. Cuando suficientes personas empecemos a tratarnos unas a otras y a todo lo que habita en el mundo natural con el mismo respeto y aprecio que exigimos recibir de los demás, desaparecerán todos los conflictos, las enfermedades y los problemas que nos infectan. Estamos en un momento del tiempo en el que cualquier cosa que escojamos, esto es, liberación o devastación, se ejecutará casi de inmediato. Tal es nuestro poder.

Que los dioses brillen sobre ti como una luz.
Que veas la tierra desde lejos.
Que goces en los cielos cuando te sostienen, porque vienes a nosotros desde lejos. Estamos aquí para unirnos alegremente contigo. Estamos siempre al mando de tu espada. Que coseches los beneficios que te rodean, porque todos nosotros hacemos siempre lo que podemos. Cantemos los himnos de los siglos, uniendo las fuerzas de la tierra de arriba. Que nuestro amor ilumine el mundo que te rodea, porque nadie puede ver tan lejos.

Coro de ángeles
Canalizado el 7 de enero de 2001

ESTÁN POR VENIR MOMENTOS MARAVILLOSOS

Sé consciente de los tiempos porque nos encaminamos a una tierra de nadie del pensamiento, la sabiduría y la conjetura. Es sumamente importante tener el pensamiento claro, observar en nuestras reflexiones cotidianas y compadecernos en nuestro corazón y en todos los propósitos de nuestra alma. Estamos al borde de un gran cataclismo del pensamiento, que verá una gran bifurcación en la carretera. Estamos en una planicie de grandes oportunidades y de gran extensión. Prepárate para saltar por encima de la grieta de los procesos del pensamiento lógico y abrir el camino a un nuevo futuro visionario.

Aristóteles
Canalizado el 21 de diciembre de 2000

Los últimos días de liquidación

En la actualidad se nos está proporcionando un poder constantemente en aumento para manifestar cualquier cosa que esté ocupando nuestra atención. Como jamás había ocurrido, ahora somos capaces de mostrar nuestros deseos y sueños más profundos, pero también nos estamos confrontando con las frustraciones, las dudas y los temores más arraigados que hemos tenido en nuestras vidas durante un largo período de tiempo. Todos los «asuntos pendientes», como los asuntos personales que nunca hemos resuelto o que hemos enterrado bajo nuestra consciencia consciente, están ahora llamando nuestra atención, preparados para ser aceptados, admitidos y liberados. Al volver al karma y enfrentarnos a él de este modo, dejamos de percibirlo como algo negativo o doloroso, transformándose así en un flujo constante de oportunidades. Esta percepción nos proporciona la ocasión de tener un nuevo comienzo en la vida, una nueva oportunidad para cada nuevo momento.

El motivo por el que ahora se nos ha ofrecido la oportunidad de enfrentarnos a nuestros asuntos pendientes reside en el proceso de ascensión de la Tierra, e incluye todas las cosas naturales que existen en ella. La Tierra, en tanto que es un ser consciente, está evolucionando a la par con nosotros. Al acceder a las frecuencias de la cuarta y la quinta dimensión, está elevándose por encima de las formas de pensamiento de los términos correcto y erróneo, victima y victimario, abusador y abusado. La Tierra se está librando de la consciencia de la dualidad, y, a su vez, todo lo que se halla en la Tierra, o bien se eleva por encima de tales formas de pensamiento o bien tiene que perecer. A cada ser humano se le está brindando ahora la última oportunidad para elegir evolucionar y modificar sus formas de pensamiento, creencias y cuerpos físicos a fin de facilitar su propia ascensión hacia la consciencia superior. Por su parte, aquellos que eligen no hacerse responsables de sí mismos y de sus acciones es probable que sufran en gran medida y que mueran en un momento dado. Se trata de un evento cósmico natural beneficioso para todos los implicados. No hay bien ni mal en esta situación, solamente aprendizaje.

La vibración de la Tierra se está acelerando. Todo lo que no se acelera junto a ella se convierte en un estorbo para todos y es necesario descartarlo. Aquellos organismos y seres humanos que se oponen al cambio de energía notan que hay más energía fluyendo por su cuerpo de la que son capaces de soportar. Todas las resistencias emocionales o mentales se manifiestan en forma de obstrucciones o congestiones físicas en el cuerpo. Con la aceleración de la vibración de la Tierra fluye más fuerza vital o chi a través del sutil cuerpo de energía (cuerpo etéreo); esto empeora los bloqueos, que a su vez hace que las enfermedades se manifiesten más rápidamente que antes. Cuanto más elevada sea la vibración de la Tierra, con más rapidez enfermarán aquellos que se resisten a los cambios. Este proceso de selección natural garantiza que sólo aquellos que están ascendiendo a la Unidad de Todo habiten la nueva Tierra «Terra», que será un planeta de amor. La dualidad y su patrón, la ley del karma, estarán ausentes en el Nuevo Mundo.

A medida que terminamos de liberarnos de nuestro equipaje kármico, estamos cosechando preciosos regalos, tales como libertad, riquezas, una salud perfecta y juventud. Al mismo tiempo, nuestro mundo actual, que está compuesto de numerosos sistemas políticos, sociales, educativos, económicos, ecológicos y religiosos parece estar desmoronándose, ocasionando mucha confusión acerca de lo que ocurre. Es como si estuviéramos atrapados en un barco que se hunde y no hay forma de escapar de la tragedia. Sin embargo, tras el caos hay un orden ingenioso. Similar al dolor que experimenta una madre en el parto, estamos pasando por períodos muy desafiantes y a menudo dolorosos sólo por un motivo: para elevarnos a la perfección que somos por dentro. Con el aumento de nuestra propia vibración, transformamos los patrones disfuncionales que existen a nuestro alrededor y en el mundo. Aunque tal vez no recordemos el acuerdo que hicimos con la Tierra para ayudarla en su proceso de parto hacia la luz, hemos asumido la pesada carga de rechazar nuestro verdadero yo, nuestra finalidad y nuestro poder: un requisito previo para la ascensión. En cada nuevo instante somos capaces de aprender y dominar lecciones cuyo aprendizaje, hasta no hace mucho tiempo, nos habría supuesto muchas vidas. La velocidad a la que está ocurriendo todo esto puede ser emocionante para algunos pero muy inquietante para otros. Algunos de los síntomas de malestar que puede estar experimentando el lector durante este período de transformación interna y externa son los siguientes:

Confusión, depresión, sensación de vacío, migrañas frecuentes, sinusitis, dificultades para respirar, visión borrosa, zumbido en los oídos, síntomas similares a los de una gripe, náuseas, vértigo, mareos o sensación de dar vueltas, problemas de oídos, fiebre no causada por ninguna enfermedad, presión o pinchazos en el corazón, dolor de espalda, columna y hombros o fatiga inusual.

Si el lector ha tenido alguno de estos síntomas o similares en las últimas semanas o meses, entonces puede que se halle en el proceso de liquidación de profundos desequilibrios emocionales, estrés mental y desgaste físico, liberándose de todo tipo de limitaciones. Las nuevas energías que estamos recibiendo actualmente nos ayudan a «mejorar» nuestro cuerpo físico y su composición genética a un nuevo nivel de frecuencia y eficiencia. A causa de estas alteraciones, el metabolismo de nuestro cuerpo físico está sometido a mucho estrés. El desorden interior es equivalente a una guerra masiva. Están ocurriendo cambios monumentales que rápidamente están despertando antiguos errores genéticos latentes, pensamientos censurados y posiblemente disfunciones en los principales órganos. La profesión médica es incapaz de explicarse todas estas ocurrencias. Muchas personas están siendo hospitalizadas por problemas que los médicos nunca habían visto ni tratado. Sin embargo, el verdadero fenómeno que se halla tras estos cambios es la integración del cuerpo físico con su cuerpo mental, emocional y espiritual. La mayoría de personas, no obstante, sólo experimenta algunos de los síntomas listados previamente.

La mutación celular es necesaria para adaptar nuestro salto evolutivo hacia la Luz. Por supuesto, ello significa que nuestra biología y nuestros sentidos se están volviendo más agudos, refinados y sensibles. Probablemente habrá momentos de exaltación seguidos de repentinos choques de energía que el cuerpo puede sentir. Al cambiar nuestro rumbo hacia nuestra antigua realidad pueden haber agitaciones emocionales. De hecho, nos estamos volviendo más sensibles a las cosas de nuestro alrededor que son de naturaleza invisible, como los pensamientos y los sentimientos de los demás. Esta sensibilidad se amplifica cuando estamos rodeados de gente. También somos más sensibles a los desequilibrios externos en el medio ambiente y reaccionamos ante ellos con síntomas similares a los de una gripe o una alergia. Le pido al lector que no detenga este proceso aunque ello implique dolor y molestias o malestar emocional. No le hace ningún daño. El mejor consejo que le puedo dar es que sea bueno consigo mismo. Cuando hayan terminado la mayoría de estas alteraciones, se sentirá completo y sano una vez más, e incluso más aún.

Esta liquidación le prepara para mantener un estado completamente distinto de consciencia, diferente al que conocemos por despertar ordinario. Empezará a ver cosas que jamás ha visto y a oír cosas que nunca ha oído. El espacio entre el mundo invisible y visible se está cerrando con rapidez. Estamos en las últimas etapas de reclamación de nuestro «derecho de alma» básico de convertirnos en un ser multidimensional de amor y sabiduría en un mundo multidimensional de amor y sabiduría. A medida que cambiamos, nuestro mundo también cambia. Si aceptamos que el caos actual que está teniendo lugar dentro y alrededor de nosotros es sólo un efecto adverso del cierre de nuestro antiguo mundo a fin de construir uno nuevo, haremos que este proceso sea suave, sencillo y emocionante. Nuestra lección consiste en confiar en que bien está lo que bien acaba, como siempre.

Cada momento es una preciosa oportunidad

Dado que estamos en medio del período más profundo de transformación del que jamás ha sido partícipe la humanidad, cada momento está cargado de una significación inestimable. Si aparece disfrazado como un acontecimiento negativo, podemos dar por sentado que se manifestará como una preciosa oportunidad, siempre y cuando lo veamos de este modo, por supuesto. Rinaldo S. Brutoco dijo en una ocasión: «No existe tal cosa como una ocurrencia negativa [...] todo es simplemente información útil». Thomas Edison tenía una capacidad extraordinaria para ver el enorme beneficio de los desastres. En su interior sabía que nada de lo que ocurre en el mundo de Dios es por error. A continuación haré una descripción de las experiencias que tuvo durante un destructivo incendio, extraída de *Good Tidings*.

En diciembre de 1914, un incendio destruyó prácticamente todo el laboratorio de Thomas Edison. Aunque los daños superaron los dos millones de dólares, los edificios sólo estaban asegurados por 238.000 dólares porque estaban construidos con cemento y creían que era incombustible. Aquella noche de diciembre, unas llamas espectaculares quemaron gran parte del trabajo que había llevado a cabo Edison a lo largo de toda su vida. En medio del fuego, el hijo mayor de Edison, de 24 años, buscaba frenéticamente a su padre entre el humo y los escombros. Al final, lo encontró observando con calma la escena; las llamas se reflejaban en su rostro y su pelo canoso se movía con el viento.

«Me dolió el corazón por él», explicó Charles. «Tenía 67 años –ya no era un hombre joven– y todo se estaba convirtiendo en cenizas.» Cuando me vio, me gritó: «Charles, ¿dónde está tu madre?». Al responderle que no lo sabía, me dijo: «Ve a por ella y tráela aquí. Jamás verá algo así mientras viva».

A la mañana siguiente, Edison miró los escombros y dijo: «Los desastres son muy valiosos. Se queman todos nuestros errores. Gracias a Dios, podemos comenzar de nuevo». Tres semanas después del incendio, Edison anunció la invención de su primer fonógrafo.

De forma similar a las piezas de un rompecabezas, donde cada pieza aparentemente insignificante es necesaria para formar una imagen con significado, todas las experiencias de la vida son importantes para completar la imagen de la misma; sin embargo, a menudo no conseguimos identificar su verdadero valor.

Hace unos años visité Eilat, en Israel, donde pasé una feliz semana buceando junto a un grupo de delfines. Antes y después de esta exquisita experiencia, fui protagonista de cuatro inspecciones exhaustivas de seguridad (cada una de ellas de una hora y media) en dos aeropuertos israelíes. Lo primero que pensé fue que era una molestia y una pérdida de tiempo, pero luego acepté la idea de que los israelíes no quisieran asumir ningún riesgo. En mi segundo encuentro con el personal de seguridad, que tenían un aspecto rudo, empecé a sentirme un tanto intimidado y me molesté bastante cuando me rompieron un aparato eléctrico muy caro. Me preguntaba qué beneficio sacaban de todo aquello. La respuesta a mi pregunta sin duda no fue la que esperaba.

La recompensa que obtuve de experimentar todos estos «inconvenientes» fue el descubrimiento de un método sencillo para neutralizar las energías nocivas instantáneamente. Como iba a alojarme en un apartamento, me había llevado varias piezas de comida, fruta y una botella de agua. Después de que cada pieza hubiera pasado por escáneres de rayos X (alrededor de tres veces solamente en la primera inspección), pensé que estos alimentos estaban sumamente contaminados y eran incompatibles con la energía de mi cuerpo y mi sistema digestivo. Cuando los analicé con un instrumento de radiestesia llamado «oekotensor», todos emitían potentes energías negativas y ya no eran adecuados para el consumo humano.

Casualmente llevaba en mi equipaje un pequeño cristal de cuarzo claro (lo cual nunca había hecho). Justo antes de irme de viaje lo había limpiado y programado con el fin de que pudiera neutralizar las energías dañinas y amplificar las beneficiosas (que, nuevamente, nunca antes había hecho). Hice girar mi cristal sobre los alimentos y las bebidas contaminadas (irradiadas) varias veces en la dirección de las agujas del reloj (algo que nunca había pensado). Cuando comprobé la energía que emitían y su compatibilidad con mi cuerpo, todas las piezas estaban libres de efectos nocivos y de nuevo volvían a ser adecuadas para mí.

Pronto, descubrí que todos los alimentos y bebidas naturales tratados con fertilizantes químicos o que han estado en contacto con campos electromagnéticos producidos por cocinas eléctricas, hornillos, batidoras, licuadoras, tostadoras, neveras, máquinas de procesamiento de alimentos, camiones, aviones, o que contienen aditivos químicos, etcétera producen una energía negativa muy distorsionada. Dado que las células del cuerpo humano no pueden aprovechar este tipo de energía, estos alimentos procesados están «muertos» y son muy difíciles de digerir y asimilar y, por tanto, pueden convertirse en una de las causas principales para la intolerancia de alimentos, las alergias y las enfermedades. No obstante, después de aplicarles el método que he descrito antes, pierden sus características nocivas y vuelven a ser alimentos «vivos». Incluso el agua embotellada, que no tiene vida, puede resucitarse de esta manera. Sólo hay unos pocos alimentos que el cristal de cuarzo no puede sanear de nuevo, entre los cuales se hallan los alimentos muy pulverizados, como las uvas y los tomates, los aceites refinados y la mayor parte de la comida basura. El lector puede intentar el método descrito y comprobar por sí mismo cómo es capaz de cambiar la digestibilidad de los alimentos e incluso su sabor.

Alrededor de un año después de este acontecimiento, mi pareja Lillian y yo facilitamos la creación de lo que llamamos «piedras ionizadas». Las piedras son una parte integrante de la «nueva medicina» que está ayudando a la humanidad y a la Tierra a realizar su transición hacia las dimensiones superiores. Las piedras pueden limpiar alimentos y bebidas, equilibrar todos los chakras (centros de energía) del cuerpo instantáneamente, eliminar cualquier tipo de energía inadecuada del campo áurico, de la casa o del medio ambiente de forma mucho más intensa que los cristales de cuarzo, proteger ordenadores, televisores y cables eléctricos de los campos electromagnéticos, restablecer la energía del agua del grifo y mucho más. De no haber sido por las inspecciones de seguridad tan «molestas» de los aeropuertos israelíes, no habría descubierto o comprendido el valor de los cristales y de las piedras ionizadas.

Lo que aprendí de este incidente y de otros similares fue que *todas las dificultades de la vida están codificadas con mensajes ocultos*; está en nuestras manos descifrarlos y usarlos para realzar nuestro crecimiento personal y nuestro servicio a la humanidad y a nuestro hogar planetario. Como siempre, nuestras dificultades también son nuestras oportunidades. Apartarnos y tomarnos un momento para ver por qué nos ocurren «inconvenientes» o «desgracias» puede modificar nuestra actitud hacia ellas y convertirlas en algo completamente distinto. Cada instante de la vida es un acontecimiento no casual y está dotado de una oportunidad única de algún tipo. A fin de beneficiarnos de nuestros problemas, tanto si son de naturaleza física, emocional, interpersonal, social, ambiental, etcétera, debemos verlos desde una nueva perspectiva. El proverbio: «Bien está lo que bien acaba» es el que mejor resume la siguiente lección simple de la vida que nos proporcionó un autor anónimo:

El caballo de un granjero se escapó. Un vecino le dijo:

—Qué pena que su caballo se escapara.

—Ya veremos –replicó el granjero.

Un día, el hijo del granjero vio el caballo y, al correr tras él para intentar atraparlo, se rompió una pierna.

—Qué pena que su caballo se escapara y que su hijo se rompiera una pierna –simpatizó el vecino.

—Ya veremos –dijo el granjero.

Se declaró la guerra y el hijo del granjero fue llamado a filas pero, debido a la fractura de su pierna, no superó la prueba física. Murieron muchos hombres jóvenes, pero el hijo del granjero se salvó. *Las bendiciones a menudo vienen camufladas en desastres.*

Estamos despertando

Si un problema particular, como una dificultad económica persistente o una debilidad física, nos provoca miedo en lugar de alentarnos inmediatamente a buscar una solución rápida, tal vez es porque debemos permitirnos sentir miedo o inseguridad durante un tiempo. No podemos experimentar la intrepidez a menos que primero hayamos experimentado el miedo. Quizás tememos no poder cumplir con las expectativas que los demás tienen acerca de nosotros, o cometer errores y que nos juzguen por ello. El miedo se centra en nuestro estado de salud o en la expectativa de tener que morir algún día.

Saber y aceptar el miedo que sentimos es el primer paso y el más importante para superarlo. «De acuerdo, tengo miedo de hablar por mí mismo» es un ejemplo de cómo podemos trasladar más miedo del dominio subconsciente al dominio consciente. **Debemos atrevernos a cometer los errores que tanto tememos y dejar que los demás lo sepan.** Así se elimina rápidamente cualquier temor a decepcionar a los demás o a uno mismo. Por otro lado, tomar tranquilizantes o antidepresivos, beber alcohol, ver la televisión, leer una revista, etcétera cuando nos sentimos nerviosos o temerosos sólo impulsa el miedo otra vez hacia el dominio inconsciente de la mente. Y, como todo lo que se suprime, el miedo volverá a salir a la superficie con mayor intensidad en algún momento futuro. El simple hecho de tener consciencia del miedo lo reduce hasta convertirlo en audacia, y cuando mengua el miedo, estamos preparados para reconocer que es el único causante del malestar. Uno aprenderá que no hay nada que temer porque, en realidad, no hay nada que esté en contra de nosotros o que nos haga daño. Tras la máscara del miedo se esconde una oportunidad. Cuando aparece, perfectamente sincronizada, puede activar un alud de acontecimientos que pueden convertir cualquier incidente insignificante en un poderoso evento de importancia cósmica.

Cada uno de nosotros es un instrumento sumamente valioso para la presencia de Dios en nuestro interior. Estamos aquí para crear un mundo caracterizado por amor, prosperidad, sabiduría y armonía. Un vagabundo de la calle puede contribuir a la construcción de un mundo mejor desarrollando la excepcional cualidad de la humildad y al mismo tiempo enseñándonos a los demás acerca de la compasión. Cada lección aprendida y cada pedazo de karma digerido y comprendido provocan un gran aplauso de los ángeles del cielo, pues eleva la vibración global de la Tierra y la acerca a la del Cielo.

Uno de los acontecimientos más significativos en el restablecimiento de la unidad en nuestras vidas personales y en el planeta en general fueron los atentados del 11 de setiembre de 2001 en Estados Unidos. Aquellos que murieron en el ataque se habían ofrecido voluntarios para estar en el lugar pertinente en el momento preciso. Sus Yoes Superiores habían aceptado abandonar de este modo el plano de la Tierra y, aunque las almas que partieron tardaron unos días en liberarse de su existencia previa, muy pocas experimentaron dificultades en su transición. Al irse de esta forma tan dramática y dolorosa, las llamadas «víctimas del terrorismo» lograron en unos instantes una hazaña que, de otra forma, habría supuesto muchos años conseguir. Cuando alguien muere se crea un portal o vórtice que permite que el alma de la persona transite al otro lado del velo (mundo espiritual). En la mayoría de los casos, la muerte ayuda a modificar gran parte de las energías negativas de esta persona y de su entorno inmediato.

A lo largo de los siglos, la humanidad en general ha acumulado gran cantidad de energías discordantes y destructivas en su consciencia colectiva. Las grandes olas de odio y violencia y también las pequeñas pero constantes olas de tensión han circulado a través de la consciencia mundial. Casi todos los individuos que han habitado en este planeta han contribuido al estrés y la tensión colectiva de mil maneras. Todos hemos contribuido a esta acumulación con nuestros pensamientos, comportamientos y acciones individuales. De vez en cuando fue necesario dejar salir un poco de «vapor» a fin de evitar una erupción más grande, como si se tratara de otra guerra mundial. La muerte de un gran número de personas es una de las maneras de evitar mayores calamidades y de permitir que la consciencia colectiva dé un salto evolutivo más grande. Cuando miles de personas abandonan su cuerpo al mismo tiempo, se crea un inmenso portal. Esto fue lo que ocurrió, por ejemplo, en el holocausto de la segunda guerra mundial y en cualquier desastre natural de la historia humana, o siempre que cientos de miles de personas perdieron sus vidas. Recientemente, una ola poderosa de energía violenta necesitó tomar tierra y tuvo que aterrizar en alguna parte. Estados Unidos resultó ser un lugar adecuado por su capacidad para recibir y modificar una enorme cantidad de tensión y de odio.

Cuando se derrumbaron las Torres Gemelas, las almas que se fueron abrieron un portal o vórtice que permitió el desvío de gran parte de las energías oscuras que quedaban en la Tierra. La muerte física simultánea de aquellos cuyas almas se habían ofrecido voluntarias para estar en las Torres Gemelas y en el Pentágono en el momento de los atentados permitió modificar una gran porción del odio y el sufrimiento del mundo. Al abrir el portal, «agujerearon» el velo existente entre las dimensiones superiores e inferiores de la realidad, creando así el último puente que la humanidad pudo «atravesar». Cuando estos héroes de la Luz se reúnan con sus familias en un futuro no muy lejano, todo el dolor y el sufrimiento que creó este evento y aquellos similares se convertirán en felicidad y exuberancia. La abertura o fisura del velo no sólo está absorbiendo los últimos restos de la energía oscura del planeta (como una aspiradora), sino que también permite que accedan al plano de la Tierra grandes cantidades de Luz espiritual. A medida que la oscuridad abandone el planeta y mane la Luz, todo lo que ha cegado a la humanidad a lo largo de los siglos se transformará en sabiduría, poder y amor.

Depende completamente de nosotros cuánta energía lumínica recuperemos y utilicemos. A fin de que la transmisión sea fluida, cada uno de nosotros debe dar prioridad al amor, la sabiduría, la compasión y la verdad en lugar de la rabia, el odio, la agresión y la violencia. Es nuestro deber sustituir la oscuridad de la división por la Luz Divina de la Unidad. Cada uno de nosotros tiene un papel en esta gran tarea y nadie es más importante que los demás. Tal vez haya más acontecimientos como los que ocurrieron en septiembre de 2001, pero es importante que recordemos que todos formarán parte de una imagen más grande que nos beneficiará a todos. Algunos de nosotros escogeremos residir en el lado oscuro de la imagen. Si las personas confunden la liberación de patrones negativos con un incremento del miedo, el odio y la agresión, creerán que las cosas están empeorando en sus vidas y en el mundo, lo cual hará que se aferren a los patrones negativos que están apareciendo para curarse. Residir en los lados negativos de estos acontecimientos o situaciones les llevarán a las vibraciones inferiores del miedo y la rabia, sembrando nuevas semillas de violencia y venganza. Por otro lado, cada vez más personas decidiremos ver más allá de la apariencia e identificar el profundo objetivo de estos sucesos. Esto multiplicará sus efectos beneficiosos (de limpieza y curación) e intensificará el poder del amor, la unidad y la libertad para toda la humanidad.

Todos estamos saliendo de la experiencia de dos y tres dimensiones que nos ha mantenido en la oscuridad, la enfermedad y el sufrimiento a lo largo de los siglos. Al mismo tiempo, estamos alzándonos a la cuarta y quinta dimensión de la realidad, donde la vida paradisíaca será la *única* realidad. La liberación de las limitaciones, el cumplimiento instantáneo de los deseos y la juventud eterna son algunos de los antiguos sueños que están destinados a hacerse realidad en cuanto entremos en el nuevo estado de conciencia dimensional superior. El cambio hacia la consciencia superior será como despertarse de una pesadilla. Nuestro nuevo canal de percepción sólo nos permitirá ver perfección en todas partes y experimentar amor incondicional, un crecimiento constante y un potencial sin límites.

No habrá lugar para las enfermedades, el miedo, la rabia, los abusos, los celos, la intolerancia, la codicia, el egoísmo, el castigo, etcétera en el nuevo mundo, lo cual es el motivo por el que ahora nos estamos enfrentando a la dura tarea de abandonar todas nuestras limitaciones. En realidad, podemos decidir si queremos avanzar al Cielo sobre la Tierra o continuar en el sendero de la densidad física (en algún lugar distinto de la Tierra). La fuerte afluencia actual de energía cósmica que está penetrando en la Tierra lleva a nuestra atención antiguos problemas personales relacionados con la salud del cuerpo y la mente, con traumas emocionales, con las relaciones, el trabajo, la economía, la política, las creencias religiosas, etcétera. Esto nos permite tratarlos y liberarnos de sus efectos confinantes. Los antiguos sistemas mundiales están en medio de una gran confusión y a punto de colapsarse porque lo que los motivaba –el miedo y la codicia– está desapareciendo gradualmente de este planeta y situándose en otro planeta donde sus subdivisiones todavía son útiles y bienvenidas.

Al mismo tiempo, las actitudes de aceptación y complacencia están recibiendo un mayor impulso para realizar cambios importantes en la vida de uno. Pero dado que el tiempo se mueve a una velocidad mucho mayor que antes, las horas, los días, las semanas, los meses e incluso los años parecen pasar tan rápidamente que casi sentimos que se nos está agotando el tiempo, lo cual acelera drásticamente todos los cambios y los sucesos. Las nuevas energías nos brindan la oportunidad de encontrar soluciones duraderas a nuestros problemas y traer amor y armonía a nuestras vidas. Estamos en el proceso de despertar y comprender que nos merecemos lo mejor de todo porque somos uno con todo. El sendero para encontrar nuestro camino de regreso a «casa» puede ser placentero y sencillo para algunos y difícil y duro para otros, aunque al final no importa *cómo* lleguemos, sino que lo único que importa es llegar.

La creación de un templo de Dios

Aunque la humanidad en general todavía sufre mucha pobreza, enfermedades y confusión, aquellos que han elegido avanzar a las siguientes dimensiones pronto encontrarán su camino hacia la luz de las soluciones, las oportunidades y la libertad. Todos disponemos de un poco más de tiempo para esta fase transitoria de ajustes y toma de decisiones. A fin de superar a salvo esta fase de transición, debemos escuchar y apreciar nuestro cuerpo, porque es el templo del Espíritu –Dios Más Elevado, el último estado del Yo.

Si nuestro cuerpo ahora nos da algún problema, es aconsejable tratar de atender a sus necesidades en la medida que sea posible y permitirnos sentir lo que surja. La eliminación de antiguos residuos mentales, físicos y emocionales es la causa de la mayor parte de los malestares. Proporcionar al cuerpo una buena purificación y nutrición contribuirá a acelerar la velocidad del proceso. En realidad, debido al influjo de energías más potentes en el planeta, ahora es más importante que nunca tener un cuerpo saludable. Un cuerpo congestionado es probable que sufra y fracase en su suave y cómoda ascensión hacia la consciencia superior.

La eliminación de los síntomas de una enfermedad con fármacos, operaciones o estimulantes es sinónimo de negación o miedo, que puede hacernos sentir letárgicos o entumecidos e incluso estar más incómodos. Saber que el cuerpo nos está ayudando de todas las formas posibles puede facilitar la eliminación. Es aconsejable preguntarle a nuestro cuerpo (en voz alta) por qué y dónde no se siente bien. Si se trata de los ojos, ¿qué es lo que uno se está resistiendo a ver o quiere ver demasiado? Si se trata de nuestra garganta/tiroides (infección, disfunción, etcétera), ¿qué es lo que uno teme expresar? Si es en el hígado, ¿de quién o de qué uno siente resentimiento? Si es una enfermedad del colon, el estómago o la vesícula, ¿qué es lo que teme resolver o eliminar? ¿Sus piernas han perdido su utilidad? Cabe preguntarse a uno mismo si teme ser promocionado, adquirir más responsabilidad o avanzar en la vida. Es conveniente «sentir» las respuestas; no hay ninguna necesidad de comprenderlas intelectualmente.

Esta forma de diagnosticarse a uno mismo es también una de las formas de autocuración más profundas. El lector debe quedarse con ese sentimiento incluso aunque se vuelva más y más poderoso mientras lo está haciendo. Conviene dejar que se acumule hasta que sea casi insoportable, y en este momento podrá dejarlo escapar adonde va por sí solo, donde uno ya no tiene que luchar contra él o rechazarlo.

Le aconsejo que averigüe qué parte de su cuerpo evoca vergüenza u odio hacia sí mismo. ¿Le avergüenza tener una barriga demasiado grande, una nariz demasiado larga o una cara excesivamente pálida? ¿Qué áreas de su cuerpo trata de tapar u ocultar con prendas de ropa ingeniosamente diseñadas, maquillaje, colorantes, *liftings*, etcétera? La sociedad tiene una definición muy reducida del glamur. Su noción de la belleza deja muy pocas posibilidades para que la mayoría de nosotros nos consideremos bellos. Sin embargo, cada parte de uno mismo es maravillosa y espléndida. ¿Por qué, por ejemplo, debemos ocultar nuestras lágrimas? Llorar es una de las formas más poderosas que tiene el cuerpo para liberarse de sentimientos reprimidos y curar antiguas heridas emocionales. Las personas que ven llorar a otra persona abren espontáneamente sus corazones al amor, el perdón y la compasión. Las lágrimas tienen una forma mágica de eliminar las barreras entre las personas.

Tener el período no es algo abominable; forma parte del ciclo preparativo para crear una nueva vida, eliminar productos de desecho del cuerpo y ayudarlo a permanecer joven y equilibrado. Muchas personas consideran que las heces, la orina y el sudor son un estorbo, cuando en realidad son las funciones más esenciales que mantienen el cuerpo sano y fuerte. Quienes sufren estreñimiento nunca se sienten bien ni cómodos consigo mismos. El lector puede preguntarle a una mujer con cistitis cómo se siente. El cuerpo utiliza los residuos porque todavía hay «asuntos pendientes» que requieren la propia atención (afectuosa).

Descubra qué desprecia o rechaza de su cuerpo. ¿Qué parte(s) de su cuerpo no le gusta mirar o que miren sus amigos o pareja? Siempre que uno, consciente o inconscientemente se resiste, niega o detesta un aspecto de su anatomía o fisiología, está privándolo de energía y de amor. Si no se presta una atención afectuosa a cada parte del propio cuerpo, está destinado a crear o a mantener problemas en ella. Es conveniente que los problemas físicos persistan mientras uno no acepte completamente que es una persona adorable.

Las enfermedades no son sino una llamada de atención del cuerpo para hacernos saber que le estamos enviando miedo, rabia, odio, vergüenza o culpa. Las frases como: «El corazón me está dando problemas» o «el dolor de las articulaciones me está arruinando la vida» son profecías autocumplidas difíciles de combatir. Al estar atemorizados de nuestro propio corazón, riñones, estómago, hígado, cerebro, ovarios, próstata, sangre, huesos, etcétera, provocamos un cortocircuito en el suministro de energía y nutrientes a estas partes del cuerpo y saboteamos la autocuración. Nuestra energía de amor es el combustible esencial para la curación y el rejuvenecimiento. Si el lector acepta y aprecia cualquier parte de su cuerpo que no le gusta o que rechaza, ésta se transformará milagrosamente. La nueva visión de su físico facilitará en gran medida la manera en que es capaz de tratar con las nuevas energías que están fluyendo a nuestro cuerpo ahora mismo.

Si el lector se siente confuso o tiene problemas en una relación íntima, puede que sea porque no es capaz de relacionarse con su Yo Superior. Las fuentes externas de información e influencias negativas pueden interferir con su diálogo interior. Obtendrá un beneficio mucho mayor si deja de ver el televisor y de leer el periódico; en su lugar, es más aconsejable que aprenda a escuchar sus mensajes interiores. Puede ayudarle a identificarlos dedicar unos minutos al día a mediatr o a estar con la naturaleza. Está fluyendo nueva luz y energía en cada uno de nosotros, por lo que debemos estar preparados para tratar con ella de una forma que no cause estragos en el cuerpo. El cuerpo necesita convertirse en un verdadero templo de Dios para ser capaz de aceptar, mantener y trabajar con estas energías superiores.

Cada vez que recibimos una intensificación de la vibración, el cuerpo necesita tratar con frecuencias mayores, lo cual no resulta muy difícil si es relativamente puro y está libres de toxinas. Si el cuerpo no ha funcionado bien con anterioridad o no está nutrido adecuadamente con alimentos puros, aire limpio, agua fresca y amor, ahora estará exigiendo nuestra atención de forma persistente. Cuando no está alineado con el Espíritu, el cuerpo se desequilibra y pide auxilio. Normalmente es cuando buscamos ayuda.

Hacerse responsable de uno mismo

Podemos cambiar nuestra realidad personal si reconocemos que somos lo suficientemente poderosos como para cambiarla. Tenemos a nuestra disposición el poder para alinear nuestro yo individual con nuestro yo cósmico y propósito divino; lo único que debemos hacer es estar tranquilos, solicitarlo y escuchar nuestra sabiduría interior. Esto también se puede aplicar a la mayoría de enfermedades físicas. Los métodos comunes de intervención médica, como los fármacos, las pruebas médicas, la cirugía, etcétera, a menos que se empleen por emergencia, son muy primitivos y ya no resultan suficientes para tratar con eficacia los problemas físicos y proporcionar un alivio duradero. De hecho, pueden causar más problemas de los que pueden resolver, de ahí el aumento de enfermedades y fatalidades causadas por médicos, fármacos y diagnósticos. Dado que todos nuestros problemas personales (que, en realidad, son nuestras soluciones) se derivan de nuestras propias acciones pasadas (incluidas las de otras vidas), nuestra participación activa en el proceso de curación es nuestra mejor manera de eliminar todas las dificultades físicas, emocionales y mentales.

A fin de ayudar a nuestro cuerpo a aceptar y sustentar la cantidad siempre en aumento de luz y energía que se filtra en todos los aspectos de nuestro ser, necesitamos purificarlo. Sin duda, no es casual que estén saliendo a la luz métodos tan básicos para la salud y el rejuvenecimiento como la limpieza hepática, el lavado intestinal, la limpieza renal, la limpieza de tejidos y muchos otros enfoques de limpieza y rejuvenecimiento. Además, cada día un número creciente de personas reconoce la gran importancia de seguir una dieta y estilo de vida equilibrados.[10] Esto forma parte del plan divino, que nos proporciona todas las ayudas posibles para pasar la corriente de la fase de transición sin experimentar demasiadas dificultades.

La decisión es nuestra

Todas las enseñanzas provienen del interior. Cada persona, en función de sus raíces kármicas personales y su objetivo único en la vida, recibirá lo que sea necesario para proceder en su viaje. Por consiguiente, todas las circunstancias y las personas son perfectas tal y como son. Si sentimos la necesidad de cambiarlas, quiere decir que tenemos miedo de no

---

10. Los libros del autor, *Limpieza hepática y de la vesícula* y *Los secretos eternos de la salud* ofrecen un conjunto completo de información sobre cómo limpiar, nutrir y rejuvenecer el cuerpo.

ser suficientemente buenos, el cual está motivado por la falsa esperanza de que si arreglamos la situación o los problemas de otra persona, nuestros propios problemas también se resolverán. Esta creencia también supone una falta de confianza y de conocimiento de que cada uno de nosotros sólo puede crear o recibir lo que más le conviene; nada más ni nada menos. Tratar de «mejorar» las cosas de alguien que no nos lo ha pedido lo priva de una oportunidad de fortalecerse en un área de debilidad, y como tal, tiene poco que ver con el amor. Por otro lado, estar allí cuando alguien lo necesita *y nos pide ayuda* puede abrir los corazones de todos los implicados y alterar patrones de comportamiento en que se puedan haber quedado atascados.

Los acontecimientos desastrosos, como el 11 de septiembre de 2001, los huracanes en Estados Unidos y el tsunami en Indonesia tienen lugar para acercar los corazones humanos y unir el gran espacio que existe entre los ricos y los pobres, los afortunados y los menos afortunados. Estamos retados a estar allí para los demás, desarrollar los grandes poderes de amor y compasión en nuestro interior, sin los cuales este mundo, sin duda, se habría autodestruido.

Dado que estamos en el umbral de cambios todavía más drásticos en la Tierra, necesitamos cuidarnos de todos los aspectos de nuestras vidas, así como prepararnos para ofrecer cualquier servicio a los demás que elijan estar preparados y deseen aceptarlo. En este momento todos dependemos de los demás y podemos ayudarnos, pero debemos comprender que los verdaderos cambios sólo ocurren cuando, individual y conscientemente, decidimos hacerlo. Ahora ha llegado la hora de elegir. A nivel colectivo podemos hacer que esta última etapa de nuestro viaje hacia las dimensiones superiores de nuestro propio Yo sean tan cómodas y maravillosas como sea posible. Juntos podemos hacer que nuestro sueño más antiguo se haga realidad: el Cielo sobre la Tierra.

En cualquier momento dado podemos hacer múltiples elecciones en nuestra vida. Cada una de ellas nos dirige a un conjunto distinto de consecuencias. Por ejemplo, cuando vamos en automóvil, por una ciudad, podemos elegir pasar por distintas calles y cada una de ellas nos llevará a un destino diferente. Incluso si decidimos ir sólo a un lugar en concreto, todavía tenemos la elección de ir a cualquiera de los otros lugares. Si escogiéramos ir al peluquero, crearíamos unos hechos completamente distintos que si hubiéramos decidido ir al aeropuerto y viajar a otro país.

Cada nuevo momento nos proporciona la oportunidad de hacer múltiples elecciones.

Lo más maravilloso de poder elegir es que nunca podemos equivocarnos. En realidad, buscamos y cumplimos cada elección que podemos con nuestros pensamientos y acciones, y si no ocurre en la esfera humana de la realidad tridimensional, entonces, sin duda, en un nivel dimensional superior. Nuestro Yo Superior vive cada acontecimiento potencial que no se ha manifestado en nuestra vida física. Algunas veces podemos reconocer en nuestros sueños algunas de estas elecciones potenciales de forma simbólica. La elección siempre es nuestra: qué potenciales preferimos manifestar en nuestra forma humana y cuáles en nuestra forma divina. Sin embargo, ninguna de ellas puede perderse. Siempre hacemos todas las elecciones posibles simultáneamente y todas son perfectas para nosotros. Siguiendo con el ejemplo descrito antes, si uno decidiera ir al peluquero, su Yo Superior experimentaría la otra realidad potencial de conducir al aeropuerto.

He aquí otro ejemplo. Si hoy decidiera divorciarse de su cónyuge o dejar su trabajo, en el plano de su Yo Superior seguiría buscando todas las demás posibilidades, tales como reconciliarse con la pareja o mantener su trabajo. Cualquiera que sea su decisión nunca puede equivocarse. Las elecciones que uno hace en su vida son las únicas que adquieren vida en el mundo tridimensional. Todas las demás también pueden hacerse realidad, aunque sólo en forma de elementos dimensionales superiores de energía. Nunca perdemos ninguna experiencia potencial. Nuestro Yo Superior sigue el rastro de todas las numerosas posibilidades mientras nosotros representamos la elegida.

Cuanto más fino es el velo entre nuestro yo humano y nuestro Yo Superior, más conscientes nos volvemos de las realidades paralelas o potenciales en las que vive nuestro Yo Superior. Todas las decisiones que hemos tomado en nuestra vida nos han permitido acercarnos un poco más a este momento preciso del tiempo a medida que descubrimos la ilusión desde nuestra conciencia. La vida no es un camino tortuoso. Los ensayos y los errores, los grandes desafíos y sufrimientos que tuvimos que soportar en este largo viaje de despertar no fueron en vano. Nuestros yoes humanos escogieron el camino lleno de baches a fin de dar un poco de luz de amor a la oscuridad y la densidad de la existencia inferior, mientras que nuestro Yo Superior tuvo la tarea de representar los potenciales fáciles y gloriosos.

Afortunadamente, nuestro difícil viaje (humano) está llegando a su fin. Nuestros caminos divinos y humanos se están cruzando y formando un solo camino. Así es como estamos creando el Cielo sobre la Tierra. La decisión final que debemos tomar ahora es ensalzar todas las decisiones que hemos tomado (y todavía tomamos), por ser las más adecuadas, sagradas y útiles, independientemente de lo equivocadas o dolorosas que nos hayan parecido. Así pondremos fin a la era de los conflictos, las guerras civiles y el sufrimiento. Vivir libres de juzgarnos será la fuerza principal tras la creación y el mantenimiento de un mundo lleno de amor, paz y prosperidad. Esta liberación de los juicios de valor es el mensaje eterno que aguarda en nuestro interior. Para recibirlo, basta con descubrir el velo de la dualidad.

Vemos ante nuestros ojos una gran contienda civil. Nadie lo comprende mejor, o es más sabio que el salvador omnipotente de su interior. Confía en tus instintos. Desbloquea las promesas que hay en tu interior. Busca tu mensaje eterno. Respira profundamente el aire de los océanos y las montañas. Alá ha hablado.

Alá
Canalizado el 14 de abril de 2001

MÉTODOS PARA VIVIR SIN JUZGARSE PARA SER UN MAESTRO DE LA VIDA

Ocho lecciones

Con la lectura de las páginas de este libro, el lector ha emprendido los primeros pasos de su viaje hacia la Libertad y la Maestría. Las siguientes ocho lecciones resumen el material y pueden orientarlo en su camino. Es aconsejable que recurra a ellas a menudo y permita que su conocimiento ocupe su atención a diario. Más adelante se dará cuenta de que vivir sin juzgarse, el dominio resultante de la vida, estará cada vez más y más presente en sí mismo a medida que el viaje continúa.

1. *Dar significado conscientemente y apreciar todo lo que nos ocurre.* Cualquier significado que otorgamos a un evento o situación conforma literalmente nuestra realidad. La libre voluntad o la libertad para elegir es nuestro mejor obsequio. Incluso nos permite dar nuevos significados a cosas que ya han ocurrido, lo que altera nuestra realidad presente y futura. Cuando uno es el maestro supremo de su propio destino, crea conscientemente la actitud de que cada momento de su vida es un momento divino, bendito con oportunidades trascendentales para crecer y aprender. Puede haber días en los que uno se sienta deprimido o débil y no entienda por qué. Es aconsejable permitir que ocurran estos cambios y darles el significado que se prefiera. Debemos comprender que *todos* los cambios nos ayudan a aprender y crecer y son beneficiosos para nosotros. Si uno sufre un «trastorno de estrés postraumático», cabe saber que no hay ninguna necesidad de seguir estresado. Abandonemos lo antiguo, pues sólo nos agota, y creemos así el espacio para que surja lo nuevo. Si el momento divino nos crea incertidumbre y confusión, es aconsejable dejarlo como está y esperar a que amanezca. Hay un momento ideal para todo.

2. *Saber que en la vida no hay eventos, personas ni situaciones positivas o negativas.* Sólo aparecen disfrazadas como tal. Todas están para ayudarnos a alcanzar la completa integración con nuestro Yo Superior. En el universo no hay separaciones ni distinciones verdaderas; solamente hay cambios de forma para el beneficio de todos. Cabe saber que uno puede ser amado sin limitaciones, pues todos representamos una pieza del gigante rompecabezas de la vida. Los conflictos y las polaridades a las que nos tenemos que enfrentar para ayudar a construir esta perspectiva más grande tienen muy poca importancia. Lo que realmente importa es que uno siempre es una parte esencial de ésta, independientemente de lo feliz o triste que le parezca la vida. Uno es hermoso en todos los aspectos. La apariencia externa es engañosa y no revela nuestra naturaleza divina. Le aconsejo al lector que sienta estas palabras en su corazón, porque serán su puerta hacia la libertad, la felicidad y todas las posibilidades.

3. *Recibir, aceptar, celebrar y expresar gratitud por todo lo que nos ocurre en la vida.* No hay nada más perfecto que lo que cada momento le proporciona a nuestra vida, de manera que, ¿por qué juzgar y lamentarse por lo que más nos conviene? Debemos ver a través de la ilusión de la apariencia y reconocer que uno está dirigiendo su vida para obtener el máximo beneficio, independientemente de lo útil o inútil que algo parezca. Cabe insistir en que todo es bueno y saber que muy a menudo las mejores cosas de la vida vienen camufladas entre las desgracias. Es aconsejable observar todas nuestras resistencias y elogiarlas hasta que desaparezcan. Evitemos las limitaciones que hacen que nuestro corazón sólo fluya en una o dos direcciones; de lo contrario, nunca estará abierto ni será libre. Seamos una bendición para todo e insistamos en que todo es bueno. Y si, por ahora, el lector no puede contemplar la imagen más grande, que confíe en su Yo Superior, porque es lo suficientemente poderoso para hacerse cargo de todo de la mejor manera posible.

4. *Animarse cuando las cosas no ocurren conforme a nuestros deseos.* No disponer de las cosas que desea nuestro ego puede beneficiarnos y acercarnos a nuestro yo esencial, que no tiene lazos con nada. La libertad amanecerá cuando no deseemos nada y ganemos todo. No tener expectativas (vástagos del miedo) libera nuestra alma y nos trae los mayores

tesoros imaginables. El lector debe confiar en que hay una visión más grande que cubre todo lo que hace. La ha diseñado para sí mismo junto con los demás. En esta perspectiva más amplia, siempre está protegido y nunca está solo, incluso aunque esté atravesando la «noche oscura del alma». Perder todo lo que uno cree que necesita le ayuda a «encontrarse» a sí mismo, que es el mayor descubrimiento que podría hacer. Por tanto, debe estar agradecido por todas las pérdidas que ha sufrido en su vida, pues lo han acercado al conocimiento de quién es.

5. *Permitirse a uno mismo conscientemente juzgar.* Juzgar nos pone en contacto con los miedos y las creencias que nos impulsan a emitir juicios. Los juicios de valor han sido nuestra herramienta en el mundo de la dualidad; nos han proporcionado las lecciones más importantes de nuestra vida. Debemos alabarlos con amor y gratitud y aceptarlos por el papel que han desempeñado por nosotros. Han tenido una utilidad, pero ahora ya no los necesitamos más. Pelearse, luchar contra algo o resistirse a cualquier cosa o a cualquier persona sólo hace que mantener la cárcel de la dualidad y la necesidad de seguir juzgando. Sea cual sea el aspecto que rechazamos o que no nos gusta de los demás, es aconsejable que nos demos permiso para hacerlo nosotros mismos y así dejaremos de verlo como un motivo de preocupación y fastidio. Debemos atrevernos a cometer errores. Liberemos el miedo a crear algo nuevo en nuestra vida con una exhalación. Renunciemos a la idea de que es necesario luchar contra las adversidades de la vida. En lugar de ello, podemos simplemente ceder a todo lo que nos resistimos; la necesidad de juzgar desaparecerá del mismo modo que una pluma es arrastrada por el viento.

6. *Observar el símbolo de la doble espiral para que el alma recuerde la perspectiva más amplia de las cosas.* Las espirales opuestas de la dualidad están unidas eternamente en el resplandeciente intersticio del ser puro: el Yo. Independientemente de si uno considera las situaciones en términos de positivas o negativas, correctas o erróneas, buenas o malas, etcétera, todas ellas provienen y se dirigen al espacio eterno del momento divino, que es la conexión con nuestro Yo Superior. No importa qué ruta tomemos. No es necesario que intentemos ser buenas personas para ser merecedores de la iluminación. La dualidad es un amigo cuyo único propósito es llevarnos al hogar al que pertenecemos, para *ser*

nuestro verdadero Yo y para ser *verdaderos* con nuestro Yo. Es necesario aprender de todas nuestras experiencias, incluso aunque nos parezcan desfavorables y severas, saber que siempre estamos a salvo y recordar que nadie, excepto nosotros, nos está juzgando verdaderamente.

7. *Tratar el cuerpo lo mejor posible*, porque es nuestra puerta hacia el paraíso, el templo de Dios interior. Uno *es* Dios del mismo modo que la ola del mar *es* el mar. Todo lo que hacemos para ayudar al cuerpo a incrementar su pureza es visto como un obsequio de amor al universo, nuestro Yo Superior. Debemos limpiar nuestros órganos de las impurezas, alimentar nuestro cuerpo con alimentos naturales y proporcionarle el descanso que necesita. Tratemos cada parte de nuestro cuerpo con el mayor respeto y aceptación y, a cambio, nos premiará con alegría, felicidad y vitalidad siempre que lo deseemos.

8. *Saber que somos maestros que hemos asumido el papel de estudiantes*. Uno siempre ha sido el director ejecutivo de su vida porque la ley universal de la no interferencia impide que sea de otra manera. Esto ha dirigido nuestra vida hasta el lugar en el que ahora se halla. Debemos elogiarlo porque cada inspiración que hicimos y cada instante que percibimos fueron para nuestro mayor beneficio. Cualquiera que sea el significado que hemos otorgado a un evento o situación, éste se ha convertido en nuestra realidad. El *libre albedrío* o libertad de elección ha sido hasta el momento nuestro mayor obsequio. Ha sido nuestra herramienta para crear cosas que no existían antes y también nos ha permitido explorar y aprender todas las complejidades y simplicidades de la vida en la dualidad. El libre albedrío nos ha permitido incluso dar nuevos significados a las cosas que ahora forman parte de nuestro pasado. Debido a estos nuevos significados, nuestra nueva actitud y comprensión respecto a nuestro pasado ha alterado nuestra realidad presente y futura. Gracias a todo esto hemos aprendido que no somos esclavos del destino, sino maestros, lo cual ahora nos permite decretar que cada momento de nuestra vida es un momento divino, bendito de oportunidades trascendentales para crecer y aprender. Lo único que se nos pide es convertirnos en *Voluntad Divina*, que es la voluntad de nuestro Yo Universal o Yo Dios. Lo más bello de ser Voluntad Divina es que no estamos obligados a nada, sino a ser quienes ya somos. Podemos respirar en nuestra propia

Divinidad y propagarla allá donde vayamos. Ya no necesitamos buscar a nadie que nos guíe para estar seguros y a salvo. Mientras que la libertad nos ayuda a navegar en el campo de la dualidad, la Voluntad Divina nos permite salir de ella y disfrutar eternamente de la libertad personificada de la Unidad Eterna. Por encima de todo, es aconsejable elegir el gozo de todo lo que hacemos, porque es el ancla del único Origen de la vida.

SAGRADA SANTIMONIA- PARA UNA SANACIÓN EMOCIONAL

La Sagrada Santimonia es un sistema de curación único que utiliza sonidos de palabras específicas para equilibrar las profundas inestabilidades emocionales y espirituales. Las poderosas palabras de la Sagrada Santimonia están formadas por el uso pleno de letras de un lenguaje ancestral, un lenguaje que se compone de los sonidos básicos que subyacen a toda manifestación física y la expresan. Las letras de la lengua antigua vibran a un nivel mucho más elevado que nuestras lenguas modernas, y cuando se combinan para formar palabras, generan sentimientos de paz y armonía (Santimonia) para calmar las tormentas de inquietud, violencia y caos, tanto internas como externas.

En abril de 2002 empecé a cantar de forma espontánea sonidos destinados a mejorar ciertas condiciones de salud. Estos sonidos son parecidos a los cantos de los nativos americanos, los monjes tibetanos y los expertos védicos (sánscrito), y a lenguas de otros sistemas estelares (desconocidas en el planeta Tierra). En cuestión de dos semanas fui capaz de crear sonidos que eliminarían instantáneamente bloqueos y resistencias emocionales o miedos a ciertas situaciones y personas, alimentos, productos químicos, pensamientos, creencias, etcétera. He aquí unos pocos ejemplos de lo que nos puede ayudar la Sagrada Santimonia:

- Reducir o eliminar el miedo relacionado con la muerte, las enfermedades, el cuerpo, los alimentos, las sustancias químicas nocivas, los padres y otras personas, la falta de riquezas, el empobrecimiento, las fobias, las amenazas ambientales, el futuro y el pasado, la inestabilidad de las tendencias económicas, la inquietud política, etcétera.
- Eliminar o minimizar los efectos una herida, decepción o enfado actual que resulte de experiencias emocionales traumáticas o negativas del pasado.

- Eliminar de los *Registros Akásicos* (una grabación de todas las experiencias que ha reunido el alma a lo largo de todas las vidas) los elementos temerosos persistentes, como la idea y el concepto de que estamos separados y no somos uno con el Espíritu, Dios o nuestro Yo Superior.
- Fijar las condiciones previas para resolver nuestros asuntos kármicos, no con dolor y sufrimiento, sino con creatividad y alegría.
- Mejorar o eliminar alergias e intolerancias a alimentos, sustancias químicas, pesticidas, herbicidas, contaminantes del aire, radiación, medicamentos, subproductos farmacéuticos, etcétera.
- Deshacer las causas psicoemocionales de raíz de las enfermedades crónicas como el cáncer, las cardiopatías, la esclerosis múltiple, la diabetes, la artritis, los trastornos cerebrales, la depresión, etcétera.
- Resolver otras dificultades o barreras de la vida «convirtiéndolas» en las útiles bendiciones que realmente son.

Para concertar una sesión personal de Sagrada Santimonia con Andreas Moritz, por favor siga las mismas indicaciones que se ofrecen más adelante para las consultas telefónicas.

Arte Ener-Chi—Medicina eterna

Andreas Moritz ha desarrollado un nuevo método de curación y rejuvenecimiento ideado para restaurar la energía básica de la vida (chi) de un órgano o de un sistema del cuerpo en cuestión de segundos. Simultáneamente, también contribuye a equilibrar las causas emocionales de las enfermedades.

Los enfoques de curación orientales, como la acupuntura y el Shiatsu, tienen la finalidad de intensificar el bienestar estimulando y equilibrando el flujo del chi hacia los distintos órganos y sistemas del organismo. De forma similar, las energías de Arte Ener-Chi están diseñadas para restaurar un flujo equilibrado de chi por todo el cuerpo.

Según los métodos de salud y curación más antiguos, el flujo equilibrado de chi es el factor determinante para tener un cuerpo y una mente sanos. Cuando el chi fluye por todo el cuerpo sin obstáculos, se mantiene la salud y la vitalidad. Al contrario, si el flujo de chi se interrumpe o reduce, la salud y la vitalidad tienden a disminuir.

Una persona puede determinar el grado de equilibrio del flujo de chi en los órganos y sistemas de su organismo con un simple procedimiento de prueba muscular. Para comprobar la efectividad de Arte Ener-Chi, es importante hacerse la prueba antes y después de observar cada pintura de Arte Ener-Chi.

A fin de que la aplicación de este sistema resulte sencilla, Andreas ha creado numerosas pinturas curativas que han sido «activadas» con un procedimiento único que imbuye cada obra de arte con rayos de colores específicos (derivados de dimensiones superiores). Para obtener el máximo beneficio de una pintura de Arte Ener-Chi, el único requisito es observarla poco menos de un minuto. En este tiempo, el flujo de chi dentro del órgano o sistema se restaura por completo. Cuando se aplica a todos los órganos y sistemas del cuerpo, Arte Ener-Chi fija la condición previa para que todo el cuerpo se cure y se rejuvenezca a sí mismo.

Piedras Ionizadas Ener-Chi

Las piedras ionizadas Ener-Chi son piedras y cristales que han sido energizados, activados e imbuidos con fuerza vital a través de un proceso especial introducido por Andreas Moritz, el fundador del Arte Ener-Chi.

Si la ionización de las piedras no se había intentado antes es porque las piedras y las rocas raras veces se han considerado útiles en el campo de la curación. Sin embargo, las piedras tienen el poder inherente de mantener y liberar grandes cantidades de información y energía. Una vez ionizadas, ejercen una influencia sobre el equilibrio de todo con lo que entran en contacto. La ionización de las piedras puede ser una de nuestras claves para la supervivencia en un mundo que está experimentando un alto nivel de contaminación y destrucción de sus sistemas de equilibrio ecológico.

En las primeras etapas de la evolución de la Tierra, cada partícula de materia dentro del manto del planeta contenía en su interior la arquitectura de todo el planeta, igual que las células de nuestro cuerpo contienen su estructura de ADN, la arquitectura de nuestro cuerpo. La información sobre la arquitectura dentro de cada partícula de materia todavía sigue allí; simplemente se halla en un estado latente. El proceso de ionización «redespierta» esta información y permite que se liberen las energías asociadas. En este sentido, las piedras ionizadas Ener-Chi están vivas y conscientes y son capaces de energizar, purificar y equilibrar cualquier sustancia natural con la que entren en contacto.

Usos potenciales de las piedras ionizadas

Agua ionizada
Colocar una piedra ionizada al lado de un vaso de agua alrededor de medio minuto ioniza el agua. El agua ionizada es un potente agente de limpieza que ayuda a la digestión y al metabolismo y energiza todo el cuerpo.

Alimentos ionizados
Colocar una piedra ionizada junto a la comida alrededor de medio minuto la ioniza y equilibra. Debido a las partículas contaminantes de nuestra atmósfera y suelo, incluso los alimentos orgánicos a menudo están de algún modo contaminados. Estos alimentos también sufren el impacto de la destrucción de la capa de ozono y la exposición a la radiación electromagnética en todo el planeta. El uso específico de las piedras ionizadas tiende a neutralizar estos efectos negativos.

Baño ionizado para los pies
Si colocamos piedras ionizadas (preferiblemente guijarros de superficie redonda) bajo la planta de los pies mientras están sumergidos en el agua, el cuerpo empieza a transformar las toxinas y los materiales de desecho en sustancias orgánicas inocuas.

Complemento de las terapias de curación
Las piedras ionizadas son ideales para potenciar los efectos de cualquier terapia de curación. Por ejemplo, la «terapia con piedras» es una nueva y popular terapia que ofrecen algunos centros innovadores de salud. Consiste en colocar piedras calientes en los puntos clave de energía del cuerpo. Si se ionizan estas piedras previamente a su colocación sobre el cuerpo, mejoran los efectos curativos. De hecho, colocar piedras ionizadas en cualquier parte débil o dolorida del cuerpo, incluso en

los chakras correspondientes, tiene numerosos beneficios. Si se utilizan cristales en la terapia, su ionificación previa amplifica en gran medida sus efectos positivos.

Balance de aura y chakra
Sostener una piedra ionizada o un cristal ionizado en el centro de la columna vertebral alrededor de un minuto y medio equilibra todos los chakras o centros de energía y tiende a mantenerlos equilibrados durante varias semanas o incluso meses. Dado que los desequilibrios de energía en los chakras y en el campo áurico son una de las principales causas de los problemas de salud, este procedimiento es una poderosa forma de optimizar la salud y el bienestar.

Unión a la principal cañería de agua de nuestro hogar
Adjuntar una piedra en la principal cañería de agua ioniza el agua, facilita su absorción y le proporciona energía.

Colocación dentro o cerca de la caja de fusibles de nuestro hogar
La colocación de una piedra ionizada grande dentro, encima o debajo de la caja de fusibles de nuestro hogar anula los efectos nocivos de la radiación electromagnética. Se puede verificar esta propiedad con el test muscular (como se muestra en las instrucciones de Arte Ener-Chi) delante de un televisor o de un ordenador, antes y después de colocar la piedra en la caja de fusibles. Si el lector no dispone de acceso a la caja de fusibles, puede colocar la piedra al lado del cable eléctrico de sus aparatos o cerca de los enchufes.

Uso conjunto con Arte Ener-Chi
Las piedras ionizadas pueden utilizarse para potenciar los efectos de las imágenes del Arte Ener-Chi. Simplemente debe colocarse una piedra ionizada sobre el área del cuerpo relacionada mientras se observa una imagen de Arte Ener-Chi. Por ejemplo, si se está observando una imagen de Arte Ener-Chi relacionada con el corazón, se aconseja colocar una piedra ionizada sobre esta área mientras se observa la imagen. Como la naturaleza de las energías implicadas en las imágenes y en las piedras es similar, el uso de las piedras en combinación con las imágenes crea una resonancia que optimiza enormemente el efecto global.

Ambiente energizado
Colocar una piedra ionizada cerca de los distintos objetos de nuestro entorno alrededor de medio minuto ayuda a crear un medio más energizado y equilibrado. Las piedras ionizadas afectan prácticamente a todos los materiales naturales, como el parqué, los muebles de madera o de metal y las paredes y chimeneas de piedra o ladrillo. En los espacios de trabajo, especialmente cerca de ordenadores, es aconsejable colocar una o más piedras ionizadas en sitios estratégicos. También puede hacerse en los dormitorios, por ejemplo, colocando piedras debajo de la cama o la almohada.

Crecimiento y mantenimiento de las plantas
Colocar piedras ionizadas cerca de una planta o una maceta puede mejorar su salud y belleza. Ioniza automáticamente el agua que reciben, ya sea para plantas interiores como exteriores. También pueden utilizarse en invernaderos y huertos.

Creación de más piedras ionizadas
Puede crear infinitas piedras ionizadas simplemente colocando su «piedra semilla» junto a otras piedras o cristales durante 40-50 segundos. Sus nuevas piedras tendrán los mismos efectos que la piedra original.

Símbolo de la doble espiral
Tal y como se muestra en la contraportada de este libro

La doble espiral (dos espirales con giros opuestos que convergen en un punto o espacio común) es un modelo poderoso y dinámico intrínseco a todo proceso de creación. Cada pensamiento, sentimiento y acción, cada movimiento de una ola o una partícula y las actividades de todo el universo siguen los principios básicos inherentes de este símbolo. Los reinos dévicos usan esta geometría para crear las formas y las proporciones de todos los modos de vida del universo, desde cristales diminutos hasta el ser humano y el planeta entero. De hecho, no hay nada que no siga este mismo patrón geométrico. Nuestro cerebro, todos los procesos de crecimiento y transformación del cuerpo, las complejas situaciones de la vida y las leyes que controlan las áreas de la política, la justicia, la educación, la economía, la religión, etcétera utilizan los mecanismos mostrados en este símbolo geométrico.

La imagen de la contraportada caracteriza el mismo proceso de la creación. Desde la unidad del intersticio (punto cero) emerge el modelo destructivo de la dualidad a fin de dar lugar a su modelo constructivo, para converger de nuevo en la unidad del intersticio. Lo que utilicemos para alimentar este espacio determinará nuestra nueva realidad. Cada pensamiento, sentimiento y emoción emerge del «vacío de Ser» que somos (una espiral) hasta que se expresa totalmente. Luego regresa al intersticio y desaparece de la pantalla de la mente consciente. Sin embargo, siembra las semillas para el próximo instante de nuestra realidad. Como uno siembra así cosecha. Si alimentamos el intersticio con pensamientos temerosos, se manifestará más miedo. Si alimentamos el intersticio con amor, se generará más amor. El intersticio materializa y amplifica todo lo que le damos. Sin embargo, todo lo que creamos debe destruirse, debe terminar de nuevo, porque nada dura para siempre.

El ciclo de la vida es continuo porque las dos modalidades ocurren simultáneamente y están presentes en cada momento. El intersticio representa la consciencia universal de nuestro Yo Superior; las espirales opuestas son los aspectos creativos y destructivos de la consciencia individual que se experimenta como una dualidad. La vida es completa cuando nos identificamos con los tres.

UN MENSAJE PERSONAL DEL AUTOR

Querido lector,

Te felicito por haber confiado en mí y leído hasta el final. Seguramente hayas descubierto que no es un libro común que proporcione simplemente unos aprendizajes u orientaciones básicas. El libro está codificado con el proyecto original de la vivencia natural que existe profundamente en tu interior, y la lectura de estas palabras lo aviva en tu conciencia. Esta característica convierte el libro en una herramienta práctica para la transformación interna.

Si has encontrado interesante este libro –tal vez incluso desafiante en algunas partes– te recomiendo con toda sinceridad que lo dejes a un lado durante un tiempo y que luego lo leas de nuevo. Te prometo que lo verás todo mucho más claro la segunda vez que lo leas y que el crecimiento de tu alma se beneficiará en gran medida.

Otra forma de ayudarte a ti mismo y al medio en el que vives es recomendar el libro a tus amigos. Ahora estamos tan cerca del momento de transformación/ascensión a la unidad que cuanto más hagamos por ayudarnos unos a otros, más fácil y exquisito será.

Te bendigo y doy las gracias,
Andreas

> *No dejes que el odio se entrometa entre los hombres.*
> *En la unidad hay grandeza, poder, unidad de hermandad. Deja*
> *que tenga lugar en tu interior. Siente la unión del poder y la gloria.*
> *Tú y yo no podemos separarnos porque ambos formamos parte del*
> *todo de la vida. Somos Uno.*
>
> **Malcom X**
> Canalizado el 16 de abril de 2001

SOBRE EL AUTOR

Andreas Moritz es un médico intuitivo, especialista en medicina ayurvédica, iridología, shiatsu y medicina vibracional, además de escritor y artista. Nacido en el suroeste de Alemania en 1954, Andreas tuvo que hacer frente a varias enfermedades graves desde temprana edad, lo que le impulsó a estudiar dietética, nutrición y diversos métodos de curación natural cuando todavía era un niño.

A la edad de 20 años, Andreas ya había concluido su formación en iridología (ciencia del diagnóstico a través del iris) y dietética. En 1981 empezó a estudiar medicina ayurvédica en la India y en 1991 completó su formación como médico ayurvédico en Nueva Zelanda. En lugar de darse por satisfecho con el mero tratamiento de los síntomas de las enfermedades, Andreas Moritz ha dedicado su vida entera a comprender y tratar las causas profundas de la enfermedad. Gracias a ese enfoque holístico, ha conseguido grandes éxitos en el tratamiento de enfermedades terminales en las que habían fracasado los métodos tradicionales.

Desde 1988 practica la terapia japonesa del shiatsu, que le ha permitido comprender en profundidad el sistema energético de nuestro organismo. Además, se ha dedicado durante ocho años a la investigación activa de la consciencia y de su importante papel en el terreno de la medicina mente-cuerpo.

Andreas Moritz es el autor de *Limpieza hepática y de la vesícula, Los secretos eternos de la salud, El cáncer no es una enfermedad y Diabetes ¡nunca más!*

Durante sus largos viajes por todo el mundo, el autor ha conversado con jefes de estado y políticos de muchos países de Europa, Asia y África, y ha pronunciado numerosas conferencias sobre temas de salud, el binomio cuerpo-mente y la espiritualidad. En sus populares seminarios sobre la obra *Los secretos eternos de la salud* ayuda a personas a aprender a responsabilizarse de su salud y bienestar. Andreas organiza el foro libre Ask Andreas Moritz en la popular página web Curezone.com (con más de cinco millones de lectores, que siguen aumentando). Aunque el autor últimamente ha dejado de escribir para el foro, éste alberga un extenso archivo con respuestas a miles de preguntas de prácticamente todos los temas de salud.

Tras trasladarse a Estados Unidos en 1998, Moritz se ha dedicado a desarrollar un innovador sistema de curación –el llamado Arte Ener-Chi–, que apunta a las raíces más profundas de muchas de las enfermedades crónicas. Arte Ener-Chi consiste en una serie de pinturas al óleo codificadas con rayos de luz capaces de restaurar al instante el flujo de la energía vital (chi) en todos los órganos y sistemas del cuerpo humano. Moritz es también fundador de la Sagrada Santimonia: un canto divino para cada ocasión, es decir, un sistema de frecuencias sonoras especialmente generadas que puede, en sólo unos instantes, transformar temores profundamente arraigados, traumas y bloqueos mentales y emocionales en oportunidades para el crecimiento y la inspiración.

Otras obras, de Andreas Moritz, disponibles en castellano

Limpieza hepática y de la vesícula
Una poderosa herramienta para optimizar su salud y bienestar

Los secretos eternos de la salud – **Medicina de vanguardia para el siglo XXI**

El cáncer no es una enfermedad sino un mecanismo de supervivencia
Descubra qué función tiene el cáncer, cómo resolver aquello que lo ha causado y cómo llegar a sentirse más sano que nunca

Diabetes - ¡Nunca más!
Descubrir las verdaderas causas de la enfermedad y curarse

Consultas telefónicas

Si desea realizar una consulta telefónica personal con Andreas Moriz, por favor:

1. Llame o envíe un e-mail con su nombre, dirección, número de teléfono, fotografía digital de su rostro (si se tiene) y cualquier otra información que se considere importante a:
   E-mail: andmor@ener-chi.com
   Teléfono: 1 (864) 895-6285 (EE.UU.)

2. La consulta telefónica tendrá la duración que se desee, teniendo en cuenta que una consulta completa dura dos o más horas. Las consultas de menos duración son más adecuadas para todas aquellas cuestiones que se deseen abordar respecto a determinado tema se salud, o a varios de ellos.

Para obtener información acerca de las tarifas actualizadas de estas consultas, se puede consultar la página web: http://www.ener-chi.com

SOBRE LA DRA. LILLIAN MARESCH

(La persona que canalizó los mensajes antes y después de cada capítulo)

Lillian descubrió a una edad muy temprana sus dones espirituales, entre los que figura un gran sentido de intuición. Si bien siempre confió en estas capacidades en su propia vida y en su carrera profesional, en los últimos años, Lillian ha ampliado su objetivo y emplea estas cualidades para ayudar a los demás a conocer mejor sus situaciones personales. Estadounidenses y personas de todo el planeta la han buscado por sus perspectivas agudas, sus orientaciones astutas e intuitivas y su sensibilidad y comprensión. Sus sesiones consejeras se centran en:

- Ayudar a las personas a identificar el objetivo y la misión de sus vidas.
- Ponerse en contacto con la propia sabiduría interna y las capacidades intuitivas.
- Inspirar la emergencia y la expansión de las propias capacidades creativas.
- Ayudar a las personas a obtener más percepciones y a curarse después de la pérdida de un ser querido.
- Profundizar en el pasado de las personas y comprender cómo los «asuntos pendientes» pueden estar afectando en la actualidad.
- Ayudar a las personas a tratar el estrés, las inseguridades, la ansiedad o la depresión con un entrenamiento compasivo y perspicaz además de con perspectivas espirituales relacionadas.

El historial de Lillian está anclado en la psicología y el mundo de los negocios. Se doctoró en psicología social y de la personalidad en la Universidad de Nueva York a los 25 años. Con esta formación educativa continuó sus estudios para disfrutar de una exitosa carrera profesional que comprendía los mundos de la publicidad y las corporaciones. En su profesión, pronto *Advertising Age* la nombró como una de las cien mejores y más brillantes trabajadoras.

En 1989 fundó Generation Insights, una empresa de consultoría especializada en la comprensión de la mente de los consumidores. Lillian es experta en descubrir las necesidades, las actitudes, los valores y las motivaciones que dirigen la conducta de los consumidores. Su trabajo la ha llevado de Los Ángeles a Minneapolis y más recientemente a Greenville, en Carolina del Sur, donde fundó GPS for Changing Times.

Los medios de comunicación han solicitado el conocimiento de Lillian y sus puntos de vista sobre la generación del *Baby Boom*. Ha sido citada en muchas ocasiones en *The Wall Street Journal* y en otros periódicos y revistas importantes del país. También es coautora de artículos espirituales de varias publicaciones regionales.

Además, Lillian ha dirigido un taller en el Creative Problem-Solving Institute y ha sido miembro de la Junta de Directores de WE Internacional, una organización mundial de apoyo a las personas que experimentan profundos cambios en la consciencia. También es cofundadora de Ener-Chi Resources, una empresa especializada en nuevos productos para el bienestar.

Programar una cita

Se puede programar una sesión de 30 a 45 minutos con Lillian por teléfono o en persona. Para más información o para reservar una cita, por favor póngase en contacto con ella:
Por teléfono: 1.864.895.1857
Por e-mail BeaconAzul@aol.com
Página web: www.acrossdimensions.com
También hay disponibles cheques de regalo.

ÍNDICE ANALÍTICO

A

abundancia/ riquezas 105, 107, 212, 215, 216, 218, 219-221, 224, 226
Acabar con todos los conflictos 60-61
aceleración del tiempo 193
aceptación de todo lo que se presenta en la vida es la clave para curar cualquier tipo de enfermedad, La 167
aceptación es la clave para desarrollar serenidad, La 167-168
aceptación es la mejor defensa del corazón, La 170
Adán 42, 43
Alá 67, 249, 305
Albert Einstein 65, 125, 251, 266
alegría de otras personas es nuestra alegría si tenemos alegría en nuestro corazón 200
algunos humanos en esta Tierra cuyos cuerpos no pueden sufrir más heridas ni daños de ningún tipo 49
Alimentar la enfermedad 253
amor
  ciego 199
  en la maldad 113-114
ángeles 12, 16, 44, 45, 46, 47, 51, 52, 75, 77, 83, 113, 120, 170, 249, 285, 295
Apóstol Pablo 81
Aprender a no ser suficientemente buenos 28-29
aprender a través de las relaciones humanas 96
aprendizaje no empieza en la mente, el 25
Aquel que juzga a otra persona también será juzgado 150
Aquiles 183
Aristóteles 287
Ascender al Yo 80
asiento de nuestro Yo Superior 216
atlante 252
autoaceptación: el origen de toda creatividad 239-240
autocrítica 34-35, 35-36, 36-37, 200-201
Ayurveda 25, 58, 252, 271

B

Barrett Browning, Elizabeth 207
batalla final, nuestra 50
bendiciones divinas 100
Berlín, Muro de 188
Biblia 25
Bin Laden, Osama 182
Buda 67
búsqueda del alma, gran 83

C

cada nuevo momento tiene la elección de modificar su vida, en 24
cálculo divino 165
Cambiar la óptica de los juicios de valor 53-54
Cambio perceptual 17

campo magnético 109, 110
cáncer 18, 20, 23, 32, 60, 117, 168, 234, 247, 254, 257, 261, 272, 278, 314, 321, 322
castigo es un proceso de doble sentido, El 166–167
castigo: ¿una causa de crimen e injusticia?, El 161–162
causa principal de todos los delitos 162
cazar 225
censura 75, 108, 141, 247
César 182, 226
círculo vicioso 19, 123
Cómo elegir la abundancia 212–213
Cómo enfrentarse a situaciones atemorizantes 138
Cómo nos afectan las cosas está básicamente determinado por el significado que le damos a éstas 61
cómo nos percibimos a nosotros mismos determina cuánta riqueza tendremos en nuestra vida 210
componentes químicos necesarios para las emociones 124
conciencia 10, 16, 27, 30, 31, 35, 52, 61, 66, 68, 80, 84, 89, 94, 96, 104, 110, 114, 128, 130, 131, 132, 141, 142, 147, 163, 170, 172, 178, 180, 190, 203, 210, 213, 218, 224, 232, 244, 245, 257-260, 265-267, 273, 288, 298, 304, 320
conciencia de separación 27
conflictos terminan con el fin de la consciencia de las víctimas 175
consciencia 10, 11, 16, 20, 22, 24, 25, 27, 37, 42, 43, 45, 51, 52, 67, 69, 70, 74, 77, 78, 85, 87, 89, 90, 94, 98, 104, 105, 109, 113, 114, 119, 126, 131, 141, 143, 148, 149, 160, 166, 171, 172, 175, 180-182, 187, 195, 201, 203, 210-215, 219, 224, 228, 229, 233, 234, 237-239, 253, 257, 258, 259, 263, 265-268, 270, 274, 276-278, 284, 288, 290, 295-298, 299, 319, 321, 325
consciencia universal 319
consecuencia desviaciones del camino del amor 150
consecuencias de no confiar en uno mismo 31
constantemente nos estamos mirando en el espejo para aprender más acerca de quiénes somos 37
Corán 25
Cousins, David 191
creencias 11-13, 16, 19-22, 24-28, 36, 53, 65, 68, 75, 81, 101, 120, 126-129, 143, 179, 182, 188, 190, 220, 235, 267, 269, 288, 298, 309, 313
creencias religiosas 65–66, 68–69, 190–191, 298–299
crisis nerviosa 58
crítica 61, 122, 158, 245
Cuando no me gusto a mi mismo 59–60
cuando uno ama es amado 36
cuando uno da recibe 36
cuando uno siente compasión se abre su corazón 36
cuerpo etéreo 49, 261, 288
cuerpo físico denso 44
cuerpos etéreos 12, 43, 49, 50, 65, 270
cuerpos etéreos indestructibles 49
culto a alguien considerado mejor que nosotros 73
cumplimiento de nuestros contratos con almas, El 87

D

¿De dónde viene el distanciamiento, la desconfianza y la desatención que destroza las relaciones? 37
Dar la bienvenida al ego 244–245
dar y recibir 97, 248
Daskalos 177
Dejar fluir el río 220–221

desafíos 15, 48, 51, 66, 89, 113, 215, 304
   de la vida en las relaciones, en la salud, en la fortuna y en la autoestima 15
Descifrar el código de la ignorancia 135
descubrir el velo de la dualidad 305
deseos: cómo tratar con ellos, Los 210–211
Desmitificar las relaciones 107–109
desorden alimenticio 30
despertar 81, 97, 120, 130, 142, 143, 153, 175, 213, 230, 233, 242, 261, 264, 284, 290, 298, 304
destino 11-13, 32, 41, 50, 53, 75, 89, 118, 128, 134, 152, 165, 211, 212, 215, 236, 248, 273, 303, 307, 310
dimensiones inferiores 111, 265
dimensiones superiores 44, 265, 277, 293, 297, 303, 315
dinero y Dios no tienen poder a menos que..., El 231
Dios 12, 16, 17, 18, 28, 30, 38, 39, 40, 42, 43, 50, 52, 65-70, 72-79, 81, 87, 101, 113, 117, 119-121, 125, 127, 150, 152, 160-162, 165, 169, 174, 176, 181-183, 187, 190, 193, 208, 213, 218, 229-232, 236, 239, 240, 244, 248, 268, 274, 291, 292, 295, 299, 301, 310, 314
disciplina 33
discriminación racial 27–28
disminución de la vibración de nuestras energías 44
doble espiral 11, 75, 81, 258, 309, 318
dominio de la creación consciente 24
Dónde se halla la justicia en el holocausto 152
dos respuestas son la contracción y la expansión 124
dualidad 3, 5, 9-11, 23, 24, 27, 28, 39, 42-46, 49-52, 58, 61, 66-68, 89, 90, 92-96, 101, 103, 104, 108, 109, 110-114, 116, 117-120, 130-133, 136, 142, 148, 150, 152, 154-157, 159, 162, 166, 167, 175, 179, 180, 189, 191-195, 200, 201, 203, 204, 210, 212, 213, 216, 218, 220, 223, 224, 228, 229, 232, 233, 235, 237, 241-243, 247, 248, 251, 253, 257, 258, 260, 265-271, 273, 274, 284, 288, 289, 305, 309, 310, 311, 319

E

economía basada en el amor 232–233
Educados para ser críticos 33
efectos contrarios del rezo 69
ego 30, 47, 50, 65, 71, 80, 84, 85, 88, 89, 93, 96, 108, 119, 131, 132, 156, 178, 203, 213-215, 241-247, 265, 273, 308
ego glorificado 245–246
egoísmo internalizado 243
Elegir nuestras opciones 102
emoción del miedo 190, 210
enemigos son nuestros mejores amigos, Nuestros 130
energías del nuevo mundo 98
energía sentenciosa es la responsable de todos los conflictos y discordia de los que ha sido testigo la Tierra, La 54
energías, respecto a la riqueza o la salud, no tienen más limitaciones 213
enfermedad 15, 18-20, 23, 32, 47, 60, 70, 71, 77, 80, 92, 93, 94, 95, 112, 162, 168, 230, 239, 253, 254, 262-264, 266-269, 271, 273, 280-283, 289, 297, 299, 321, 322
enfermedad autoinmune 18
enfermedades empiezan en la propia mente, Las 282–283
en la vida no hay coincidencias 9
en ocasiones las relaciones personales funcionan, por qué 12
entendimiento/saber/comprendemos 13, 189
era de la información 67

error del intelecto 25
escogemos nuestros sentimientos 91
escrituras sagradas 25, 121
es nuestra perspectiva, Sólo 174
espontaneidad 28
establecemos vínculos con cosas o personas para poder aprender lo que es estar sin ellas 179
estado de Gracia 241
Estados Unidos, Presidente de 213
estamos creando nuestras propias situaciones vitales, ya 24
Estamos en una figura humana para aprender conscientemente el oficio de la creación 22
Estar en el momento 74, 226
Eva 42, 43
evangelio de la división 68
evangelio de la unidad 67
existencialismo 28
expectativas aterradoras distribuyen la energía precisamente donde no queremos, Las 20
extensión siempre trae amor, mientras que la contracción nos provoca más miedo, la 127

F

fachada de valía 36
falta de consciencia 70
fanatismo religioso 75–76
finalidad de los conflictos económicos 236–237
física cuántica 16–17, 158–159
Formas angélicas 45
funciones digestivas y metabólicas mejoran con la autoestima 58
fundamento de los juicios de valor no es más que el hecho de sentirse inepto, frustrado o vacío por dentro, el 53
futuro está en nuestras manos en todo momento, El 19
futuro no está escrito en una piedra, nuestro 147

G

George Washington Carver 138
gran parte de la vida es una profecía autocumplida 37
gran pérdida es el inicio de una gran ganancia, una 215
Gran Separación 40, 41, 42, 44, 48, 51, 58, 84, 86, 108, 111, 114
guías espirituales 30, 170
Gurús 99

H

hacedores de la unidad 24
Hacer las paces siendo pacíficos 281
hemisferio derecho 201–202
hemisferio izquierdo 201
Hércules 241
Hermana (Madre) Teresa 41
Hipócrates 253
Hitler 117, 154, 182
Hsin Hsin Ming 85
huso horario, sin 193
Hussein, Saddam 182

I

iluminación 78, 79, 80, 81, 186, 309
ilusión 12, 22, 25, 27, 39, 42, 47-49, 59, 61, 68, 89, 94, 96, 99, 100, 112, 114, 117, 122, 126, 135, 139, 141, 142, 155-157, 166, 170, 174, 176, 178, 181, 191, 193, 200, 202, 203, 215, 218, 231, 237, 248, 304, 308
importancia del ego 241–242
incapacidad de los seres humanos de aceptarnos unos a otros tal y como somos 25
inhibiciones 28
injusticia es una ilusión 141
inmunización 32
inocencia 28, 86
intelecto 25, 27, 67, 121

intención 19, 31, 41, 70, 114, 149, 171, 208, 209, 226, 233, 257, 283
ira reprimida 27

J

Jesús 51, 67, 113, 120, 149, 160, 161, 181, 182, 190, 217, 261, 265, 267
Joshua Ben Joseph 120
juicio implica una división, El 25
juicios de valor 10, 13, 15, 16, 24, 25, 39, 53, 81, 83, 86, 94, 95, 99, 100, 101, 118, 122, 131, 138, 147, 169, 195, 257, 258, 305, 309
Julio César 226
juzgamos recuerdos, Sólo 147–148
Juzgar a los demás simplemente refleja cómo nos juzgamos a nosotros mismos 86

K

karma 69, 78, 103, 111, 113, 114, 132, 138, 140, 144, 150, 152, 153, 179, 182, 194, 288, 289, 295
karma no regresa, El 103
Krishna 67

L

Lady (Princesa) Diana 15
leche se está volviendo agria 277
lemurianos 252
ley 51, 90, 91, 112-114, 139, 141, 142, 146, 150, 158, 163, 168, 176, 192, 194, 208, 217, 222, 239, 251, 252, 283, 289
Ley de la libre voluntad 168
ley de la no interferencia 139–140
leyes de la naturaleza 25, 66, 68, 226, 252, 253
liberación de los juicios de valor 305
Lincoln, Abraham 63
lo que creemos ser, Somos 17

M

Madre Teresa 186, 204
maestría en este mundo físico 89
maestros ascendidos 44
magia del «sí» 168–169
Maharishi Mahesh Yogui 78, 79
malentendido sobre lo que es realmente la vida 25
manifestación de la fortuna sólo puede ocurrir si somos lo que queremos ser 212
Mao Tse Tung 182
Masaru Emoto 49
Meditación Trascendental (MT) 78
mejores maestros 135
mensajes del agua 49
miedo 11, 12, 19, 29, 30, 32, 39, 40, 41, 43, 46-49, 57, 58, 61, 62, 68, 70, 71, 75-78, 89, 95, 97, 102, 104, 110, 112, 114, 120, 122, 124-127, 131, 137, 138, 143, 144, 149, 154-156, 161, 162, 165, 168, 171, 173, 174, 179, 189, 190, 193, 198, 199, 201, 202, 208, 210, 211, 214, 218, 222-226, 229, 237, 242, 244, 245, 248, 258, 259, 261, 263, 276, 279, 280, 294, 295, 297, 298-300, 302, 308, 309, 313, 319
  Terminar con el 201–202
miedo a la pobreza manifiesta pobreza 223
miedo a la separación 30, 171
miedo que sentimos nos hace susceptibles a cualquier tipo de ataque externo 49
momento divino 11, 167, 226, 257, 258, 261, 268, 307, 309, 310
monólogo interior 85, 247
Movimiento de la Nueva Era 217
Mozart 204
muerte 37, 43, 45, 47, 48, 49, 50, 60, 71, 76, 80, 114, 116, 118, 151, 155, 156, 162, 174, 178, 182, 191, 194, 253, 257, 258, 272, 273, 280, 296, 313
  del ego 80
  no es lo que parece 47

nuestra mejor maestra 155–156
nunca es un castigo 48
muletas para nuestra pobreza espiritual 65–66
mundo como algo separado de nosotros 25

N

nacimiento del nuevo consumidor 233–234
nada de lo que hacemos, pensamos o deseamos puede ser un error o estar en conflicto con nuestro bien 186
nada de lo que nos ocurre tiene un plan oculto o inútil 19
naturaleza femenina y masculina 189
necesidad de juzgar aumenta cuando nos sentimos inseguros, atemorizados o insatisfechos 37
Nietzsche 137, 151
Ni víctimas ni perpetradores 255
No existen las malas acciones 45–46
no hay más gurús ni líderes que seguir 99
No somos superiores a los animales 275
nos sirven de muletas para ayudarnos a sentirnos 19

O

obesidad 31, 56, 59, 231, 261, 278
opinión 84, 90, 125, 164, 172, 175, 245, 246
oraciones 67, 68, 69, 70, 73, 251
Oriente Medio 70, 180, 189
origen común de todos los opuestos 10
origen del Yo 10

P

¿Por qué conocemos personas que no nos gustan? 55–56
pecado original 39, 45, 68, 76
pecadores 28, 66, 83, 86, 176
película de la vida 88, 218
péndulo de la vida oscila, El 102

pistola hace que el cazador se sienta responsable, que controla, que es invencible y está protegido, una 172
planes ocultos, Nuestros 185, 200
plan maestro, nuestro 117–118
plenitud 62, 81, 88, 133, 194, 195, 211, 223, 224
poder
    creativo 24, 256
    de la aceptación, Ganar el 167–168
    de la inocencia 28
poder de la unidad 62
Pragya Aparadh 25, 27
prevención de los delitos 163
Primera Creación 41, 42
principal razón de las enfermedades físicas y mentales 168
propósito y el valor de juzgar 81–82
psicólogos 28

Q

¿Quién soy? y ¿por qué estoy aquí? 38
que se siembra, se cosecha, lo 113, 152
quién somos realmente 101
quinta dimensión 80, 111, 187, 269, 288, 297

R

racismo 27–28, 63–64
realidades dimensionales 10, 67, 87, 270
Realmente puedo confiar en mí mismo 30
recuerdos 44, 51, 75, 101, 113, 132, 147, 148, 151, 174, 175, 187, 188, 189, 192, 212, 260, 261
recuerdos son ficción de la mente, Los 148
reencarnación 12–13, 118–119
Regalos Divinos del Momento 136
registros akásicos 192, 194, 200
reincidencia 163–164
reino de Dios está en el interior 190
relaciones personales 12, 78, 119, 129, 160

relaciones sacan lo mejor y lo peor de cada uno, Las 95–96
relación observador-observado 158
relación romántica 198, 199
religiones atraen actualmente menos seguidores, las 190–191
Renacimiento 67–68
ritmo circadiano 157
Rumi 9

S

Satanás 16, 117
secreto del éxito más poderoso 74
sentir lo que significa juzgar y ser juzgado 25
sentirse solo 84
separación de la consciencia 27
Seres Divinos 167
sexta dimensión 80
Siempre que criticamos a los demás o a nosotros mismos, lo único que hacemos realmente es señalar nuestros aspectos valiosos 61
significado de la vida 23
singularidad
    terreno de la 104
situaciones son fundamentalmente neutras, Todas las 21
Si uno teme a las enfermedades, literalmente está rogando o pidiendo ponerse enfermo 19
sobrepeso u obesidad 56
solo 43, 57, 60, 77, 80, 84, 100, 116, 134, 136, 145, 181, 192, 300, 305, 309
somos todas las cosas que no nos gustan de los demás 197
Stalin 117, 182
sufrimiento no es dañino, el 61
supervivencia física y la reproducción, se centraron en la 66

T

Tercera Dimensión 10, 43
Thurgood Marshall 139

tiempo es una invención de nuestra consciencia 148
Tierra 7, 9, 10, 18, 23, 25, 39, 40, 43, 44, 45, 49, 50, 52, 54, 57, 65, 70, 79, 84, 85, 87, 94, 99, 101, 103, 108-112, 119, 120, 123, 136, 143, 147, 148, 152, 154-157, 179-182, 186-189, 193, 197, 215, 218, 225, 228, 232, 235, 237-239, 253, 266-269, 275-277, 280-282, 284, 285, 288, 289, 293, 295-298, 303, 305, 313, 315
tierra prometida 189
tiroteos en los institutos 28
Todo a lo que nos oponemos se intensifica más en virtud de la energía que le proporcionamos 92
todo momento estamos exactamente donde necesitamos estar, En 13
Todos estamos aquí para aprender a convertirnos en maestros de la creación 70
todos estamos experimentando un proceso de ascensión 80
Todos estamos juntos en esto 172–173
Todos los dramas de la vida giran en torno al propósito de enfrentarse al verdadero Yo 37
Todos los opuestos dependen unos de otros 115
todos somos responsables de todo lo que ocurre en este planeta 188
Todos somos valiosos 58–59
Todo tiene sentido 114
Torres Gemelas 228, 296
trauma de la Gran Separación 44, 86
tumor cerebral terminal 18

U

unidad 15, 19, 23, 24, 27, 28, 30, 37, 38, 39, 41-46, 51, 52, 58, 59, 61, 62, 67, 80, 81, 83-86, 89, 90, 95, 103, 104, 105, 107, 108, 110, 113, 114, 117, 122, 132, 133, 135, 148, 152, 167, 168, 169, 179, 180,

185-189, 193-195, 198, 200, 203, 210, 212, 216, 228, 229, 232, 234, 242-245, 248, 259, 260, 263, 265-267, 269, 282, 284, 285, 295, 297, 319, 320
unidad empieza en cada individuo 188
Unidad Universal 11
Unir la riqueza material y la riqueza espiritual 235
Uno es lo que siente 171–172
Uno es su propia creación 90–91
Uno es su propio curandero 261–262
uno obtiene lo que cree que se merece 37
Uno puede hacer que su cuerpo haga cualquier cosa 259–260
Upanisad 149

V

Van Gogh 186
Vata 58, 59, 271
Vedas 25, 195
velo
  de la ignorancia 24, 136
  del olvido 57, 102
verdadera/o
  comunicación con Dios 73–74
  comunicación con Dios o el Espíritu no tiene lugar a través de palabras, sino mediante la vibración que emana de cada uno de nosotros, la 73
esencia 10, 97, 114, 149, 155
oración 73, 74
posesión yace en el interior 179, 180, 181
rezo honra a las personas donde están 74
vergüenza de no ser suficientemente buenos 29–30
vibración más baja/vibración inferior 272
víctimas causan su propio crimen 150
vida como una montaña rusa, La 111
vida es un rompecabezas, La 133–134
vidas previas 87, 122, 142, 192
Vivir en la burbuja de Maya 156–157
vivir tanto como queramos, podemos 48

W

Winston Churchill 185

Y

Yo: perdido y encontrado, El 37–38
YO SOY 38, 88, 89, 95, 203, 226, 231, 248
yo superior 90, 267

ÍNDICE

Agradecimientos 7

Introducción 9

Capítulo 1. El origen de los juicios de valor 15

Capítulo 2. La gran separación 41

Capítulo 3. Autoestima: ser o no ser 53

Capítulo 4. Dios aparece donde termina la religión 65

Capítulo 5. La finalidad de los juicios de valor 83

Capítulo 6. Desmitificar las relaciones 107

Capítulo 7. La injusticia: la mayor ilusión 139

Capítulo 8. Nuestros planes ocultos 185

Capítulo 9. Resolver el asunto de las riquezas 207

Capítulo 10. La economía espiritual 227

Capítulo 11. El mundo del ego 241

Capítulo 12. El nacimiento de la nueva medicina 251

Capítulo 13. Curar el mundo natural 275

Capítulo 14. Están por venir momentos maravillosos 287

Métodos para vivir sin juzgarse para ser un maestro de la vida 307

Sagrada santimonia - para una sanación emocional 313

Un mensaje personal del autor 320

Sobre el autor 321

Sobre la doctora Lillian Maresch 324

Índice analítico 327